宜宾学院2022年校级规划教材建设项目（JC202

化学问题解决认知模型研究

编　著◎濮　江　陈星勇
副主编◎尹国亮　李仕超

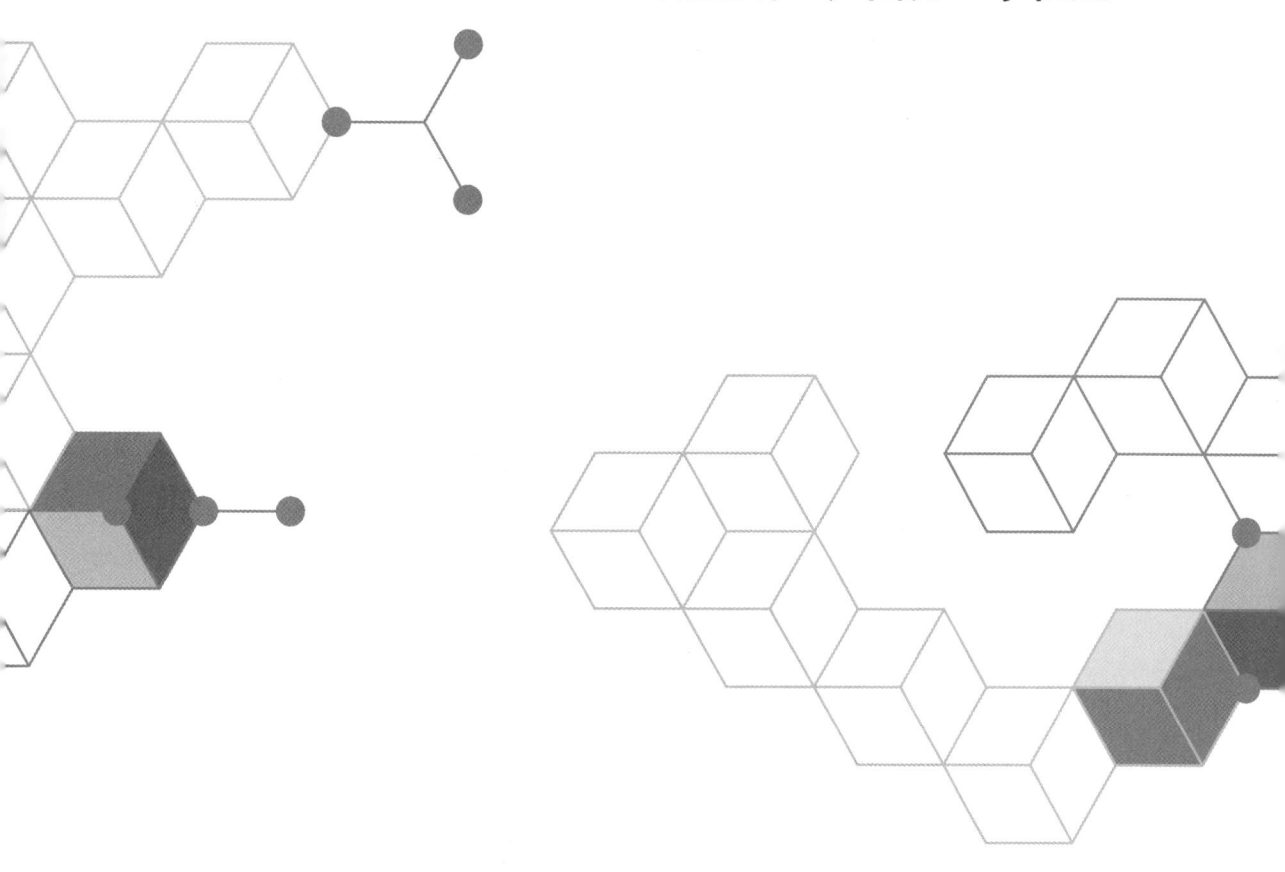

四川大学出版社

图书在版编目（CIP）数据

化学问题解决认知模型研究 / 濮江，陈星勇编著. — 成都：四川大学出版社，2022.12
ISBN 978-7-5690-5881-9

Ⅰ.①化… Ⅱ.①濮…②陈… Ⅲ.①中学化学课—教学研究—高中 Ⅳ.① G633.82

中国版本图书馆 CIP 数据核字（2022）第 254212 号

书　　名：	化学问题解决认知模型研究
	Huaxue Wenti Jiejue Renzhi Moxing Yanjiu
编　　著：	濮　江　陈星勇

选题策划：	蒋　玙　周维彬
责任编辑：	蒋　玙　周维彬
责任校对：	肖忠琴
装帧设计：	墨创文化
责任印制：	王　炜

出版发行：	四川大学出版社有限责任公司
	地址：成都市一环路南一段 24 号（610065）
	电话：（028）85408311（发行部）、85400276（总编室）
	电子邮箱：scupress@vip.163.com
	网址：https://press.scu.edu.cn
印前制作：	成都完美科技有限责任公司
印刷装订：	四川煤田地质制图印刷厂

成品尺寸：	185 mm×260 mm
印　　张：	11.25
字　　数：	266 千字

版　　次：	2022 年 12 月 第 1 版
印　　次：	2022 年 12 月 第 1 次印刷
定　　价：	58.00 元

本社图书如有印装质量问题，请联系发行部调换

版权所有 ◆ 侵权必究

前言

问题解决是人类适应环境、改造环境和延续文明活动中最普遍、重要的方式。提高学习者问题解决能力一直是教育改革的核心，也是认知心理学的研究重点。20世纪五六十年代以来，以信息加工理论为基础的认知心理学领域研究者，围绕学习者问题解决的内在机制和影响学习者问题解决的认知变量展开了深入研究，为系统地揭示问题解决机制奠定理论基础，积累了大量宝贵经验。但各种认知变量对学习者问题解决的作用机制仍是研究难点。本书基于问题解决理论成果与实验方法，以高中生为研究对象，对高中生化学问题解决认知过程进行研究：第一，基于理论分析揭示学生化学问题解决认知变量的关系，建构问题解决认知模型；第二，研究不同学习水平学生在化学问题解决过程中的认知差异及原因；第三，提出促进学生化学问题解决认知发展的教学建议。本书主要研究工作如下：

模型建构。基于既有研究成果，以信息加工理论为基础，构建高中生化学问题解决认知模型，包括问题图式、问题表征、问题解决策略和元认知四个认知变量。学生已有问题图式直接影响问题解决策略的选择。问题表征会间接影响问题解决策略的选择。元认知贯穿问题解决全过程。

模型验证。采取分层抽样和随机抽样相结合的方式，选取200名学生作为研究对象。通过流程图法（Flow-Map）、口语报告法、问卷调查法分别获得学生在问题解决过程中问题图式、问题表征、问题解决策略和元认知的基本情况，通过结构方程模型法验证性因子分析，证明模型与研究数据有较好的拟合度，验证了本书建构模型的有效性。

不同学习水平学生化学问题解决认知差异及原因。对比分析不同学习水平学生化学问题解决认知变量的差异及原因。

教学建议。以化学问题解决认知模型为理论指导，结合不同学习水平学生化学问题解决认知差异分析，提出促进学生化学问题解决认知发展的教学建议。

由于作者理论和实践水平所限，书中难免有不妥之处，敬请读者批评指正！

作　者
2022年10月

目 录

第1章 概论 1
- 1.1 背景 1
- 1.2 相关概念阐述 2
- 1.3 文献综述 8
- 1.4 研究内容与意义 25
- 1.5 研究的方法与路线 27

第2章 化学问题解决认知模型建构的理论基础 32
- 2.1 信息加工理论 32
- 2.2 图式理论 35
- 2.3 问题表征理论 40
- 2.4 认知策略理论 44
- 2.5 元认知理论 47

第3章 高中生化学问题解决认知模型的建构 50
- 3.1 高中生化学问题解决认知模型建构的理论构想 50
- 3.2 高中生化学问题解决的认知模型 52

第4章 模型验证与拟合：高中生化学问题解决实证研究 60
- 4.1 研究目的 60
- 4.2 研究方法 60
- 4.3 研究主题和样本 60
- 4.4 研究过程 62
- 4.5 测试工具的开发 62
- 4.6 数据分析与讨论 69

第5章 高中生化学问题解决认知差异研究 78
- 5.1 不同学习水平的高中生问题图式水平的分析 78
- 5.2 不同学习水平的高中生问题表征水平的分析 92
- 5.3 不同学习水平的高中生问题解决策略水平的分析 105
- 5.4 不同学习水平的高中生元认知水平的分析 117
- 5.5 本章总结 122

第6章 促进高中生化学问题解决认知发展的教学建议 128
- 6.1 促进学生化学问题图式发展的教学建议 128
- 6.2 提高学生化学问题表征的教学建议 140
- 6.3 提高学生化学问题解决策略的教学建议 145

6.4 提高学生元认知水平的教学建议 ·· 148
第 7 章 化学工业发展与高考化学问题解决 ···································· 155
7.1 化工流程题 ·· 155
7.2 化学与化学工业发展 ·· 160
参考文献 ·· 162

第 1 章 概论

面对神秘的宇宙、纷繁的世界、复杂的社会关系，人类一直在思考如何应对各种问题，如能源短缺、环境污染、粮食短缺、生命的延续等，人们好奇除地球外是否有更高级的文明，海底深处是否有类似人类的生物存在，等等。可以说，人们的生活就是在不断解决各种问题。问题解决是人类面对纷繁复杂的世界最重要的思维活动，是人类为适应环境、改造环境和延续文明而进行的各种活动。问题是行动的前提与基础，任何思维过程的出发点都是"问题"，所以思维的起点是"问题"。

1.1 背景

1.1.1 教育理论背景

从认知心理学领域研究的结果来看，专业的训练或练习是获得专业发展和成长的必经之路。卡内基梅隆大学的威廉姆·蔡斯和赫尔伯特·西蒙研究了音乐、科技、国际象棋等不同领域的优秀人才。他们发现，要达到这些人的水平，至少经过 10 年的艰苦练习。约翰·海斯（1981）指出，音乐作曲领域中的顶级水平至少需要 10 年的前期训练准备。伦敦大学著名教育心理学家罗伯逊（2001）指出，练习的次数越多，事情就变得越容易，这是一个普遍的经验。埃里克森（1993）关于脑神经科学的研究表明，对于儿童或成人，有目的的练习（deliberate practice）的一个重要作用是它会促进专业技能所需要的神经的增长。还有研究发现，大量练习能够驱使成年人脑中神经元的增长。例如，埃尔伯特等（1995）发现，用左、右手拨弄琴弦的小提琴演奏者的右脑皮层上与手指活动对应的区域有所增大。

1.1.2 问题解决是教育改革的核心

21 世纪，科技日新月异，信息化、数字化、网络化、人才复合化是社会的主要特征。全球化进展加速，信息技术快速发展，经济新模式、职业新形态、社会生活新特点、自我实现新需求给教育带来了前所未有的机遇和挑战。作为教师，我们应该在这个快速变化的世界里，教给学生其一生中都需要的东西，就是那些带有指示性质的，能够让他们在航海中找到自己方向的东西，也就是问题解决能力。

2012 年，世界经济合作与发展组织（OECD）国际学生评价项目（Programme for International Student Assessment，PISA）在报告《为 21 世纪培育教师提升学校领导力：来自世界的经验》中，将问题解决列为学生必须掌握的基本技能之一。PISA 把问题解决能力正式作为评估的主要项目之一。如何培养学生问题解决能力已成了教育共识，是世界各国教育改革的重要内容。联合国教育、科学及文化组织LMTF在2013年2月发布了《向普及学习迈进——每个孩子应该学什么》（*Towards Universal Learning: What Every Child Should Learn*）的研究报告，提出检测学生的七个重要学习维度的成果，其中，在学习方法与认知维度着重检测学生利用创造性思维、批判性思维解决问题的能力，其他维度也检测学生利用所学知识与技能解决实际问题的能力。欧盟委员会于2005年发表《终身学习核心素养：欧盟参考框架》，要求问题解决能力贯穿八大核心素养，问题解决能力具有重要作用。

2011年，美国正式提出21世纪核心素养项目及学习指标体系、支撑系统，推动了美国新一轮教育改革。21世纪核心素养"学习与创新素养"维度要求培养学生的批判思维与问题解决能力，要求学生能提出并确定有意义的问题，以澄清各种观点，求得更好的解决办法；能界定、分析和综合信息，用以解决与回答问题。英国继续教育处、国家课程委员会、工业联盟、国家职业资格委员会等都将学生的问题解决能力培养作为社会发展和学生发展的关键能力。2009年，日本启动"教育课程编制基础研究"项目，提出"21世纪型能力"，其中思维能力是核心，而发现和解决问题的能力是思维能力的主要构成之一，也是联结实践能力的主要方式。

1.1.3　化学学科核心素养发展的现实需要

将通用问题解决深化到学科问题解决领域是其研究发展的高级阶段。通用问题解决的研究成果需要通过学科问题解决的研究来证实、深化和发展，学科教育需要问题解决研究成果来指导。目前，学科问题解决研究还处于过渡阶段，学科问题解决研究成果与学科教学实践的结合还在探索中。因此，有研究者指出，学科问题解决的研究价值在于引发学科知识的实践与反思，提出学科价值的重构需求，唤起学科方法的转型诉求。

2018年，教育部正式公布了高中学科课程标准修订版，化学学科核心素养包括"宏观辨识与微观探析"等，其内涵均指向基于问题解决的活动目的和手段。《普通高中化学课程标准（2017版）》在课程性质、理念、目标、内容、教学提示、学业要求及实施建议中都提到了"问题解决"。

综上所述，培养学生问题解决能力既是教育改革的中心议题，又是化学课程改革中发展学生化学学科核心素养的出发点和落脚点。

1.2　相关概念阐述

1.2.1　问题的定义

问题解决中的"问题"（problem）起源于希腊文"problema"，表示"障碍或阻力"（obstacle），其同义词有"疑问"（question）、"困境"（dilemma）、"困惑"（quandary）、"障碍"（obstacle）、"窘境"（predicament）和""难题（difficulty）。它们通常涉及不同的情感，具有浓厚的主观情绪，这些"问题"低估了专业知识和模式识别在问题解决过程中的作用，从而导致知识的不恰当表征，进而抑制了进一步的知识迁移。德国格式塔心理学家科勒（Kohler）对动物的问题解决研究为问题解决的研究提供了新的视角。科勒在加那利群岛对黑猩猩进行长期研究，认为一个问题应该具有三个特征：目标导向性、子目标的分解和算子应用。但他并没有针对"问题"给出一个严格的定义，只是给出了"问题"的一些特征。海耶斯（1980）把"问题"定义为：当现在和想要达到的目标之间存在差距时，不知道如何找到一种方法来解决，问题就出现了。维特利（1984）给出了一个更加清晰、直接的定义：问题是指当你不知该做什么时，你会怎么做。问题解决研究中的"问题"常采用的定义是格式塔心理学家邓克尔（Karl Dunker）在1945年研究问题解决者外部行为表现时给出的。他认为，当一个有机体有目标，但不知如何达到目标时，就产生了问题。问题是某个给定过程的当下状态与智能主体（人或机器）所要求的目标状态之间的差距。

综上所述，问题既具有主体性，又具有客体性。主体性是指因认知基础和经验知识不同，一个问题只针对某一个特殊群体，而对于另一个群体，不一定构成问题。客体性是指问题的难易程度会影响主体认知的难易程度。

1.2.2 问题的结构

"专家—新手""成功—不成功"的问题解决研究指出，"专家/成功"的问题解决者在理解问题阶段对问题进行了深层表征，认识到问题的结构，对问题进行了正确分类。而"新手/不成功"的问题解决者只是对问题进行了表面表征，没有理解问题的结构，没有认识问题的本质。由此看来，问题的结构在问题表征研究及问题解决研究中是不能被忽略的内容，有着重要作用。

黄茂在等对"什么是问题解决的能力"研究的过程中指出，一个问题的性质可由明确性、动态性、因果性、规模等进行辨识。其问题结构如图1-1所示。

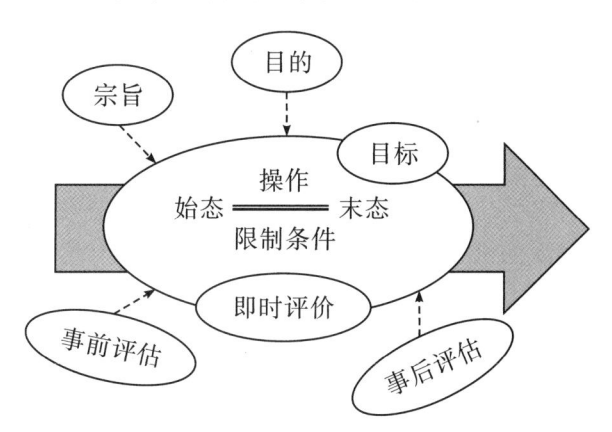

图1-1 黄茂在等的问题结构

图1-1中，宗旨指从事这些活动的基本信念、原则。目的指处理问题的原始动机、企图。目标指以目前的状态，在某些条件的限制下，利用某种操作要达成某些结果。操作是利用某些策略及实际操作，促使状态发生改变。限制条件是依据限制状态或自己设定的可使用的资源处理问题。事前评估是需求问题在整体事件中的定位和价值，预估在此限制条件下，此操作可达到目标。即时评价是指评价伴随操作执行，随时了解状况，

以便及时进行调整。事后评估是指评价整个问题处理的效果，作为规划下一个问题的参考。

黄茂在等对问题结构的讨论有一定意义，其是对问题解决过程本质的考察，并没有讨论和解释"什么是问题的结构""如何判断问题解决者认识了问题的结构"。

结构是指组成一个整体中的各个要素稳定的相互联系。问题的结构是指形成问题的已知要素和未知要素之间相对稳定的相互联系。科学问题的结构是相对稳定的，但因其构成要素（未知要素向已知要素）不断转化，故科学问题的结构并不是一成不变的，科学问题的演变就是要素之间的转化，问题的求解就是使未知要素向已知要素转化。因此，在分析问题的结构之前，需对问题的成分进行分析。心理学家认为，所有的问题都包含三个成分，即给定、障碍和目标。

（1）给定。

给定是指问题情境中已经给出的信息，包括问题条件的文字陈述、图表信息。它构成问题的起始状态。为了便于分析，认知心理学常从静态结构方面理解问题，哲学家常以集合的方式理解问题的各个成分。给定与问题相关的背景知识联系紧密，给定是相对目标而言的，是与目标相联系的特定的背景知识。

（2）障碍。

美国心理学家斯腾伯格将问题界定为"达成目标的障碍"。张玉成认为，问题存在于人们所追求的目标或目的物与自身所具备的条件（知识技能等）之间。障碍就是问题或困难。通常认为，障碍来自客体或对象、主体、主观与环境三个方面。客体方面的障碍包括信息不合适（错误）、不相关、不充分，以及客体本身的复杂性、模糊性和流变性。障碍是问题难度的主要因素之一，问题的难度与障碍的程度密切相关。障碍不应从给定中找，而应该从其涉及的背景知识中找。当在背景知识中找不到解释的理由或证据（如概念、理论、假说、规则等）时，障碍就出现了。因此，障碍可以理解为妨碍达到目的、影响接近目标的主客观因素，它是主体的背景知识中缺乏的对于达到目标所必需的元素。

（3）目标。

问题结构中的目标是关于构成问题结论的描述，即问题要求的答案。目标是问题结构要素中最重要、最活跃的因素。目标不仅决定了给定，还与给定共同决定了障碍，从而决定达到目标的手段和方法。目标是问题解决的追求，不同的目标导致不同的视野和问题，反映主体的愿望和需要。愿望和需要是问题形成的动力，也是发现问题和解决问题的动力。

问题的结构有内在结构与外在结构之分（表1-1）。问题的内在结构是指问题内部的未知疑项和已知定项组成的逻辑关系。问题的外在结构由解决问题所涉及的已知背景知识域和未知潜在问题集组成。有的科学家把背景知识作为问题的结构的第四要素，强调背景知识的重要性，如美国科学哲学家劳丹就持这种观点。

背景知识是一个十分复杂的知识系统和心理系统，包括理想、信念、知识（如理论知识、经验知识和方法论知识等）、意图、意念和态度等。背景知识的内容和结构对问题的类型和数量有着决定性影响。对科学问题外在结构的未知潜在问题集进行分析，常常能够开辟出一门新学科的研究方向。

表 1-1 问题的结构

结构	组成	定义	要素	含义
内在结构	未知疑项	问题中没有确定的、存在疑问的部分，是待求的未知要素	疑点	隐含在问句中需要回答的成分
			疑项预设	疑点的指向范围
	已知定项	问题中已经确定的、没有疑问的部分，是已知要素	定项要素	组成定项的各个元素单位
			定项预设	由定项要素的属性及其关系的揭示构成
外在结构	已知背景知识域	提出科学问题所涉及的一切已知知识的总和，包括理想、信念、知识（如理论知识、经验知识和方法论知识等）、意图、意念和态度等	直接背景知识	提出科学问题所涉及的具体科学知识的历史资料和现有状况
			间接背景知识	对科学问题的提出具有启迪作用的哲学知识（当前提问题被解决后，则研究问题的背景知识，增加新的内容）
	未知潜在问题集	在已知背景知识的基础上提出的科学问题的求解过程中所涉及的理论和方法上的困难和空白，以及由此引申的新的问题集合	前提问题	未知潜在问题集中，前者的解是所求解问题的必要前提
			派生问题	未知潜在问题集中，后者是求解问题时派生的

1.2.3 问题的特征

Bassok（2003）认为，问题有两大外部特征（attributes）：抽象性（abstraction）和连续性（continuity）。抽象性是指内容表征和问题情境有助于或有碍于从一个问题到另一个问题解决的类比迁移，连续性是指问题属性保持不变或随时间而改变。高连续性的问题更容易解决和迁移。乔纳森（Jonassen）根据对问题的理解，进一步将问题描述为五大外部特征：结构（structuredness）、情境（context）、复杂性（complexity）、动态性（dynamicity）、领域特殊性（domain specificity）。这五大外部特征共同决定了问题的难度。按照问题的定义和组成，有些问题不能算作心理学领域的"问题"，而只是一种"练习"（exercise）。

黄茂在等认为，一种"问题"的性质可由明确度、动态性、因果性、规模等来辨识。明确性是指问题具有明确的始态和末态。有些问题有明确的始态，但末态只是一个方向性或范围内的目标；有些问题的始态不明确，但末态很确定；有些问题的始态和末态都不明确。不明确的问题不易操作，有时需经过确实的再评估或把模糊的大"问题"分解成为一系列小"问题"之后，可以使问题的始态和末态更明确。问题的动态性是指随着环境的变迁而改变其的涵意和内容，甚至"问题"本身也会发生变化，所以随着问题空间的变化，问题解决时也不得不随机调整策略。动态性的问题常常需要事前评估和及时评价来使状态明朗化。问题的因果性是依据问题发生的原因来分析，例如，有的问题想取得资源，有的问题想解决困惑，有的问题想排除阻碍。如果从"问题产生的原因"的角度看，则其与处理问题的目的有密切关联，因此，要了解问题，可以由目的来探讨。问题的规模，是指问题包含的成分，其客观地指向了问题的复杂程度，决定了问题解决者识别问题本质的难易程度。

综上所述，首先，问题具有主体性，是否为一个真正的问题主要由主体性决定。由于问题解决者的认知基础和经验知识不同，问题是相对存在的。那些只需要经过简单处理就能解决的不能称为问题，而是一种"练习"。如果只能用已有知识间接处理，以此推断出其他信息，则可以认为是一个问题。例如，对于化学教师，书写原电池中电池总反应不是问题，而对于中学生，这既是重点又是难点问题。因此，"练习"和"问题"的区别不在于困难性或复杂性，而在于熟悉性。其次，问题具有一定的结构，这些结构决定了问题的特征和难度，故问题具有客观性。最后，解决问题的过程是一种非线性行为。那么，如何将这种"问题"转化为学生熟悉的"练习"呢？解决一个"问题"和完成一个"练习"之间有何本质区别呢？

通过以上分析，可以给问题下定义：当认知主体想要达到一定的目标而遇到障碍时，这个障碍使当前状态与目标产生了差距，而认知主体不知如何达到目标，就形成了问题。

本书结合对问题相关概念的分析及研究目的，选择知识丰富型问题（knowledge-rich problem）领域的问题作为高中生化学问题解决测试项目中的问题类型。

1.2.4　化学问题解决

1.2.4.1　化问题解决的本质

由于不同时期对问题的概念理解不同，心理学家对问题解决的表述也不同，最简明的是西蒙的观点。他认为，问题解决就是对问题的理解与搜索，将问题解决的主要思维过程概括为问题解决者对问题的理解和对解决方案的搜索。此外，安德森（Anderson）和迈耶（Mayer）对问题解决的理解和概括是认知心理学中最具有代表性的。安德森（1980）认为，问题解决被定义为任何指向目标的认知操作程序。迈耶与安德森的观点大致相同。他认为，问题解决是当问题解决者没有明显的解决方法时，旨在达到目标的认知加工。除此以外，加涅（1977）认为，问题解决是一个思考过程，即学习者运用先前的知识来解决新的问题，同时产生一个新的学习过程。在化学学科问题解决研究领域，阿什莫等（1979）认为，问题解决是将知识和程序应用到问题中的结果。任红艳认为，问题解决是指一个人面对问题时，根据已知的事实和规则，理解和解答的心理过程。黄茂在关于问题解决的定义更具有操作意义，即人们运用既有的知识、经验、技能及各种思维和行动来处理问题，使情况能变为预期状态的心智活动的历程。

不同研究者对问题解决的理解是不同的，但都把问题看作一个（学习或思考）过程，将其理解为一种内在的思维形式，通用问题解决注重认知操作，特定领域问题解决注重知识在问题解决中的作用。总的来说，问题解决是一系列有目的指向性的认知操作过程。该定义包括四个特点：一是问题解决具有目的指向性；二是问题解决是一系列的操作；三是这种操作必须是认知操作，即问题解决的本质是一种思维活动；四是问题解决具有独特性，受个人认知基础的制约，即问题解决者的知识和技能会影响对问题的表征形式和水平，决定问题的难易程度，个人的认知风格也会影响问题解决的方式。由此可见，问题解决与平常所理解的解决问题有一定的区别，不是所有学生解决问题的行为都属于问题解决，要看学生在解决问题过程中有没有认知成分的参与，即所要解决的问题与学生已有状态存在着一定距离，学生在解决问题时，必须付出一定的"心理劳动"，而不可能在不存在任何障碍的情况下就将问题顺利解决。因此，作为实验研究设计的"问题"，必须是学生通过有目的的"心理劳动"和认知操作才能完成的材料。

由此看来，学科领域的问题解决需要认知主体运用专业知识对问题进行分析和理解，形成一定的策略，并选择适当的策略。因此，本书给化学问题解决下一个操作性定义：学生利用已有的化学知识和经验形成对问题的理解，从而发现问题解决的策略，以达到问题目标的心理过程。需要强调的是，问题解决中，"解决"一般有两层含义：一是找到问题的最后答案，二是找到解决问题的策略。如果用 A 代表问题的起始状态或已知条件，B 代表目标状态，那么两者连线代表复杂的解题步骤、起始状态与目标状态的联系、已有的相关信息，如图 1-2 所示。

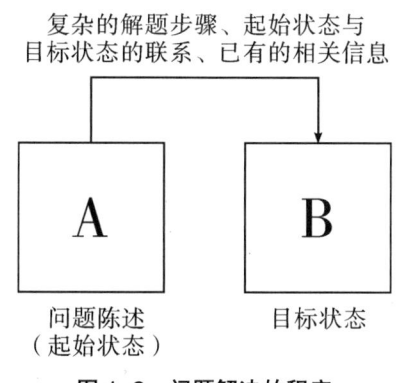

图 1-2 问题解决的程序

1.2.4.2 认知模型

认知是指个体在一定的任务中所表现出来的信息加工能力，包括较高级、核心的动态性认知加工（思维），也包括静态性内容结构（知识和经验）。模型是人们为了达到解释、认识或研究目标对象等特定目的，对目标对象的一种简化、直观、定性或定量、文字性或图形性的描述。模型的原型可以是物质、概念、事件、过程和系统。吉尔伯特认为，模型作为科学理论与现实之间的桥梁，具有三个功能：可以使抽象的事物具体化、可视化，可以将复杂的现象或事物简单化，可以为科学的解释和预测提供依据。认知模型是指描述人类认知结构（知识和经验）和认知过程的模型。需要指出的是，有的模型描述了信息输入—内部加工—信息输出的全部过程，而有的模型只是针对个别认知活动的局部过程建构的，如注意的过滤器模型、问题求解系统模型（GPS）、SOAR 问题解决模型、注意选择模型、语义网络模型等。因此，问题解决认知模型是描述问题解决者面对问题情境，利用已有知识和经验形成对问题的理解，选择适当的策略，从而达到解决问题的心理过程。可以看出，问题解决认知模型是包括信息输入—内部加工—信息输出的全部过程，而不是针对问题解决过程中的某一个局部思维过程（如问题表征或信息识别过程）建构的模型。有研究者认为，好的认知模型标准如下：第一，能够表征认知的结构和过程；第二，能说明各种中枢控制因素；第三，能容纳和解释已经观察到的事实或现象；第四，能预测新的事实或现象；第五，能吸收邻近学科的最新研究成果。

1.2.5 概念辨析

1.2.5.1 问题解决与问题解决能力

问题解决和问题解决能力是两个不同的概念，两者既有区别又有联系。问题解决是一种思维活动，是解决问题的一段心理活动历程，其目标是提高学生的问题解决能力。问题解决能力是科学能力的重要组成部分，是在解决问题活动过程中形成和发展的个性心理特征，问题解决能力的提高必须通过问题解决活动来实现。问题解决和问题解决能力的区别见表1-2。

表1-2 问题解决和问题解决能力的区别

内容	问题解决	问题解决能力
本质	是一种思维活动、认知活动	是一种认知结果，是问题解决者掌握和运用知识技能的条件，是决定活动效率的一种个性心理特征
状态	动态发展	静态描述
研究对象	通常是内在思维活动	通常研究的是外在行为
特征	独特性	共性

1.2.5.2 认知模型与模型认知

认知模型和模型认知是两个完全不同的概念。模型认知是随着模型和建模思想在科学教育中兴起的一个概念，如化学学科中的模型认知是指能够运用模型描述化学研究对象、解释化学现象和规律、预测可能的结果，并能够建构模型展示自己对化学事实的理解和解释。当认知模型成立之后，认知主体可以利用这种模型去研究新的对象，去理解、解释和预测可能的结果。

1.3 文献综述

对历史的梳理就是寻找历史发展的逻辑与规律，关注问题解决中有价值的变化、改革与探索，用历史的眼光捕捉现实研究的成果，为问题解决研究探寻灵感和科学的理论依据。

1.3.1 问题解决研究历史与发展趋势

科学最主要的任务是在于解决问题，科学教育的目的是培养解决问题的人，强调培养学生如何思考，并运用所学知识解决问题。问题解决的重要性让教育学家、心理学家、神经科学家们不断探索人类解决问题活动中的行为模式、认知机制和神经关联，从观察动物解决问题的外部行为变化，到探索内在认知机制，再到利用技术手段探索行为、心理、神经三者之间的关系。21世纪初，认知神经科学改变了认知心理学研究的方式。因此，从问题解决研究的历史来看，主要分为三个阶段：第一阶段，以20世纪中期的认知革命为标志的问题解决研究，其主要关注实验对象在问题解决过程中的外部行为表现；第二阶段，20世纪中期至末期问题解决的信息加工范式研究；第三阶段，20世纪末至今的认知神经科学研究。

1.3.1.1 认知革命前的问题解决研究

19世纪以前，严格来讲并没有关于问题解决活动的研究，因为这一时期的问题解决并没有被普遍认为是值得研究的重要问题，但这些心理现象研究获得的经验为心理学研究问题解决奠定了基础，如神经心理学、脑科学对问题解决的研究。穆勒提出神经特殊能量学说，认为感觉的性质主要依赖于受到刺激的神经的性质；贝尔和马戎第发现了感觉冲动与运动冲动的单向传递规律，为反射的概念奠定了科学基础。此外，还有神经生理学中的颅相说和大脑动能定位的研究为神经科学探究大脑的功能与学习的关系奠定了基础，为实验心理学提供了切除法、电刺激法等研究方法，推动了感觉生理心理学的发展。1879年，冯特（Wundt）在莱比锡大学建立了第一个心理学实验室，标志着心理学从哲学中独立成一门新兴科学。他认为心理学和自然科学都是研究人类的经验，只是自然科学研究间接经验，而心理学研究直接经验。冯特对问题解决最大的贡献是提出了"统觉"这个心理学概念。冯特对心理学（包括问题解决研究）的另一个贡献是提出实验内省法，以实验的方法改造了早期纯粹意识上的内省法，并为实验内省法制定了规则。这些实验内省法规则为心理学实验研究的科学发展奠定了基础。后来，实验内省法在布伦塔诺（Brentano）的质疑下分成了现代心理学研究的"口语报告法"和"内部反省法"，这是报告自我意识或思维的实验研究法。构造主义和机能主义心理学研究的对象主要是意识（或经验），只是对研究内容各有侧重点。构造主义研究意识的组成，即意识的元素。铁钦纳发展了冯特的实验内省法，认为其还可用于研究更加高级的心理过程，如思维、想象等，方法论上更加注重被试的内省，所以实验设计和要求更加严格、谨慎和复杂。机能主义受生物进化论的影响，研究内容不是意识（经验）的元素构成，而是有机体怎样利用意识去适应环境，强调意识机能的研究，关注不同意识的个体适应环境的差异性和原因。机能主义在发展了实验内省法的同时，还运用其他更加科学的研究方法，如高尔顿第一次将问卷调查法、心理测验和统计方法引入心理实验研究。最早用实验方法研究问题解决的应该是桑代克（Thorndike），他在1898年展开了饿猫迷笼实验。通过实验他认为，动物解决问题的过程就是不断尝试错误的渐进过程，即试误说。

19世纪70年代，行为主义心理学将人类问题解决和学习的研究向前推进了一大步。华生（John Watson）是行为主义的代表人物。他是机能主义心理学代表人物安吉尔的学生，机能主义心理学采用的观察法、问卷调查法、统计法等研究方法使华生的研究更加客观，后来他把语言报告法、测验法等用于心理学实验研究。行为主义心理学认为，人类的学习就是在条件刺激与条件反应之间建立联系，即"刺激—反应"（S—R）的连接。后来经过斯金纳（Skinner）、托尔曼（Tolman）、赫尔（Hull）的发展，其认为行为不仅受到环境因素的影响，而且受到年龄、经验、遗传与认知目的（动机或内驱力）等的影响，重视人类在问题解决过程中的主体作用。

真正意义上对问题解决进行系统实验研究的是格式塔（Gestalt）心理学家。与同时期的行为主义心理学的研究不同，格式塔心理学家关注人的问题解决的内在机制。行为主义心理学家只关注对小动物的刺激与行为之间的关系，格式塔心理学家更关注高级动物，如黑猩猩和人的学习与问题解决过程。格式塔心理学的代表人物有维特海默（Wertheimer）、考夫卡（Kaffka）、科勒（Kohler）和邓克尔（Duncker）。格式塔心理学闻名于对知觉过程的研究，其取得的成果从理论上较好地解释了个体问题解决过程和结果的差异，如接近原则、类似原则、封闭原则等，为认知心理学进行知觉研究和信息加工心理学关于问题解决者对信息的获取方式奠定了基础。格式塔心理学的另一个贡献是对"顿悟"的研究，但其在描述顿悟发生或未发生以及检验解决问题的有效方法（如使用口语记录）时，并未对顿悟的潜在过程做明确而详细的解释。它只用一种表示习惯性效应的术语"心向"来解释，心理学家们意识到顿悟的发生是对问题整体的一种重构，但并没有解释这种重构，这为信息加工心理学留下了巨大的发展空间。格式塔心理学家的邓克尔（1945）给"问题"的定义是：问题产生于有目标的人不知道怎么做才能达到这个目标之时。格式塔心理学问题解决研究中关于"问题"给出了初步的定义，为认知心理学问题解决的研究奠定了理论基础。

1.3.1.2　认知心理学的问题解决研究

1967年，美籍德裔心理学家奈瑟（Neisser）出版了《认知心理学》一书。"认知心理学"这一术语被奈瑟采用，标志着认知心理学的独立。这时认知心理学家主要探索外部行为表现的内在认知机制。20世纪中期以后，问题解决研究是以信息加工心理学观点来解释问题解决者的行为规律。因此，信息加工心理学研究被分为两个层次：一个关注相对复杂的人类行为，另一个重点关注以信息加工理论为基础的研究。信息加工理论认为，信息加工包括四个主要成分：感知系统、记忆系统、控制系统和反应系统。以计算机隐喻为基础的人类问题解决模型的建立开启了人类问题解决过程的更系统、细致的研究，如感知系统中关于注意的研究，记忆系统中关于人类记忆理论模型的研究，控制系统中关于情绪、元认知理论和思维的研究，以及反应系统中关于生存系统、模式识别理论的研究。以信息加工理论为基础的认知心理学时期的问题解决研究通常分为"纯粹"信息加工问题解决研究和领域问题解决研究。领域问题解决的研究通过比较领域专家与新手之间在问题解决上的差异来证明其假设，故也称为"专家—新手"比较研究范式。"专家—新手"问题解决比较研究认为，专家与新手在问题解决过程中的典型区别是影响问题解决的主要因素：①专家有大量专业领域知识。②专家表现出优秀的短时记忆和长时记忆能力，专家的领域知识结构是组织良好、系统的，新手的领域知识大多是零散的。③专家能够在其领域问题解决过程中觉知大量有意义的问题模型。④专家的反应敏捷，积累了大量问题解决经验，形成了自动化的产生式或产生式系统整合程序，而新手获得的知识不是以产生式存在的。⑤专家在洞察和表征问题时具有更高的水平，新手的问题表征往往停留在表面，其在解决问题时常关注表面信息或非关键特征，而专家具备大量的问题图式，能对问题进行深层（结构）表征。⑥在问题理解阶段，专家着重分析问题结构。⑦专家在问题表征过程中形成推理逻辑，并搜索可能的问题解决策略。⑧专家具有更高的自控能力和自我调节能力。

加涅认为，一个成功的问题解决者应该具备四种技能：一是智慧技能。一定的智慧技能是完成任务的先决条件。二是问题理解技能。学生必须获得一种系统地表征概念和规则之间关系的方法，这样的理解和表征形成了问题图式。三是选择计划或方案的技能。问题解决者必须用一个计划来选择智慧技能（行动），以确保问题陈述的目标得以实现。四是评价技能。要有评价问题解决是否成功的方法。袁维新长期关注国外问题解决研究领域，认为影响问题解决的主要心理因素是问题的表征、领域知识和结构化知识、思维水平和认知策略，以及问题解决过程的调控。

1.3.1.3　认知神经科学的问题解决研究

20世纪90年代（称为"脑的十年"）及21世纪初期，问题解决研究进入认知神经科学领域。例如，关于人类超长记忆的研究借助脑成像技术研究得出结论：①主要由后天导致，具体在于特定的用脑活动方式；②与领域内特殊经验密切相关；③可以发现特定知识结构（如组块）和认知机制（如长时工作记忆）对应的脑活动状况。若要提高记忆能力，仅靠强化现有认知加工和局部脑激活最不够的。对于依赖突出记忆的计算能力，新的认知过程涉及从短期有意识的存储策略向高效的事件记忆编码和检索策略、运用自动化解题算法周详调控解题的转变。再如，为了解释广泛的问题解决认知行为，心理学家提出了具有不同认知机制的"双重加工过程"模型，认为识别记忆由熟悉性和回忆这两种形式的记忆支持。它们的运算速度和检索信息的特异性不同。ERP和功能神经影像学研究结果表明，熟悉和回忆有不同的神经机制支持。Vanessa E. Ghosh 和 Asaf Gilboa（2014）在图式研究中观察到 vmPFC 活动与参与者具有持续问题任务需求的图式，说明问题解决者在问题解决过程中，问题图式随着问题空间的变化而不断变化，具有动态性。他们还指出，除对 vmPFC 的假设功能进行直接测试外，未来还应该评估图式特性对于知识结构能够指导行为、促进编码和增强检索过程的必要性。

1.3.1.4　问题解决研究的趋势

综观问题解决研究的历史，问题解决的研究思想、内容、方法、范式呈现多学科融合：研究思想上将信息加工心理学理论与建构主义观点融合，研究内容上使问题解决与学科教育的结合更加紧密，研究方法上将多学科研究方法互相结合。

1. 研究思想：信息加工心理学理论与建构主义观点融合

问题解决是一种包括认知和非认知在内的主体对客体复杂的思维活动，从机能主义、构造主义、格式塔心理学到认知心理学（主要以信息加工心理学为主流）关于问题解决的观点，越来越凸显问题解决研究中主客体的相互作用。第一，问题解决研究中重视主体基于自身经验和认知对问题的整体识别，问题解决者对问题情境进行主动建构，采取自上而下的概念驱动和自下而上的数据驱动的信息双重加工方式，主动搜索问题解决相关图式，对问题进行表征，建构问题模型。第二，问题解决研究在重视主体内认知因素对问题解决影响的同时，越来越关注非认知因素对主体解决问题的影响。近年来，问题解决研究越来越重视影响主体解决问题的非认知因素，如主体的家庭背景、文化背景、社会背景、内在动机（内驱力）、自我效能感、情感（如学生的学习态度、兴趣、压力等）、认知风格、元认知等。有研究指出，问题解决者所处外部因素也会影响内部因素，教师的教学范式越接近建构主义风格，学生的解题态度和对环境的观感越积极。还有研究指出，元认知是一种不同于一般认知的独立结构，元认知和一般能力倾向各自作为独立的加工过程而起作用。元认知能够弥补一般能力倾向的不足，能影响问题解决效果。

2. 研究内容：问题解决与学科教育的结合越来越紧密

20世纪80年代，以信息加工思想为基础的问题解决从纯理论研究开始走向与学科教育相结合的道路，逐渐重视领域知识在问题解决中的作用，正如拉金等（1980）发表在 *Science* 上的研究强调，解决某些问题所需专业知识远远超出一般知识。可以这样认为，问题解决与学科结合的学科问题解决是其研究发展的高级阶段。一方面，问题解决与学科教育融合是其研究发展的必然趋势；另一方面，一般领域到特定领域的问题解决研究，凸显了其成果对学科教学实践的指导，是问题解决研究的价值体现。学科问题解决要突出学科研究特色，在保持一般领域研究思想、方法和思路的优势和连续性的基础上，要结合具体学科，体现独特性，避免"拿来主义"的思维模式。

3. 研究方法：多学科研究方法互相结合

问题解决是探查问题解决者解决问题过程中的复杂心理活动，除用外显的行为推测问题解决者的认知心理这种传统研究方法外，还采用多学科思想、方法和技术相融合的方式。除传统的纸笔测试（如OECD的PISA项目测试）外，现在较常用的研究方法有口语报告法、个案研究、微观发生法、具身认知法、计算机仿真法（如多媒体互动学习平台、IMMEX平台）。近年来，随着神经影像技术的发展，认知神经科学的兴起，神经生理学的研究方法和技术［如眼动追踪法、事件相关电位（ERPs）等］开始在问题解决研究领域得以综合使用。

4. 研究范式：问题解决行为、信息心理加工机制和认知神经科学综合

问题解决过程是一种复杂的思维活动过程，由于这一过程为内隐思维方式，因此，探测问题解决者在解决问题过程中的思维活动十分困难，需要采用多种研究方法相结合进行综合判断。传统的纸笔测试只能单一地推测问题解决的思维过程，无法解释学生的认知行为和认知机制。以信息加工心理学观点解释问题解决外在行为没有客观事实依据，显得根基不足。认知神经科学不断发展，逐渐成为主流研究方式。然而，北京师范大学林崇德教授呼吁，"认知神经科学"不能丢掉"认知"（即心理）的主题，否则就变成纯神经科学的研究。因此，问题解决研究应该是问题解决行为、信息心理加工机制和认知神经科学综合的研究范式。问题解决行为的研究目的是观察问题解决者外在行为表现，信息加工心理的研究目的是解释外在行为的机制，认知神经科学主要揭示和预测外在行为和加工机制的规律。将三种研究方法相结合，有助于揭开问题解决的本质。

1.3.2 化学问题解决研究

通用领域的问题解决研究指出，领域知识是问题解决的基础，问题解决与学科融合的学科问题解决是其研究发展的高级阶段。问题解决与学科的融合是问题解决研究发展的必然，凸显了通用领域问题解决研究成果对学科教学实践的指导，是问题解决研究的价值体现。学科问题解决能力是科学能力的重要组成部分，所以对学生学科问题解决能力的培养是国际科学教育的关注重点。化学问题解决研究相较于数学和物理起步较晚，理论和实践研究较薄弱，直到20世纪90年代，化学问题解决研究才得以迅速发展，但研究内容和方法仍没有超越认知心理学的范围。化学问题解决研究的内容主要涉及化学问题的分类、问题解决者的思维过程和问题表征研究、专家—新手/成功—不成功的问题解决行为的差异化研究、化学概念理解和问题解决关系的研究、化学问题解决过程中的元认知、影响学生化学问题解决因素的研究、化学问题解决（专家）模型等。这些研究内容还可能存在一些交叉，如专家—新手/成功—不成功的问题解决行为的差异化研究中涉及问题解决者的问题表征研究化学概念理解和问题解决关系的研究，以及化学问题解决过程中的元认知等。化学问题解决研究对象主要是学生和教师，研究方法主要有访谈法、个案研究法、出声思维法、问题行为图法和概念图法。

1.3.2.1 化学问题类型与问题解决研究

美国数学教育家波利亚（Polya）指出，一个专心备课的教师能拿出一道有意义但不复杂的题目去帮助学生发展问题的各个方面，通过这道题，就好像通过一道门户，把学生引入一个完整的领域。对问题类型的识别可以帮助问题解决者快速识别问题的本质，是接近问题目标的重要环节。因此，研究化学问题的分类具有重要意义。

问题解决研究是从问题开始的，不同类型的问题具有不同的问题特征，问题特征会影响问题解决者对问题的知觉和表征，进而影响问题的解决。如Niaz（1988）认为，学生在化学问题上的表现会随着问题解决步骤的增加和问题心智要求的提高而减弱。Niaz（1996）进一步使用Pascual-Leone开发的图形交叉测试（FIT）来检测学生的心智能力，具有较高心智能力的学生在给定的心智要求问题上表现更好，但随着问题难度的增加，所有学生的成功比例都降低。Tsaparlis、Kousathana和Niaz（1998）发现，在解决问题时，学生的表现与问题解决方案的步骤数量之间具有相关性。他们指出，问题解决者对问题的成功分类是问题表征的关键环节，对学科问题的分类是实施问题解决教学的重要内容。阿什莫等（1979）认为，化学问题包括从最低水平的（仅从问题陈述中就能获得解决问题的信息，而且答案唯一）到最高水平的（答案不唯一）化学难题研究工作，最高水平的化学问题解决需要通过观察、资料收集、专家咨询、调查、实验才能完成。

约翰斯顿（Johnstone，1993）将科学研究中的问题根据所提供信息数据的完整度、问题解决所需方法的熟练程度、目标的开放程度对化学问题进行了详细的分类（表1-3）。

表1-3 Johnstone的化学问题分类

类型	数据	方法	结果（目标）	技能要求
1	给定	熟悉	给定	回忆算子

续表

类型	数据	方法	结果（目标）	技能要求
2	给定	不熟悉	给定	寻找通往已知方法的通道
3	不完整	熟悉	给定	分析问题，找出还需要的数据
4	不完整	不熟悉	给定	衡量可能的方法，定出需要的数据
5	给定	熟悉	开放	定出合适的目标，搜索知识网络
6	给定	不熟悉	开放	定出目标，选择方法，搜索知识和技能网络
7	不完整	熟悉	开放	一旦确定目标，就会发现数据不足
8	不完整	不熟悉	开放	设想目标和方法，需要增加数据

其中，类型1和类型2是在课堂教学或考试中常遇到的问题。类型1是算法（algorithmic）类问题，在习题中较常见。类型2通过问题解决者的经验积累和教学引导，稍微变换问题就成为类型1，其解决算子还是算法式。类型3和类型4要求学生具备在类型1和类型2中应用的不同种类的推理。类型5~8具有开放性问题目标，对学生能力和认知策略要求较高，其中类型8是最接近学生真实生活中的问题。

王磊认为，不同的问题分类方式有利于提示学生不同问题接近过程的意义，虽然Johnstone的分类方式比较详尽，但未能提示问题接近过程中解决者的心理参与程度。结合科学问题的结构特点和解决这些问题所需要的科学知识类型，提出可根据学生解决科学问题的心理活动水平，对科学问题进行分类，即按照心理活动水平从低到高分别是：回忆性问题、同化性问题、整合性问题、创造性问题（表1-4）。

表1-4 王磊的化学问题分类

类型	问题解决需要的知识
回忆性问题	以陈述性知识为主
同化性问题	陈述性知识、程序性知识
整合性问题	陈述性知识、程序性知识、策略性知识
创造性问题	陈述性知识、程序性知识、策略性知识

由于学生具有不同的问题表征水平和解决策略，以上问题类型可以通过问题表征和解题策略相互进行转换。例如，整合性问题加以信息的重组与解题经验的结合，将问题转换、变式或深化为同化性问题，再经过问题解决策略转换成学生熟悉的问题情境，通过问题的"降解"或"解构"，再变成回忆性问题，这样问题就更容易解决。学生在学习活动中遇到的问题可能包含以上四类问题，形式复杂，本质隐蔽，因此，问题表征成为解决问题的关键。

曾玉清的化学问题分类对高中生化学问题解决具有一定意义。根据高中生化学问题本身的结构，将其分为结构良好问题和结构不良问题。结构良好问题又称为经典问题，具有完整的问题条件、目标和障碍，如大多数高考化学试题中的相关问题。结构不良问题又称为开放性问题，即问题条件、目标和障碍三个因素中，有一个因素不良的问题。结构不良问题还包括探索性问题和创新性问题，按照高考考查内容分为知识型问题、技能型问题和综合型问题，按照问题情境来源分为传统型问题、社会型问题、环保型问题、生活型问题、生产型问题、科学技术型问题、（化学）历史型问题，按照科学成分及深度分为单因素独立型问题、多因素并列型问题、多因素主从型问题、多因素因果型问题和多因素网状型问题。

1.3.2.2　专家—新手／成功—不成功的问题解决研究

Camacho 和 Good（1989）比较了高中生、本科生、博士生和教师在化学平衡问题上的表现。他们认为，问题解决能力是一个连续统一体，不是一种显著地分为专家和新手的二分法。他们指出，获得成功的实验对象表现出的某些行为与不成功实验对象有本质上的不同。获得成功的实验对象行为如下：①提出问题之前充分阅读，提出更好的问题（反映更多的知识），开始解决问题之前重新阅读目标。②以反应方程式开始问题求解过程，并在早期写下平衡常数。③将问题视为推理任务，发现解决方案。④在了解如何用化学术语来解决问题之前，没有提及公式或方程式。⑤适当使用新的符号来代表化学物质种类。⑥按顺序做必要步骤，使用问题中的隐含信息。⑦经常检查工作有无前后矛盾。⑧做出适当的假设，对所涉及的知识进行适当的概念化，并对平衡常数有适当的理解。⑨认识到化学平衡问题的相似性。⑩没有使用试误法，表现出很少的错误。⑪熟练地思考问题。⑫能运用或表达多种解决问题的方法或原则。

Herron 和 Greenbowe（1986）认为，成功的问题解决者能够很好地掌握基本事实和原则，构造合适的问题表征，运用推理思维使问题的要素之间有逻辑关系，应用大量验证策略来保证问题的表征与给定的事实一致，解决方案的逻辑合理，计算无错误，解决的是提出的问题。化学领域专家—新手／成功—不成功的问题解决研究揭示了化学学科知识在问题解决过程中的重要性，以及化学知识的理解、概念化程度、系统性对于问题解决者识别、理解、表征当前问题和选择合适的问题解决方案的意义。

1.3.2.3　化学概念理解与问题解决研究

在化学问题解决研究相关文献中，大部分关注可以用算法解决的定量问题，因为其代表了化学基础课程中的大部分问题。约二十年前，文献研究中才开始出现化学领域研究非算法的问题。其中一项研究是对高中生在方程式配平任务上的行为表现研究。Yarroch 在其研究中发现，所有学生都能配平呈现给他们的方程式，但 12 个学生中有 7 个不能正确画出与配平方程式一致的化学符号表达式。Yarroch 认为，给出这些答案的学生可以配平简单的方程式，但不了解这些方程式的含义。

Nurrenbern 和 Pickering 在研究中要求学生做一个关于气体的传统问题和一个没有算法内容的多项选择题，但这道选择题要求学生对气体概念有深刻的理解。他们发现，学生回答传统算法类问题的成功率比概念型问题高得多。他们建议，我们应该围绕概念型问题和算法类问题的解决开展研究。

Sawrey（1990）选取了数量更大、更统一的学生重复 Nurrenbern 和 Pickering 的工作，比较了学优生和学困生对概念型问题和算法类问题的成功解决情况，考查两类问题对更高成就者的影响是否消失。她发现，即使是最好的算法类问题解决者，对概念型问题的解决也表现不佳。她主张，化学教学过程中应同时兼顾化学问题定性和定量两个方面。

Nakhleh（1993）探究是否有学生对概念型问题解决良好，但对传统算法类问题解决不好。实验分为两个阶段：第一阶段，通过气体定律主题的配对考试问题，探究学生在化学专业中是概念型问题解决者还是算法类问题解决者。结果显示，略多于40%的学生属于强概念型/强算法类问题解决者，略多于40%的学生是弱概念型/强算法类问题解决者，只有5%的学生是弱算法类/强概念型问题解决者，10%的学生属于弱概念型/强算法类问题解决者。第二阶段，随机抽取六名学生接受访谈，其中的2/3来自四种可能类别（没有学生来自弱算法类/强概念型）。实验过程中，学生们完成了相同的问题，都正确回答了两个气体定律问题。其中，一半学生使用算法来解决这个问题，其他学生使用排除法。Nakhleh和Mitchell认为，使用排除法的学生显然不理解问题背后的概念。

Smith和Metz（1996）提出了一种假设，即在常规化学测试中，以算法为特征的问题是考查对化学概念的合理解释。测试结果表明，学生经常在未了解化学概念的情况下解决算法类问题，他们记忆化学定义、化学术语，而没有真正理解，且不能将概念形象化。

Mason、Shell和Crawley（1997）研究了普通化学课程中学生和教师对概念型问题和算法类问题的问题解决图式。学生分为高算法/高概念（HA/HC）、高算法/低概念（HA/LC）、低算法/高概念（LA/HC）、低算法/低概念（LA/LC）四类。他们指出，LA/HC类学生数量较少（5%），即能够理解概念却缺乏算法类问题解决能力的学生很少；HA/HC类学生能迅速解决算法类问题和概念型问题，问题解决操作很少转换，当问题解决水平降低时，完成问题所需时间和转换次数都增加；LA/LC类学生直接解决问题有困难，尤其是解决算法类问题时。

在研究一项类比促进问题解决作用的研究中，Gabel等（1986）认为，学生很难解决化学问题的一个主要原因是其不理解潜在的化学概念。Gabel和Samuel用稀释的浓缩橙汁作为一种化学稀释剂，发现类比法可以使约25%的学生在直接问题上受益，这些问题不涉及通过增加或去除水来改变浓度。针对更困难的浓度和稀释问题，他们认为通过类比不能提高学生的问题解决能力，因为学生不知如何在类比情境表征原问题结构。Staver和Lumpe（1995）研究学生对摩尔概念的理解及应用中认为，学生的宏观表征能力较好，而不能在微观（原子/分子水平）表征与符号表征之间熟练转换。

化学领域的概念理解与问题解决关系的研究揭示了成功解决化学问题的特点：①对化学概念的理解有利于化学问题解决；②微观表征和符号表征之间的熟练转换是解决问题的重要方式，要理解符号表征化学事实和现象的意义。

1.3.2.4 化学问题表征与问题解决研究

拉金等（1980）认为，问题解决过程中，随着问题空间发生变化，问题的内部表征会发生变化。许多问题的第一种表征是书面的单词和句子的集合。问题解决者使用这些单词和句子构建一个新的表征（第二种表征），包括问题语句中提到的对象和这些对象之间的关系。解决科学问题需要第三种表征形式，其中包括既不是词汇也不是真实对象，如压力和面积。为了得到一个数值需要第四种表征形式，包括运算符和等式等代数符号。综上所述，四种表征形式分别为事实、语义表征，关系表征，科学对象表征，符号表征。

Bowen和Bodner（1991）在分析大学二、三年级学生"合成有机化学"课程中的问题解决行为时发现，学生解决有机合成任务使用了不同的表征系统。他们将表征系统定义为相关概念和过程的集合，可以用来解决问题，并将解决方案传达给其他人。通过分析，Bowen 和 Bodner 确定了七种代表性表征系统，即语言、图像、方法、原则、文学、实验室和经济。他们指出，在问题解决过程中，给定阶段选择表征系统很少是在有意识的状态下进行的，而表征系统之间的转换是自动的。他们认为，表征系统的选择是一种战略决策，是根据问题解决者所选择的表征系统而决定的。

Domin 和 Bodner 研究了成功和不成功问题解决者所构建的表征在数量与类型上的差异。选择二维傅里叶变换核磁共振波谱（2D FTNMR）作为研究内容，是因为其可用多种表征方法来表示概念。成功的问题解决者比不成功的问题解决者构建了更多的表征，并更倾向于使用言语—符号表征，而不是言语—命题表征。这项研究支持了 Domin 和 Bodner 提出的假设，即成功的问题解决者比不成功的问题解决者针对每个问题会构建更多的表征。值得注意的是，两个群体并没有构造出非常多的表征。

Noh 和 Scharmann（1997）研究了分子水平的图形表征在韩国高中生问题解决能力中的作用。实验组学生在化学概念测试和化学问题解决测试中都比传统课程学生表现更好。他们指出，解决了算法类问题并不意味着理解了化学概念。

综上可得，成功的化学问题解决者能在理解的基础上构建合适的问题表征，表征形式多样，有宏观的表征（如事实、语义表征），也有微观表征（如科学对象表征），还有符号表征、关系表征等。不同问题解决者的表征系统具有的表征种类是不同的，成功的问题解决者比不成功的问题解决者有更丰富的表征系统，其更偏向使用微观表征和符号表征，而不成功的问题解决者常使用宏观表征。

1.3.2.5　化学问题解决策略与问题解决研究

特定领域的问题解决依赖于该领域的认知策略。化学问题解决策略与其他领域问题解决策略既有共性，又有特殊性。Scherer、Tiemann（2012）指出，策略知识大多是特定领域的。Ashmore 等（1979）将化学问题解决过程分为明确问题、选择适当的信息、组合零散的信息、评价四个阶段，认为成功解决化学问题需要扎实的化学知识基础、问题解决的有关策略和自信心，并强调了问题解决策略的重要性。多数研究者都认为，同一集体中学生的问题解决表现不同，很多时候不是因为不具备相关知识，而是因为缺乏问题解决策略。Asieba 和 Egbugara（1993）基于 Ashmore 等对高中生化学问题解决的研究，提出了一套基于启发式问题的问题解决策略，强调了问题解决过程中的四个阶段。那些被教导要掌握问题解决的启发式策略和内容的学生要比那些接触启发式教学法，并且教他们掌握内容或接触内容，并教他们掌握启发式的学生做得更好。这说明问题解决策略是可教授的，学生掌握问题解决策略后表现得更好。Lee 等（1996）在针对化学问题解决关于认知变量的回顾研究中认为，成功的问题解决者应具有问题转换和问题识别的能力。

Scherer（2014）等以计算机为基础，评估学生对复杂化学问题解决的表现。他们认为，特定领域的概念不仅体现了领域知识对问题解决表现的影响，也体现了其对特定问题解决策略的影响。Scherer 和 Tiemann（2012）指出，关于策略的知识也是特定领域的，解决化学问题常用的策略有：以达到目标状态的执行系统和策略（如控制科学实验中的变量）、计划和执行的策略、科学调查和实验策略、检验假说策略。

化学问题解决策略大多是从教多年化学教师的经验总结的。对化学问题解决策略的研究较系统的有：王后雄在探讨问题解决机制的基础上结合实例提出了化学问题解决的类比策略、分解策略、逆推策略、探究策略、整体策略、模型策略、信息策略、反思策略等；吴光棣认为，解决化学问题的认知策略是根据问题情境，选择、组织和发现规律和方法，调节、控制内部思维和操作活动的认知过程。认知策略作为一种高级的认知活动，总是由一套操作步骤（程序性知识）构成。

吴鑫德采用口语报告法对27名高中生解决6个自编化学问题的思维过程进行分析归纳，得出高中生成功解决化学问题的策略主要有：①读题审题策略；②综合分析策略；③双向推理策略；④同中求异、异中求同策略；⑤化繁为简策略；⑥巧设速解策略；⑦模糊思维策略；⑧总结反思策略（表1-5）。其中，策略①~④可以进一步认为是一般的信息加工与模式识别策略，策略⑤~⑦是学科思维策略，策略⑧为元认知策略。他指出，有意识地对高中生进行策略的训练，可显著提高其化学问题解决能力，尤其对暂时落后的学生有效。

表1-5 吴鑫德的化学问题解决策略

类型	描述
读题审题策略	仔细读题，寻找关键信息，包括已知条件和未知条件，判断题目类型以及需要的化学知识等，尽快熟悉问题情境
综合分析策略	利用之前的学习经验，整体分析问题情境，比较有关信息，构建解题的大致方法和基本思路。
双向推理策略	利用已知条件和发散性思维以及未知条件和集中思维，缩小问题差距
同中求异、异中求同策略	放弃错误思路，重新审题，寻找新的有用线索
化繁为简策略	将复杂问题简化后分析
模糊思维策略	对于陌生问题情境，从零散的信息中找到问题解决策略，不了解的问题可暂缓，继续寻找其他有用线索
总结反思策略	检查解题过程，对错误操作及时进行调整，解题结束后对解题思路和过程进行回顾

任红艳研究了高中生解决计算类化学问题的情况，结果表明，学生主要采用四种策略（表1-6）：盲目搜索策略、数学模型策略、情境推理策略、原理统率策略。经过实验比较分析，原理统率策略明显优于情境推理策略，盲目搜索策略次之，数学模型策略在计算类化学问题解决过程常用，很多学生能在没有完全理解公式意义的情况下解决这类问题。

表1-6 任红艳的计算类化学问题解决策略

类型	描述
盲目搜索策略	解决问题时不了解题意，条理混乱，无法正确分析问题，使问题解决失败
数学模型策略	没有理解公式的意义，只是套用公式解决问题
情境推理策略	解决问题时基本了解题意，思路清晰，能按照解题思路解决问题
原理统率策略	理解问题本质，解题思路十分清晰，能运用化学原理和思想进行整体分析，从而解决问题

综上可知，学生的化学问题解决策略呈现多样性，问题解决者面对不同的问题情境，会采用不同的策略。加涅曾指出，在问题解决过程中，问题解决者通常将灵活使用多种问题解决策略，协同解决问题。

依据算法式和启发式两种问题解决策略类型（表1-7），可对不同名称但内涵相同的化学问题解决策略进行归类。启发式策略较灵活，虽可以让问题解决加快，但不能保证问题得到解决。算法式策略能够保证问题得到解决，问题解决者只需按照固定步骤操作。

表 1-7 化学问题解决策略分类

分类	内容
算法式	程序策略、数学模型策略
启发式	盲目搜索策略、情境推理策略、手段—目标分析（分解策略）、目标递归策略、逆向推理策略、简化计划法策略（整体策略）、爬山法、综合分析策略（同中求异策略、异中求同策略、双向推理策略）、探究策略、信息策略（信息评价策略、信息引申策略、信息简约策略、信息转换策略）、反思总结策略、类比策略、原理统率策略

1.3.2.6 元认知与问题解决研究

1. 元认知在问题解决过程中的作用

在化学领域，越来越多的研究者对学生的元认知与问题解决的关系进行研究。Veeman等认为，化学问题解决中元认知的作用是对化学问题解决进行定向、组织、执行、确认等，每个步骤包含不同的元认知活动。通过对学生化学问题解决能力进行定性研究发行，学生在问题解决过程中有元认知框架，对于问题的定向、组织、执行、确认过程存在不同的元认知活动。Swanson指出，具有高水平元认知的学生比低水平元认知的学生表现优秀。Schoenfeld对本科化学专业学生的化学问题解决能力进行研究发现，元认知对化学问题的成功解决至关重要。元认知是成功使用策略的关键，也是影响策略可迁移性的重要因素。Mevarech和R. Zemira对以色列174名7年级学生进行有关问题解决的研究表明，元认知训练能够提高学生的问题解决能力，元认知促学生很快发现相关的基础知识，可帮助学生对新策略与自身知识网络进行整合。Chin-Chung Tsai也研究了元认知在化学问题解决中的重要作用。他指出，如果学生经常重复问题解决中的自我反思过程，其错误知识和操作将会大大减少甚至消除，学生的自我反思过程依赖于其元认知过程。Zusho等用控制变量法研究自我效能与学业表现之间的关系，结果表明，自我效能是大学化学入门课程成绩的重要预测依据。他利用路径分析方法及学生报告验证化学问题解决理论模型，学生自我效能和对问题的概念化会影响学生对问题解决策略的运用。方红针对学生化学问题解决的研究表明，元认知在化学问题解决过程中起着统率、调节和监控的作用。斯滕伯格认为，元认知成分在化学问题解决中具有三个作用：一是元认知成分使个体可以在问题解决策略选择范围内确定操作成分和知识习得成分；二是元认知成分可以协调个体在问题解决过程中的控制活动和自主活动；三是元认知成分可以对问题情境做出反应，在信息加工过程中不断接受反馈信息并修正错误。

2. 化学问题解决中的元认知评估

化学问题解决中的元认知评估方法一般有诊断测试、出声思维、观察法、访谈法。现有研究基本以主要理论框架为主，采用 Likert 量表（一般为五点量表）的自我报告法，如 Melanie M. Cooper 和 Santiago Sandi-Urena 研究发现，现阶段采用简单易行、高效可靠的办法评估学生元认知水平的研究主要集中在小学课程和大学非化学课程中。他们将元认知分为元认知知识和元认知技能。元认知知识包括陈述性知识、程序性知识和条件性知识，元认知技能指化学问题解决过程中所使用的计划、监控和调节技能。他们设计的元认知评价量表由 53 个项目组成，通过选择对应的 Likert 五点量表调查学生每个项目的反应，测试对象是 29 名化学专业研究生助教和 20 名学生，最后又对 151 名普通化学专业学生进行测试，对量表进行校正。

王菲构建了中学生化学问题解决元认知的理论框架，以心理学为基础自编问卷开发了元认知测量工具，其由元认知知识、元认知体验、元认知技能三个主成分构成。利用这一测量工具，对济南市五所中学随机抽取样本容量为 587 的被试群体进行测试和验证性因素分析。结果表明，元认知测量工具的信度和效度较高。岳生辉在文献分析的基础上采用探索性因素分析法发展了元认知结构框架，认为元认知由元认知知识（包括陈述性知识、程序性知识和条件性知识）、元认知体验（认知体验和情感体验）和元认知调节（计划、监督和调节）三个维度组成。研究发现，中学生化学问题解决元认知能力处于中等水平，男、女生的元认知能力分布不均匀，在某些维度存在显著性差异。在问题解决过程中，问题表征是学生的薄弱环节。刘公园基于弗拉维尔元认知框架，认为化学问题解决元认知模型是由元认知知识、元认知体验和元认知调控组成的。在元认知测量表中，元认知只是包含三个变量：个人变量、任务变量和策略变量。元认知体验包括认知体验和情绪体验。而情绪体验有三种不同的程度：积极情绪体验（喜悦、兴奋、满足等）、中性情绪体验（不在意、没感觉等）和消极情绪体验（悲伤、难过、焦躁等）。针对每一个变量自编测试工具，总共有 45 个问题对学生化学问题解决中的元认知进行评价。分析认为，高一学生的化学问题解决元认知调控的计划、监督和调节变化随认知水平的提高呈正态分布，问题解决元认知能力处于中等水平的学生占多数，男生与女生的化学问题解决元认知能力大致相同，没有显著性差异。蒋艳旻等结合化学学科特点、初中生化学问题解决思维过程及学生反思情况，编制了包括 50 个问题（45 个正向题和 5 个反向题）的 Likert 五点量表——初中生化学问题解决中元认知水平量表，量表将初中生化学问题解决元认知能力划分为元认知知识、元认知体验和元认知监控三个维度，包含六个元认知成分，即知识性、意识性、计划性、监测性、调控性、评价性。他们还应用初中生化学问题解决中元认知水平量表对初中生化学问题解决元认知能力进行了调查。结果表明，初中生化学问题解决元认知能力总体水平不高，其中监测性、调控性和评价性偏低，不同学习程度学生的元认知能力差异显著，化学问题解决元认知能力是影响初中生化学成绩的因素之一。

综上所述，问题解决元认知有以下特点：①元认知在学生问题解决过程中确实有重要作用，这是通过影响问题解决过程中的化学知识的选择，对问题进行定向、组织、执行和确认；②元认知能力强的学生比元认知能力弱的学生有更好的问题解决表现；③问题解决者的元认知能力可以有计划地进行训练。

1.3.2.7 化学问题解决的认知模型

理解"当你不知道该做什么时你所做的事"的方法已经发展成模型,这种模型用于描述问题解决者在问题思考中经历的一般步骤和阶段。理论上,如果能构建一个好的问题解决模型,基于这个模型就可以设计提高学生问题解决能力的教学策略。

国内外关于化学问题解决的研究起步较晚,以下是几种典型的化学问题解决模型。

1. Ashmore 等的化学问题解决模型

Ashmore 等(1979)认为,解决任何问题,信息(内容)和推导(过程)是非常重要的两个因素。Ashmore 等将化学问题解决过程分为四个阶段(明确问题→选择信息→组合信息→评价)(表 1-8),成功地解决化学问题需要扎实的化学知识基础、问题解决的有关策略、自信心的有机结合。研究发现,学生在解决问题初期常不理解问题,不能用自己的语言进行重新表述问题或将问题分解,在解决问题过程中不能选择适当信息或将零散信息组合起来。

表 1-8　Ashmore 等的化学问题解决模型

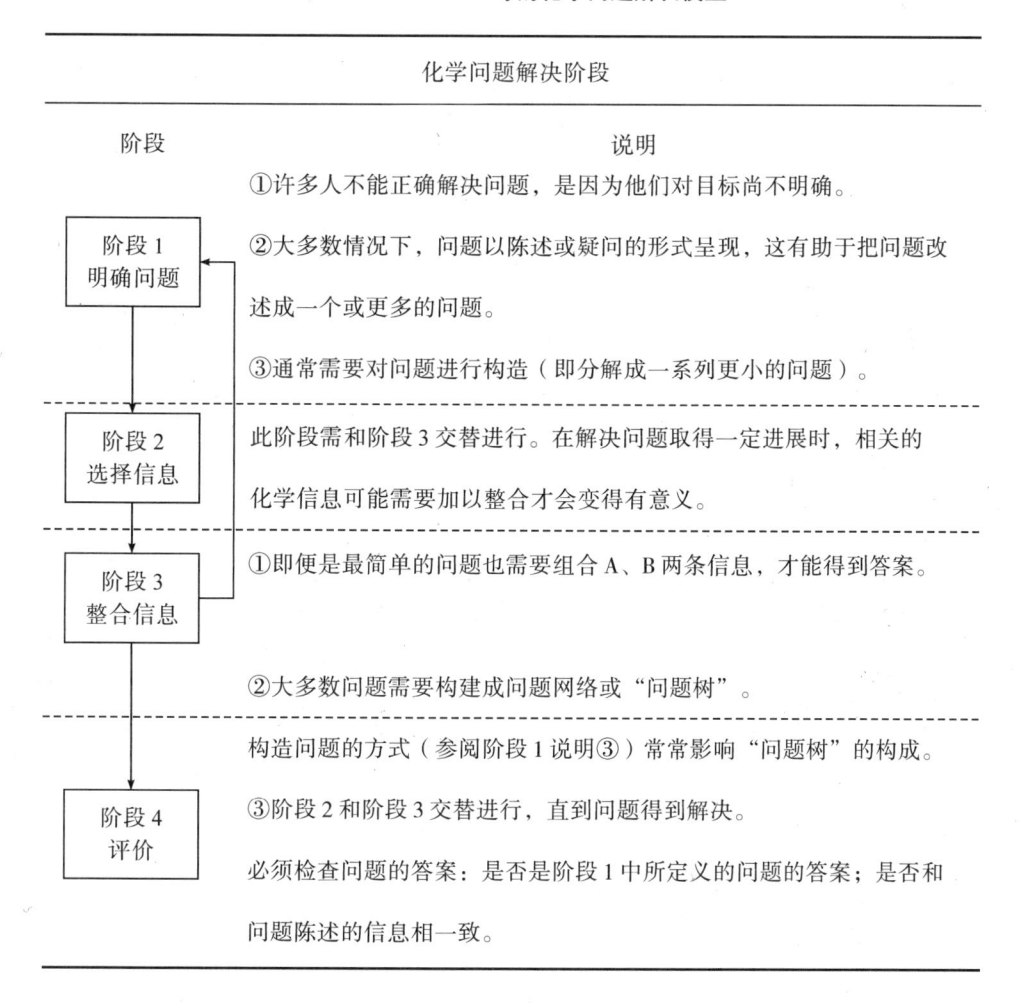

阶段	化学问题解决阶段
	说明
阶段 1 明确问题	①许多人不能正确解决问题,是因为他们对目标尚不明确。 ②大多数情况下,问题以陈述或疑问的形式呈现,这有助于把问题改述成一个或更多的问题。 ③通常需要对问题进行构造(即分解成一系列更小的问题)。
阶段 2 选择信息	此阶段需和阶段 3 交替进行。在解决问题取得一定进展时,相关的化学信息可能需要加以整合才会变得有意义。
阶段 3 整合信息	①即便是最简单的问题也需要组合 A、B 两条信息,才能得到答案。 ②大多数问题需要构建成问题网络或"问题树"。
阶段 4 评价	构造问题的方式(参阅阶段 1 说明③)常常影响"问题树"的构成。 ③阶段 2 和阶段 3 交替进行,直到问题得到解决。 必须检查问题的答案:是否是阶段 1 中所定义的问题的答案;是否和问题陈述的信息相一致。

2. Lee 和 Fensham 的化学问题解决模型

Lee 和 Fensham（1996）分析了 10 位老师和 33 名 12 年级学生的问题解决方案，找出了问题解决中七种明显的认知过程：①阅读和理解问题，复述或简化问题陈述，用符号或图表将问题形象化；②将表达问题的部分语句换成对其有意义的陈述方式；③设置目标或子目标；④从前三个过程获得的转换语句中选择重要信息；⑤在记忆中检索规则或事实；⑥如果没有找到解决策略，重复步骤④和⑤，实现目标或子目标；⑦检查获取解决策略或答案的路径。

3. George M. Bodner 的化学问题解决模型

普渡大学化学系教授 George M. Bodner（1990）在已有研究基础上，精炼出专家问题解决模型：①重复两次阅读问题；②写下希望得到与问题有关的信息；③画图、列表、写下方程式或算式，以帮助理解问题；④尝试解答方法；⑤检查问题解决进程；⑥再次阅读问题，尝试其他方法；⑦检查获得的结果；⑧检验结果是否接近答案；⑨再次阅读问题；⑩写下答案（未必是真正的答案）；⑪再次检验结果。

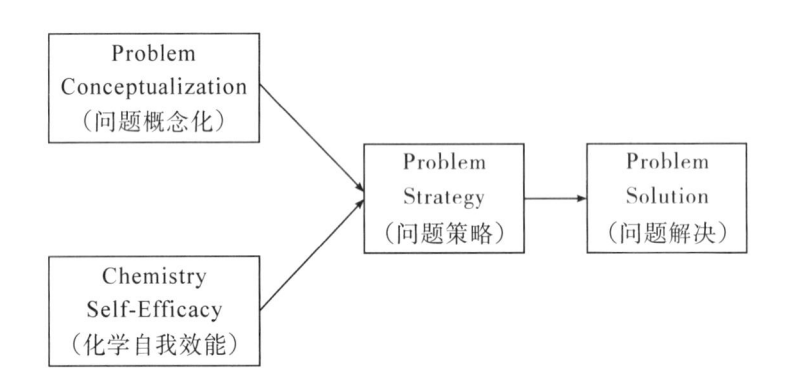

4. Taasoobshirazi 等的化学问题解决模型

Taasoobshirazi 等（2010）基于 Anderson 的"理性思维的自适应控制理论"（ACT-R）提出化学问题解决理论模型（图 1-3），认为学生的问题概念化和化学学习自我效能感将影响其问题解决策略及问题解决结果。这些变量属于观察变量，而不是潜在变量，对每一个变量都有一种测量方法。他们假定变量之间的因果关系有先验的假设，使用 SEM 技术来检验变量之间的假设关系，目标是评估模型中直接影响和间接影响、控制假设的因果变量之间的相关性。

图 1-3　Taasoobshirazi 等的化学问题解决模型

在 Taasoobshirazi 等的化学问题解决模型中，"问题策略"是一个中介变量，具有双重角色，它将"问题概念化"变量的一些因果效应引入"问题解决"变量中。

5. Scherer 等的化学问题解决模型

Scherer 等（2014）基于大量问题解决文献资料，在 PISA 2012 问题解决能力评估理论框架的基础上提出由 4 个因素组成的化学问题解决模型（表 1-9）。

表 1-9　Scherer 等的化学问题解决模型

认知维度	描述
理解和描述问题（PUC）	理解问题情境，识别相关信息，从教科书、图表或数字中提取信息，发展科学假设
问题表征（PR）	对问题情境进行适当的表征（如思维导图、化学物质的结构表征）、在不同类型的问题表征（图形、语言、符号和表格信息）之间转换
解决问题（PS）	执行系统和策略方法，以达到目标状态（如通过控制科学实验中的变量）；计划和执行科学调查和实验；检验假说
反思和交流问题解决方案（SRC）	评价和反思问题解决方案和证据的科学性，寻找其他可替代解决方案，交流解决方案和针对不同受众区分科学和日常语言

学生必须理解和描述情境（PUC），以建立适当的心理模型，再进行问题表征（PR）。在此基础上解决问题（PS），并反思和交流问题解决方案（SRC）。Scherer 等的化学问题解决模型是循环的，学生可以重复不同步骤。Scherer 认为，化学问题解决过程的复杂性决定其结构的多维性。Scherer 详细探讨了领域知识、智力、兴趣和复杂化学问题四个中间变量的关系，构建了复杂化学问题的解决模型（图 1-4），并使用计算机建模和验证性因子分析（CFA）方法对模型进行了验证。

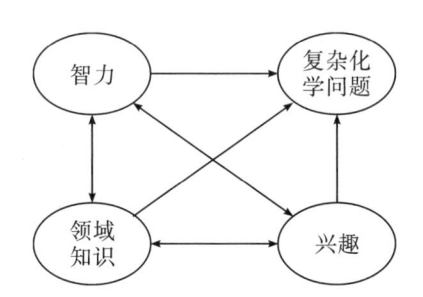

图 1-4　Scherer 复杂化学问题解决模型

6. 王磊等的化学问题解决模型

王磊等依据现代认知心理学的研究成果，结合化学教学实践经验，提出化学问题解决的心理机制模型，学生化学问题解决过程大致分为问题表征、原型匹配、反思结果和元认知监控等。

7. 王祖浩等的化学问题解决模型

王祖浩等认为，化学问题解决过程包括发现并明确问题、表征问题、选择并实施策略、反思和评价四个阶段。

从国内外化学问题解决认知模型可以看出：

（1）化学问题解决的认识过程主要有理解问题、拟订计划、执行计划和对过程的评价，相应的认知成分是问题的表征、问题解决策略的选择、问题解决策略的应用、反思与评价。

（2）不同学者对影响化学问题解决的因素持不同意见，都重视化学领域专业知识、问题表征的方式、问题解决的策略。对于影响学生问题解决的非认知因素方面，有的认为自信心是主要因素，有的认为兴趣是主要因素，还有的认为学生学习自我效能感是主要因素。值得注意的是，只有王磊的化学问题解决模型强调学生经验知识对识别、匹配问题情境信息的重要性。

（3）元认知在化学问题解决过程中的重要作用。国内外研究化学问题解决过程都注重元认知的计划、监控、调节和评价作用，化学问题解决是一个非线性的循环过程。

1.3.3　小结

总体来看，国内部分学者在早期开始关注问题图式、问题表征、问题解决策略、模式识别、问题解决中的元认知，并探讨其关系等。化学问题解决的研究主要关注学生解决各种化学问题（计算问题、实验问题和有机化学问题等）的思维过程差异及主要影响因素、专家与新手解决化学问题的差异、化学问题解决的原型、元认知、化学问题表征与解决策略及化学问题解决经验。李少勤对近十年有关化学问题解决研究的论文进行统计分析后得出，化学问题解决能力的培养是研究者关注的重点。化学问题解决认知过程包括五个环节：问题表征、问题解析、寻找解答、尝试解答、检验反思。

化学问题解决为本书的研究提供以下一些重要信息：

第一，化学问题解决是一个连续、非线性的认知过程。化学问题解决过程包括理解问题、表征问题、选择和执行问题解决策略。普渡大学 George M. Bodner 研究化学问题解决时指出，完成一个"练习"通常是遵循线性、正向串行的理性方式，而解决一个"问题"是循环的，具有反思性，有时甚至按照不理性的方式。

第二，成功的化学问题解决者（或专家）具有一些基本特征：①一般具有高概念化的知识或图式，这些知识是系统化的，会随着问题情境呈现的信息自动产生关联（激活扩散）。②善于对问题情境中各要素（概念、原理、数据、符号等）之间的关系建立联系，理解问题的深层结构。③具有多种表征系统，如言语（或文字）、表象、命题、符号等，并能实现自动转换。④在问题解决的各阶段都表现出强大的元认知能力。

第三，影响学生问题解决的认知变量具有多样性。最重要的有化学知识的概念化或图式化、问题表征、问题解决的策略以及元认知能力。①化学知识的概念化或图式化。化学知识图式化程度高的学生能对问题进行正确分类，理解问题本质及各要素间的关系，可以使用正确的策略（如类比）解决问题。②对化学问题进行正确表征是问题解决的关键环节。成功的问题解决者具有多种表征系统，合理转换表征系统对问题进行重构，理解问题的结构和本质，从而顺利地解决问题。③多数研究者指出，成功的问题解决者使用的是向前解题的策略，使用的是向后解题的策略。成功的问题解决者有更系统、精确的化学知识结构，能理解问题并进行分类，将其转换成熟悉的问题进行解决。不成功的问题解决者常将问题目标分解成更小的目标，以目标—手段的方式解决问题。④在化学问题解决过程中对问题的定向、组织、执行和确认等过程都有不同认知行为的参与。

第四，影响学生问题解决认知变量之间具有很强的因果关系。首先，学生化学知识的概念化或图式化程度影响对问题的理解，可不同深度的问题表征，进而影响问题解决策略的选择和应用；其次，学生具有不同的问题解决经验知识，形成问题解决原型，影响学生对问题的识别和分类；最后，元认知在化学问题解决过程中起到计划、监控、调节和反思评价的作用。

1.4 研究内容与意义

1.4.1 研究内容

第一，从研究的系统性上看，影响学生化学问题解决的认知变量包括化学知识的概念化或图式化、问题表征、问题解决的策略及元认知能力。如果仅研究某一个认知变量与化学问题解决的关系，忽略了其他认知变量，不能体现认知变量的整合作用。

第二，从研究方法上看，目前定性研究和经验总结较多，定量研究与实证经验较少；宏观理论较多，微观分析较少。现有研究方法较单一，例如，用纸笔测试方法研究学生概念性知识对化学问题解决的影响，用学生个案的思维报告研究问题表征对化学问题解决的影响，结果缺乏完整性。

第三，从研究对象上看，专家／新手、成功／不成功的问题解决研究忽略了中等学习水平的学生，而这一部分学生占多数，这会影响化学问题解决研究成果的普遍性和准确性。

第四，其他未解释的问题。①专家和新手，成功和不成功的问题解决的研究范式认为，专家或成功的问题解决者在理解问题的过程是建立在对问题结构的认识。对于什么是问题的结构，对问题情境中信息的认识达到什么程度才是认识了问题的结构？文献中的表面表征和结构表征之间的界限是什么？②文献研究中常出现这样的结论：专家或成功的问题解决者在解决问题过程中使用的是一种向前工作的策略，而新手或不成功的问题解决者使用的是一种倒推的问题解决策略。由于学生问题表征水平的影响，学生选择的问题解决策略也有水平的高低，把策略鉴定为向前或倒推的策略是否太笼统，对实践中问题解决策略的教学有局限性。③已有研究中都表明学生问题解决的经验会影响当前的问题解决，是如何影响的，已有研究中没有明显的实验说明这种观点。

本研究聚焦以下问题：学生化学问题解决过程中的认知变量是如何相互影响、共同作用的？是否可用一种模型来描述这些认知变量之间的关系及其共同作用过程？不同学习水平学生在化学问题解决过程中有哪些不同的认知差异？本质原因是什么？

1.4.1.1 影响学生化学问题解决的认知变量及其相互关系的研究

从已有文献来看，影响学生化学问题解决的主要认知变量有化学学科知识、学生在问题解决过程中对问题的表征程度、化学问题解决策略以及元认知在化学问题解决中的作用。但已有研究忽视了这些认知变量之间的相互关系及共同作用。因此，本研究的主要问题是通过文献分析讨论认知变量之间的关系，提出理论假设，用一种通用的化学问题解决认知模型来描述学生化学问题解决的认知过程。这种认知模型可以解释影响学生问题解决的认知机制，还可以解释各认知变量之间的关系。

1.4.1.2 学生化学问题解决认知模型的实证研究

在解决第一个研究问题的基础上，建立学生化学问题解决认知模型，并通过实证研究来验证其科学性。影响学生化学问题解决的认知变量不能直接观察，而需要基于理论研究建立观察变量或测量变量；设计相应的测试工具。本研究拟选择不同学习水平的学生作为研究对象,分析不同学习水平学生在化学问题解决过程中存在认知差异的本质原因。

通过分析学生化学问题解决认知模型的实证研究结果及不同学习水平学生口语报告的认知差异,提出有助于学生化学问题解决认知发展的教学建议。

1.4.2 研究的意义

1.4.2.1 理论价值

加涅的问题解决研究认为,学习者已有的三种技能对问题解决具有关键作用:一是智慧技能,它是与问题解决有关的规则、原理和概念;二是组织化的言语信息,主要是以图式形式促进对问题的理解,有利于对是否达到问题目标进行评价;三是对问题的认知策略,促使学习者选择合适的信息和技能,以及何时如何使用其解决问题。邓铸对问题解决进行系统研究后认为,我们应该对学生学科问题表征及整个问题解决认知机制进行研究,揭示各种因素的制约关系,建立"学生学科问题解决成绩水平的影响模型",构建学生学科问题解决的诊断和训练指导系统,使认知心理学的研究具有实践价值,使学科问题解决研究成果具有更大的可解释性和生态效度。本书研究的理论价值在于以下几个方面。

1. 丰富化学问题解决研究的理论体系

通用问题解决转变为学科领域问题解决是问题解决研究的高级阶段,是其不断深化、发展,体现价值的必然走向。已有文献中的问题解决模型一般为通用领域问题解决模型,其在学科问题解决中不一定适合。问题解决与学科的结合研究主要集中在数学和物理学科领域,相关模型也不多,模型结合实证研究的文献更少。本书基于已有文献,探讨问题解决认知机制和主要认知变量,分析和讨论影响化学问题解决认知变量及其关系,在此基础上建构高中生化学问题解决认知模型,丰富化学问题解决理论研究体系,为今后化学问题解决的系统理论研究提供资料。

2. 构建学生化学问题解决认知模型的测量变量

整理、归纳、分析和讨论大量文献,初步建立化学问题解决认知模型的变量水平,构建学生化学问题认知模型的测量变量。部分测量变量目前较少被研究,例如,专家对问题的理解是认识问题中要素(问题情境中呈现的信息)关系后,了解问题本质,对问题的表征属于结构表征;而新手常以问题中给定信息对问题进行分类,其对问题的表征是一种表面表征。但文献并未解释什么是问题的结构,问题的结构包含哪些成分,什么是问题的表面表征和结构表征,问题表面表征和结构表征的分类标准是什么。再如,专家了解问题结构后,是按照向前工作的方式进行问题解决,而新手常以从后往前的解题方式。专家向前工作的策略是否针对任何"问题"?如果是,专家解决的"问题"(problem)就是一种"练习"(exercise)了。而在化学问题解决中,对于很多问题,专家也是以向后推(或称倒推)的策略开展的,如大多数有机化合物的合成、由物质性质探讨物质结构的问题等。向前解题和向后解题的策略仅是专家和新手问题解决策略的外在表现,而不是本质区别。因此,本书旨在构建学生化学问题解决认知模型的测量变量,研究化学问题解决的本质特征。

1.4.2.2 实践价值

1. 有利于指导促进学生化学问题解决认知发展的教学实践

本研究最终的目标是提供促进学生化学问题解决认知发展的教学建议：①教师重构课程标准和教材内容、组织教学，从而促进学生知识的系统性发展；②教会学生全面、深刻地分析问题，理解问题情境，发现最有效的问题解决策略；③教会学生制订问题解决计划，在问题解决过程中进行自我调控。

2. 有利于指导发展学生化学问题学习模式

化学教学的目的是使学生有效地解决问题。近年来，基于问题的学习（Problem-Based Learning，PBL）逐渐受到化学教育工作者的重视，成了化学教与学的一种重要方式。基于问题的学习是让学生围绕着解决一些结构不良的真实化学问题而进行的一种学习活动，让学生学会分析化学问题情境，学习解决问题所需要的知识。其包括两个基本过程，即课程组织和策略指导。因此，本书研究可以指导化学教师组织基于问题的学习材料，发展学生化学问题学习模式，提高学生化学问题解决能力。

1.5 研究的方法与路线

1.5.1 研究方法

本书综合分析了问题解决认知变量研究的相关文献，选择 Flow-Map 进行学生化学问题解决图式水平的测量，对学生进行一对一访谈，从而定性、定量了解学生化学问题解决图式水平。学生化学问题解决过程是一种思维过程，纸笔测试无法测量其表征过程和内容，故使用口语报告，即学生把化学问题解决的思维过程说出来，通过录音转成文本，在问题表征和问题解决测量编码表上反映出来。为找到所有变量间的关系，使用结构方程模型法对各认知变量的关系进行整体分析，检验所化学问题解决认知模型的科学性。

1.5.1.1 结构方程模型法

结构方程模型（Structural Equation Modeling，SEM）法是 20 世纪 70 年代中期由瑞典统计学家及心理测量学家 Karl G. Joreskog 和 Dag Sorbom 提出的，根据不同领域该方法的不同属性而赋予不同名字，例如，根据数据结构，称为协方差结构分析；根据功能，称为因果建模。建立结构方程模型的关键是完善变量结构的探讨，在考虑复杂心理概念测量误差的同时，建立变量间关系（特别是因果关系）。由于结构方程模型的分析主要是基于研究者对一种理论的假设，因此结构方程模型法主要是验证性因子分析。验证性因子分析是对社会调查数据进行统计分析，它测试一个因子与对应测量项之间的关系是否符合研究者所设计的理论关系。一般来说，实验自变量超过 4 个，利用 SPSS 方差分析很难解释变量之间的关系，且这些变量之间的关系可能不只是简单的因果关系，有的是互为因果的循环过程（文献中提出，学生化学问题解决过程就是一个非线性循环过程），仅截取其中一部分进行因果分析，难以反映因素之间及其共同作用与结果的本质关系。与常用的探索性因素分析相比，结构方程模型的优势在于：第一，可以假定潜在因素哪些是相关的，哪些是无关的，更符合教育心理学的实际；第二，能确定哪个观察变量受哪个特定潜在变量的影响，而不是受所有潜在变量的影响，使结构更清晰；第三，可指定哪些特定变量误差相关，而不是假定所有特定变量误差无相关；第四，对每个潜在因素进行多方法测量（多特质模型）。结构方程模型可以解决各变量之间的因果关系问题，基于统计思路上，其可以利用验证性因子分析通过结构方程建模进行测试。结构方程模型一般包括理论模型和测量模型，在实际研究中，验证性因子分析过程就是测量模型的检验过程。

1.5.1.2 文献分析法

本研究采用结构方程建模法，这是研究者基于文献分析提出的理论假设，故文献分析法也是本书重要研究方法。文献分析法是指收集研究相关文献资料进行整理、归纳与分析，探明研究对象的性质，从中引出研究者观点的一种分析方法。文献分析法能帮助研究者把握研究对象发展动态、研究焦点与趋势以及研究局限与争论点，有利于研究者发现研究对象的价值。本书研究采用文献分析法，如探索影响学生化学问题解决的主要变量和变量之间的关系，研究已有问题解决认知模型的特点，发展和设计元认知量表的理论依据。

1.5.1.3 口语报告法

从问题解决研究发展来看，口语报告法是一种重要的研究方法，其源于心理学中的内省法，后来被邓克尔、埃里克森和西蒙用于研究人类问题解决过程。口语报告法指被试在解决问题时或问题解决后追述解决过程的思维活动，由研究者记录（录音或文字）后进行分析，以反映被试认知活动过程的方法。在以信息加工为基础的认知心理学时期，口语报告法逐渐受到重视，其具有的优势（反映思维过程）恰好符合信息加工范式心理学研究个体认知过程的需求。解决问题时的出声思维仅表达了适时记忆中已存在的信息，不会影响解决问题的过程和结果。口语报告包通常括三种：一是研究者对被试需要"大声说出"的内容进行说明后，被试直接进行语言表述，这种方式既不影响问题解决的速度，也不影响问题解决的步骤；二是研究者要求被试表达其思考内容，被试需要对表象进行言语编码，这种方式会增加被试的工作记忆负荷，降低了问题解决速度；三是研究者要求被试进行解释，这种方式既会影响问题解决速度，又会影响问题解决步骤。前两种口语报告方式，无论是同时性还是追述性，其准确度均会高于第三种，但与问题任务性质、主试指导语、口语报告前对被试的培训三个因素有关。西蒙等指出，口语记录所提供的直观信息通常与解决问题时所需知识和信息相关，而不是实际使用的加工过程。所以有必要从口语记录信息中推论出学生加工过程，而不是尝试直接编码这一加工过程。口语报告的完整性指实验能否搜索到被试思维过程的全部内容，这是直接影响问题解决研究的关键，因为口语报告的完整性会影响研究效度。埃里克森和西蒙指出，难以用口语报告揭示两种认知类型：一种是已经变得自动化的过程；另一种是不以言语编码或难以转换为言语编码的思维，如信息量很大的文本理解、知觉任务和再认知过程等。针对这些问题，席格勒和安德森（1989）建议，最好在被试处于中等学习水平时获取其口语报告，因为随着其对某项作业经验的增长，同一过程可能由认知性控制转为自动化状态，进而难以用言语表达。总之，口语报告在心理学和认知科学的研究实践表明，其具有一定优越性，能搜集被试丰富、真实、有效的信息，有较高的生态效度。

因此，本书研究在正式进行之前，研究者要对被试进行精细、完整的口语报告培训，使被试习惯思维言语化，对不太习惯思维言语化或口语表达欠佳的被试，应尽量采用同时性和追述性口语报告形式，搜集完整的思维内容。口语报告的反应时间是被试完成问题解决思考的时间。

口语报告法的操作步骤为：第一步，被试采用口语报告法之前，对被试进行有针对性的培训，使其能较顺利地在解决问题的同时进行出声思维。第二步，按照研究者的指导语进行口语报告，例如，进行同时性口语报告时，指导语可按以下进行："请解答这道题，在解题过程中，请你边想边大声说出头脑中的想法和思考步骤，注意不要解释步骤的原因。"研究者利用录音设备记录被试的所有口述内容，如果停顿，就询问被试正在思考的内容，除非有特殊目的，否则整个过程不提问，以免干扰被试解决问题的出声思考；另外，还可以进行追述性口语报告。第三步，被试口语报告后，研究者根据录音设备记录的报告内容及序列，整理成文字材料并进行分析，具体分为两步，即口语报告的转译和编码。

1.5.1.4　流程图法

流程图法（Flow-Map）由 Anderson 和 Demetrius 于1993年首次提出，指在最少干预下，间接探测被试关于某个主题的认知结构相关信息。流程图法属于一种访谈法，是研究者与被试面对面进行的一种有"较少言语"参与的访谈形式。访谈法是通过对被试进行有针对性的提问，了解被试的真实想法，便于研究者获取有价值的信息。访谈法是一种最常用的研究方法，可以弥补传统的纸笔测试等研究方法的缺陷。蔡今中于2001年详细比较了概念图法（Concept-Map）和流程图法之间的优点和不足，认为传统的概念图法对不同主题的适用性不好，定量评分不够科学，概念图法评价需要事先对学生进行培训，不利于操作，且操作的信度和效度不高；流程图法的使用范围、科学性和操作性都比概念图法好，可以使用流程图法来探测学生认知结构的相关信息，并用实证研究进行验证和比较。蔡今中等在2002年开展的实验研究表明，流程图法可以有效整合访谈法和概念图法的优点，是探测学生认知结构、信息加工的思维特点的一种有效方法。

流程图法的操作步骤为：第一步，对研究主题进行属性划分，确定主题内容概念和相关知识点，便于研究者在录音过程中灵活使用提示语。第二步，拟定访谈提示语或问题。例如，关于原电池你认为有哪些重要的知识点？你能详细解释这些知识点吗？刚才描述的这些知识点之间存在什么联系？这三个问题均是非提示性的引导问题，第一个问题是了解主要概念或知识点信息，第二个问题可以挖掘主要信息隐藏的细节，第三个问题可以引导被试认识这些信息之间的关系。初次录音时，被试可能因某些不可控因素出现信息遗漏或表述不准确的现象，为了尽可能获得详细、准确的信息，可在访谈过程中补充非提示性问题，例如，当学生长时间无法回答时询问："你现在头脑中在想什么？"当学生回答不完整时询问："还有吗？""一共有多少个呢？""这些知识点之间还有其他联系吗？"其要在初次录音之后进行后设听力校正，过程为：初次录音后，研究者给被试播放录音，帮助被试找出陈述时遗漏或不准确的信息，可随时暂停，由被试进行补充或修正。补充和修正的内容也会以录音形式记录，与第一次录音合并作为流程图的原始材料。第三步，对访谈录音进行文本转录。将被试的独立陈述语句确定为单位知识点，按照陈述顺序依次排列，用线性箭头连接各个知识点，用回归箭头表示知识点之间的逻辑关联，需标注被试的错误描述或统计被试陈述内容的正确率，最终绘制出被试的认知结构流程图。被试搜索信息消耗的总时间包括组织语言和回答问题的时间（排除研究者提问的时间）。

1.5.1.5 问卷调查法

问卷调查法是研究者使用统一、严格设计的具有科学依据的问卷收集研究对象心理特征和行为数据的一种研究方法。学生在问题解决过程中的元认知活动不适合用观察法或一般测量方法，设计科学、可靠的问卷可以对学生化学学习习惯及问题解决思维形式和想法进行调查，具有较强目的性，有效研究学生的心理特征和行为。问卷项目是基于元认知理论研究开发的，问卷的信度和效度使用数据统计与分析软件进行分析、完善。本书研究拟采用封闭式问卷考查高中生化学问题解决过程中的元认知情况。Liket 量表是广泛用于社会与行为科学研究的一种测量形式，适用于态度测量或意见评估。本书研究开发的高中生化学问题解决元认知水平测量工具采用 Liket 五点量表。

1.5.2 研究的技术路线（图1-6）

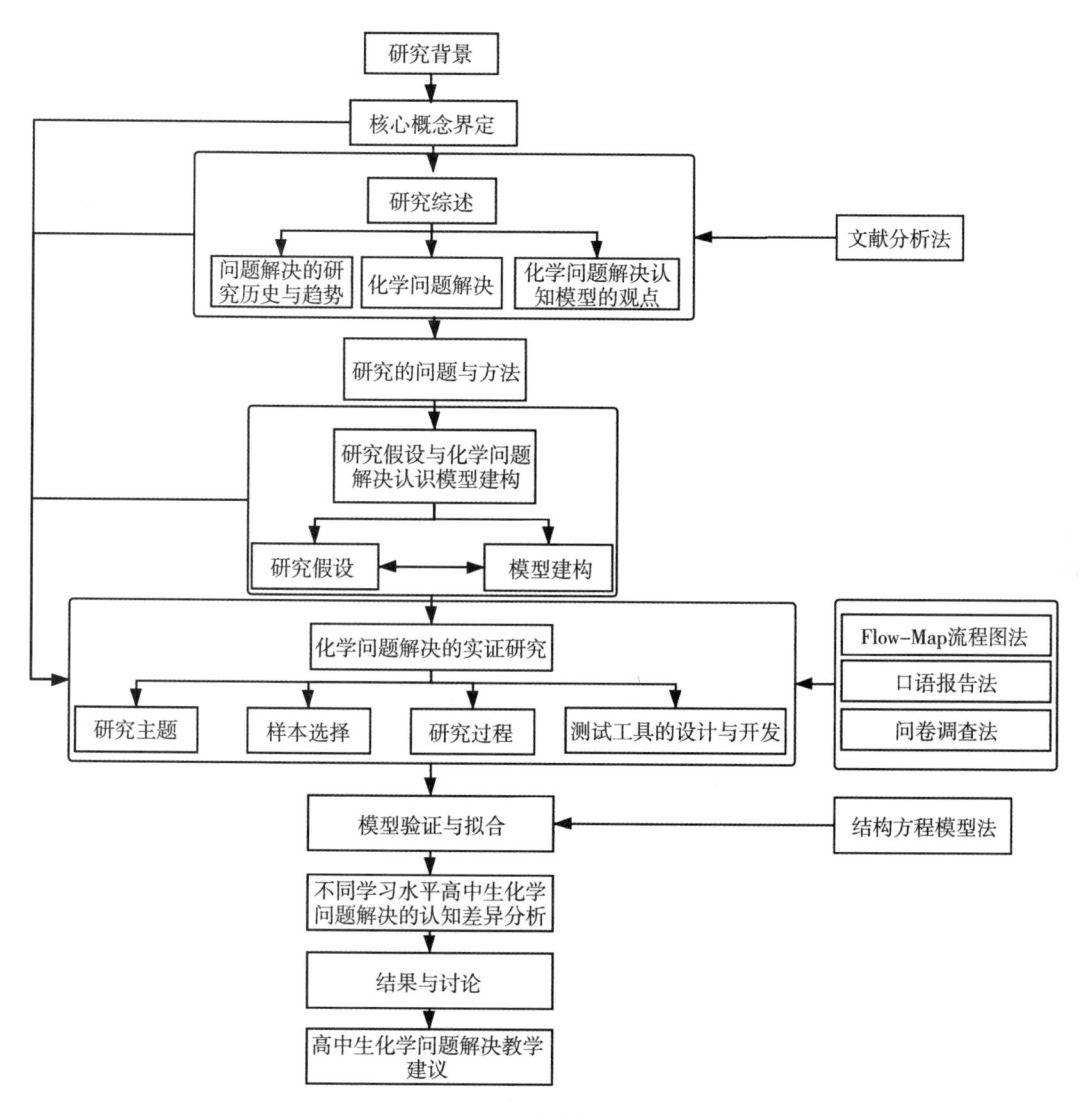

图 1-6 研究的技术路线

第 2 章　化学问题解决认知模型建构的理论基础

2.1　信息加工理论

从狭义上来讲，认知心理学相当于信息加工心理学。以信息加工为理论的认知心理学是以计算机隐喻的信息加工观点来研究人的认知过程，把人看作信息加工系统，认为认知就是信息加工。

2.1.1　信息加工观点

奈瑟认为，认知是感觉输入的变换、简化、加工、存储和使用的全过程。按照这一观点，认知可以分解为一系列阶段，每个阶段可以假定为一个单元，对输入的信息进行某些特定操作。反应是这一系列阶段操作的产物。信息加工系统的各个组成部分都以某种方式与其他部分联系，故很难确定一个初始阶段。为更好地说明和研究，通常设想从输入刺激开始。人类的信息加工通常可以设想事件顺序从主体知识开始，因为知识能使人选择性地注意信息。信息加工观点提出的基本问题是：信息加工通过哪些阶段？人类心理中信息是以什么形式表征的？

2.1.2　信息加工的模型

信息加工观点主要通过模型来说明，以表征人类心理过程和结构。人类信息加工的通用模型包括感知系统、记忆系统、控制系统和反应系统四个主要部分，每个系统与其他系统互相联系。环境为感知系统提供输入，由感知系统对信息进行变换和整合，首先抽取刺激的基本特征进行组合和编码，进入记忆系统，与其中的信息比较，与模式匹配。记忆有两种系统，即长时记忆和工作记忆（或称短时记忆）。长时记忆是一个巨大的信息存储库，存储着各种信息，如事实、现象、概念、理论、原理和解决问题的操作程序等。当信息从环境输入后，长时记忆中的相关信息被激活，参与加工活动。被激活的长时记忆进行更精细的加工，处于工作记忆状态。一般认为，工作记忆的容量有限，仅对主体认为合适、必要且需要马上处理的信息进行精细加工。信息加工模型的控制系统是中枢处理器，决定系统如何发挥作用，主要处理目标和达到目标的计划。中枢处理器要决定目标的先后顺序，监督当前目标的执行。认知心理学家常采用 G. Miller、E. Galanter、K. Pribram 提出的 TOTE（Test-Operate-Test-Exit）模型，表示"考验—操作—考验—出口"。加工系统从考验目标是否达到开始。如果回答"是"，系统进入下一步；如果回答"否"，系统就要进行某些操作，之后再看是否达到目标。"考验—操作"的循环可以进行多次,直到达到目标为止。最后一个成分是反应系统,控制系统的全部输出。

信息加工模型的成分以不同方式相互作用,来自环境的信息对长时记忆的影响依赖于其是否经过精细加工。这种加工又依赖于控制系统的目标。计划、目标及当前信息状态决定采取操作的决策。这种信息激活反应系统的输出又成为环境的一部分。

2.1.3 信息加工的机制

认知心理学主要研究人类行为的心理机制,核心工作是信息输入和输出行为产生的内部心理过程。人们不能直接观察内部心理过程,只能通过观察输入和输出行为来推测产生的心理过程。可观察的行为能够提供内部心理过程相关线索,故认知心理学家致力于挖掘线索,把不同性质的数据集合并得出结论。认知心理学家研究个体行为与行为主义有本质上的不同。从表面看来,认知心理学是研究行为,实际上研究行为只是手段,目的是了解内部心理过程;而行为主义则把研究行为作为目的。认知心理学家的研究方法与行为主义也有很大不同,他们常采用反应时、计算机模拟、类比和口头报告法等从行为推测其产生的高级思维。信息加工心理学对个体问题解决的研究主要有感知系统、记忆系统、信息表征、控制系统四个方面。

信息加工心理学对感知系统的研究从模式辨认开始,即到达感觉器官的外界信号如何转化为有意义的知觉经验。我们周围的客体和事件通常很容易被辨认,这就使人容易认为参与其中的操作是简单和直接的,但研究者经验证明这是错觉。许多人尝试建立模式辨认系统,都不能达到人类感知系统的灵活性和效能。模式辨认主要研究模板匹配、原型启发和特征比较三种水平。

2.1.3.1 模板匹配

模板匹配是模式辨认中最简单的。每一个辨认模式必须有一个对应表征,即模板。辨认就是把外部信号与内部模板进行匹配,其中最合适的就是当前的模式。模板匹配有一个重要特点,即其不需要通过复杂的程序按顺序分别对一系列模板进行试用,而是把输入模式与所有可能的模板同时进行匹配,与输入模式最合适的模板是激活最强烈的。

2.1.3.2 原型启发

除模板匹配和特征分析外,还有一种关于模式辨认的观点,即原型(由于特征分析水平高于原型启发,将特征分析放在原型启发之后分析)。原型(prototype)是"模拟科学"中的术语,指被模拟的自然现象或过程。安德森认为,原型是关于范畴的最经典的样例的设想。冯忠良沿用安德森关于原型的定义,将心智活动中的原型定义为心智活动的原样,即外化了的实践模式,或物质化了的心智活动方式或操作活动程序。因此,心智活动的原型只能是对一些最典型的心智活动样例的设想。问题解决过程中,有这样一种可能:长时记忆中储存着某种抽象模式作为原型,而不是对无数不同模式形成特定模板,甚至分解成不同特征。于是,一个模式就可以对照原型进行检验,如果发现相似之处,则该模式就被识别。相较于模板匹配,原型启发更适于神经学中的经济性和记忆搜索过程,兼顾了对不常见的,但在某种程度上与原型相关的模式的识别。能否快速、高效、正确地解决问题取决于长时记忆中原型的质量、数量及匹配的质量。问题解决能力强,代表长时记忆中储存的不是死记硬背的已解决过的原题（或称为模板），而是由原题抽象出来的共同特征（可能是结构）；不是死记硬背的具体解题方法，而是解题的分析方法和程序。这样的原型具有较好的迁移性，具有实际意义。

2.1.3.3　特征分析

由于模板匹配存在一些困难，心理学家提出模式辨认是通过特征分析（feature analysis）实现的，在这种模型中，刺激被认为是各种基本特征的组合。特征分析的优势在于：①特征一般较简单，更容易理解系统如何克服模式辨认时的困难；②特征分析可能指出模式中最重要的特征之间的关系，忽视其他不重要的细节；③使用特征分析减少了原型或模板数量。在特征分析模型中，不需要每个可能的模式的原型或模板，只需要每个特征的原型或模板，由于相同特征往往出现在许多模式中，需要表征的数量就急剧下降。大量的问题解决行为证据表明，特征分析是模式辨认的重要组成部分。

1974年，史密斯、肖本和里普斯在迈耶集合理论记忆模型（set-theoretic model）的基础上提出特征比较模型（feature comparison model），其基本单元是由概念及其属性或特征集合表征的。特征比较模型把概念的语义特征分为定义性特征（defining feature）和特异性特征（characteristic feature）。定义性特征即定义一个概念所必需的特征；特异性特征对定义一个概念并不是必需的，但有一定的描述功能，或称为描述性定义。定义性特征和特异性特征可以看作一个语义特征连续体的两端，语义特征的定义性即重要性程度是连续变化的，可以任意选择一点将重要特征与不太重要的特征区分。这是特征比较模型注重和强调的重点内容。

特征比较模型的加工过程包括两个阶段，依据是语义特征的相似性：第一阶段是提取信息的主语和谓语的特征，将全部特征（包括定义性特征和特异性特征）进行比较，确定似性程度，这一阶段的比较很少有计算，比较过程带有启发性质，容易出现错误。第二阶段抛开主语和谓语的特异性特征，只对所有定义性特征进行比较，如果两者匹配，就可以判断为真，否则为假。第二阶段的加工实际是计算，较少发生错误。特征比较模型能很好地解释层次网络模型和集合理论模型等难以解释的一些现象，如"范畴大小效应"。但特征比较模型也存在一些问题，比如，由于概念是否由其语义特征来表征存在争议，那么应该如何划分定义性特征与特异性特征？特征比较模型侧重于信息加工，而语义信息在记忆中的表征无法直接被观察，只能通过操作进行推论，特征比较模型就可以从信息加工的角度来解释实验结果。

2.1.4　信息加工的特征

认知心理学研究指出，人们拥有两种相互独立的再认记忆机制：以事物知觉信息为基础的熟悉性再认和以事物意义为基础的回想性再认。问题解决认知双重加工过程体现在个体对信息的两种不同形式的再认。学生在问题解决过程中的图式激活、分析式表征就是按照双重加工方式进行的，图式激活和问题分析并没有严格的先后顺序，概念驱动和数据驱动是同时进行的，做出的反应可能有多个，如果直觉反应（特征比较）可以激活已有图式，再执行策略；如果没有激活既有图式或对激活图式产生问题解决策略产生疑惑，会进入问题分析阶段（也称为反思性加工，reflective processing）进行干预，对问题结构进行分析，再寻找问题解决策略后做出反应。对问题结构进行分析的过程中，若发现与问题解决相关的既有图式，则可能放弃对问题结构的深入分析，直接转入问题解决策略的选择和执行阶段，这些加工过程的执行顺序主要依据元认知对问题解决反应做出的不同判断。

问题解决的信息加工观点是将问题解决看作信息加工系统与任务情境的交互作用。纽厄尔和西蒙发现，人类信息加工与其他类型信息加工没有质的区别，信息加工系统是以符号或符号群的形式工作的。符号类似语句中的单词、图画中的物体、方程中的数字等。这些符号按照特殊的组合方式形成符号群并以某种方式呈现，从而成为符号结构。知识就是存储的符号及符号结构。已有多种信息处理模型阐释了西蒙关于人类问题解决过程信息加工过程的特点。纽厄尔和西蒙还认为，人类和计算机信息加工系统是有区别的，计算机解决问题是一种超凡模型（olympian model），人类信息加工系统有一定局限性，表现在工作记忆容量、信息编码能力、信息储存和提取能力、保持积极动机和唤醒水平的能力有限。因此，人类的问题解决模式遵循非常有限的理性行为模型（behavioral model），受到人类计算能力的限制。西蒙认为，人类解决问题常使用一种直觉过程（直觉模型，intuitive model），强调识别过程体现人类技能通过经验积累与识别获得，这种识别过程构成基础。西蒙认为，如果没有基于先前经验的识别，那么在复杂空间的搜索就会十分缓慢。对于专家通过直觉就能解决的问题，新手常需要经历一段艰难的搜索过程。除此以外，西蒙还指出，绝大多数问题既包括新奇成分又包括熟悉经验，解决这类问题需要直觉和搜索结合。西蒙的直觉模型（属于行为模型）还提出，人们的思想会受情绪影响，从而解决了非认知因素在问题解决过程中的作用。

2.2　图式理论

根据已有文献，大多数学者认为图式由 18 世纪德国哲学家康德提出，认为图式是指一般的方式来建构概念的规则。现代心理学首次将图式作为一种认知结构引入心理学，是在 Head 和 Holmes（1911）的《位置识别》（*Postural Recognition*）一书中。体位识别需要测量位置发生变化，只有与测量位置变化的标准或"图式"相比，体位识别才有意义。新的感觉信息的每个动作都是独一无二的，如果这一图式被正确表征，应该与现有图式保持一致。Head 和 Holmes 在描述图式的功能时认为，这些认知结构有助于对新信息的解释。Head 和 Holmes 指出，图式会改变由感官刺激产生的印象，则操作的最终感觉就会上升到与之前发生的事情有关的意识中。这种对图式的描述非常有影响，因为它突出了先验信息对感知的影响。1926 年，皮亚杰（Piaget）将图式整合到发展心理学领域，指出儿童比成人更依赖图式。他使用这一术语来指代联系多种现象表征的一般认知结构。与 Head 和 Holmes 将图式狭隘地应用于表征躯体感觉不同，皮亚杰将这个概念推广到多个认知领域。他主要是从语言学的角度研究图式，同时把格式塔心理学家的知觉发现解释为图式的结果，并暗示这一概念在其他领域可能有更好的适用性。与 Head 和 Holmes 类似，皮亚杰指出，图式的存在会改变个人对新信息的解释。英国剑桥巴特莱特重新将图式引入心理学中，1932 年，巴特莱特在研究回忆中发生的错误时，借用了图式概念,并在其著作《记忆》中阐释了图式,即关于过去反应或以往经历的一种主动组织。巴特莱特将图式看作一种记忆结构。

2.2.1 图式的功能

从专家—新手知识结构和知识的组织形态研究来看,专家和新手在问题解决过程中,从对问题情境的知觉到对问题的理解,再到对问题解决方法的获得,都受到图式的影响。图式理论对教育心理学产生了巨大影响,其中最著名的是安德森(1984)提出的图式理论,他将其用于解释阅读理解。安德森强调了图式的六种功能:①为同化文本信息提供脚手架(锚);②促进注意力的分配;③支持精细推理;④允许有序的记忆搜索;⑤促进编辑和汇总新信息;⑥允许从记忆中重建丢失的信息。关于图式对问题解决的作用,从相关文献可以概括如下:第一,指导问题解决行为(Bartlett, 1932; Cooper, et al., 1995; Kumaran, et al., 2009; Rumelhart, 1980; Shea, et al., 2008);第二,问题解决过程中促进对新信息的编码,包括精确推理(Anderson, 1984; Bartlett, 1932; Bransford & Johnson, 1972; Preston & Eichenbaum, 2013; Rumelhart, 1980; Tse, et al., 2007; Van Kesteren, et al., 2013);第三,加快对信息的检索过程(即记忆搜索和重构)(Anderson & Pichert, 1978; Anderson, 1984, Arkes & Freedman, 1984; Bartlett, 1932; Rumelhart, 1980)。辛自强认为,图式对学生问题解决的作用主要有三个方面:一是图式影响学生对问题情境的知觉。正确的问题知觉就像提出一个问题图式,暗示一种直接、类似原型的问题解决方法,知觉和图式是密切相关的。二是图式影响对问题的理解。要理解问题情境中所呈现信息的意义,就必须把问题所包含的所有信息纳入已有图式,即问题呈现的信息可以激活图式中一些节点,进而激活相关图式,同时图式还可提供相关知识,以补充问题情境缺失或隐藏的信息,这样问题解决者就能迅速理解问题本质,从而以特定的方式搜索问题空间,寻找问题解决策略;第三,图式影响问题解决方法的获得。面临问题时,问题解决者根据问题图式中所激活的知识选择合适的图式,并用来指导问题解决行为,一旦对图式选择错误,问题解决就会陷入僵局。西蒙指出,只要人或计算机程序确定了这个问题所需要的图式及每个图式所需要的数据,就会把这些图式综合在一起变成新的图式——问题图式。可见,图式和问题解决是相互影响的。

2.2.2 图式的界定

不同研究者对图式的定义略有不同,但都认为图式是用来表征客观事物及其关系的某种知识或心理结构、组织、框架,是对一类事物的抽象概括,可以用来组织零散的刺激、信息和数据。Alan(1996)指出,图式、脚本、框架、网络的基本内涵都是一致的。图式是个体的知识结构,它对输入的信息进行选择、组织,并整合到一个有意义的框架中,促进对信息的理解和问题解决策略的搜索,直至解决问题。塔康尼斯等(2001)把图式定义为表征知识功能包的人类记忆单位。图式中的知识是以某种方式或结构组织的,这种结构可用槽(slot)及槽间关系来描述,图式就是有按一定关系联系的槽构成的,用来表征储存在记忆中的一般概念或类别的数据结构或属性价值。

图式和问题图式既有联系也有区别。邓铸对学科问题解决领域进行了多年系统研究，他认为，可以把问题图式定义为：由与问题类型相关的基本原理、概念、关系、规则和操作程序构成的知识综合体。问题图式具有多重含义，并与成功地解决问题密不可分：第一，问题图式是与问题解决有关的知识组块；第二，问题图式是已有问题解决成功样例的概括和抽象；第三，问题图式可以被当前问题情境的某些线索激活，进而预测或猜测某些未察觉的线索，有助于问题表征的形成；第四，问题图式不仅有助于问题表征的形成，而且结合问题解决的策略、方法和程序，可以指导问题解决过程。鲁梅哈特（1980）指出，人类的知识单元、知识组块和知识体系就是图式，包括核心概念及何时怎样应用核心概念知识之间的关系。图式就像容量巨大的知识储存器，这些知识是主要的、本质的，图式将其串联起来，能将新、旧知识有效地联结起来，体现了系统性。因此，图式知识不仅包括陈述性知识中的科学事实、概念、原则、规律（法则）和理论，而且包括问题解决策略（特殊的程序性知识）。西蒙（1986）从知识分类的角度指出，专家的知识可以分为两类：一类可以称为数据结构，也即图式或知识框架；另一类是方法步骤或程序。马歇尔（1995）进一步区分了图式知识类型。他认为，不同类型的知识都能压缩在图式中，图式能够表征从具体到抽象的结构知识，与图式相联系的有四种知识类型有识别性知识（问题的模式识别的知识）、细节性知识（有关问题特征的陈述性知识）、计划性知识（问题解决的策略性知识）和执行性知识（问题解决的程序性知识）。安德森的 ACT-R 理论中关于知识与图式的关系与马歇尔不同，他将问题解决的程序性知识与马歇尔的执行性知识进行区分，专家问题解决需要两种图式知识：以陈述性知识为基础的概念图式、以程序性知识为基础的操作图式。

2.2.3 图式的特征

图式具有知识性、概括性、结构性和动态性。知识性指图式包括问题解决过程中所需要的知识；概括性指图式是学习积累的框架；结构性指图式知识是系统的知识结构，围绕某个主题组织起来。迈耶和皮亚杰都认为图式具有动态性，是发展的，通过学习图式会不断扩大。Thorndyke（1984）提出图式的五个特征：抽象、示例化、预测、归纳和层次组织。Vanessa E. Ghosh 和 Asaf Gilboa（2014）通过对图式发展历史性定义的考查，结合认知神经科学对图式的研究认为，图式有以下定义性特征：①联想网络结构。这被认为是一种必要的特征，因为没有单元，图式就不能容纳任何信息，没有其相互关系，信息就会被孤立，其意义就会受到极大的限制。②基于多情节或事件。图式是一种更高层次的通用结构，包含跨事件的相似性或共同性表征。巴特莱特（1932）指出，过去的事件充当有组织的群体，而不是一组元素，每个元素都保留其特定特征；这些图式由提取的跨事件共性组成，依赖于两个必要特征：基于多个事件和缺乏单元细节。Bartlett（1932）和 Rumelhart、Ortony 也指出，图式是基于多个事件的，如果它们由特定事件定义，那么就不能促进新信息的编码或指导新情境下的行为。③缺乏单元细节。图式缺乏单元细节基于多个事件，因为没有两个事件是相同的。在一些模型中，图式单元被称为变量，以反映其动态特质（Rumelhart，1980）。图式必须是通用的，这样才能组织新信息并提供附加意义，但仍然为特定新事件细节保留空间。④适应性。Head 和

Holmes（1911）将图式描述为不断发展的，受到每一次输入的感官体验的影响。皮亚杰（1952）通过识别两种可以改变图式的手段（同化和适应），扩展了图式的适应性。同化指将环境元素合并到一个图式中，而不改变现有关系；适应指在新环境因素压力下修改现有图式。例如，适应性促使图式研究进入神经科学领域，Tse 等（2007）发现，当新信息被吸收到现有图式中时，其与海马无关的信息吸收速度更快，这有助于对新信息添加到已有图式的神经机制的研究（Tse et al., 2011; Van Kesteren et al., 2010; Wang et al., 2012）。Vanessa E. Ghosh 和 Asaf Gilboa 还指出，图式有四个敏感性特征：第一，时间的关系，由于脚本基于事件的特性，脚本的一个必要属性是它们起作用的单元是按时间顺序组织的；第二，层次结构组织，一些模型将图式描述为具有层次结构的组织，这意味着它们由子图式组成；第三，交叉连接，交叉连接性是指图式之间的重叠单元；第四，嵌入式响应选择，在某些情况下，图式仅被解释为知识结构，而在另一些情况下，它们还拥有该知识与情境适当行为之间的连接。鲁梅哈特（1980）可能重点描述了后一种观点，他将图式比作知识包，其中嵌入的知识包除知识外，还有关于如何使用这些知识的信息。Cooper 等（1995）也支持这一观点，认为图式都有一个相关的目标和实现该目标的方法。因此，他们将图式解释为负责生成学习良好的动作序列。

2.2.4 问题图式水平的研究

问题图式是由与问题类型有关的原理、概念、关系、规则和操作程序构成的知识综合体，具有多层含义，并与成功解决问题密不可分。问题图式与图式既有区别又有联系，图式是学生长时记忆中所有知识的集合，而问题图式是问题解决过程中与问题相关的知识数据结构。问题图式是与问题解决有关的知识组块；它是已有问题解决成功样例的概括和抽象；它可被当前问题情境的某些线索激活，进而预测或猜测某些未知觉到的线索，有助于问题表征的形成。所以，问题图式影响对问题信息的理解，学生现有的图式对问题解决具有重要影响。图式是一种重要的知识数据结构，图式理论通常认为知识是按等级或层次组织起来的，图式对问题解决者知觉问题类型、策略选择和成功解决问题具有重要的预测功能。问题图式水平高的学生，具有丰富的图式知识，对问题结构和解题程序掌握得比较牢固，学生会发现问题中隐含的关键条件，主动搜寻记忆中对解题重要的关键信息和隐藏信息，从而成功解决问题。从问题解决过程的角度看，图式影响表征质量，表征影响策略选择，表征问题的过程就是利用长时记忆中的图式知识理解这种集合关系的过程。换句话说，问题图式水平的高低直接影响问题表征质量和能否正确选择问题解决策略。

目前，很少有研究关注学生图式水平。皮亚杰对图式的定义为：图式是动作的结构或组织，这些动作在同样或类似的环境中因重复而引起迁移或概括。他对图式进行进一步解释：在一个活动中，能从一个情境传递到另一个情境，能加以普遍化和分化的，称为动作图式。皮亚杰根据发展水平不同，把图式分为初始图式、初级图式、高级图式。初始图式主要是遗传性图式或反射图式。初级图式主要指感知—运动图式、习惯等。高级图式主要指运算图式、智力图式、思维结构等。对于图式的发展，皮亚杰认为，从行为（不管其多简单）引起一种自发的努力，并自模式化起，图式就诞生了。许多研究者认为图式是按照等级或层次组织起来的，并以数学应用题为材料进行了一系列图式等级性研究，结果表明数学应用题图式按概括水平由低到高呈等级排列。

辛自强认为，目前还无法直接测量图式水平，只能根据问题解决者的问题分类、解题成绩来推测图式水平，见表2-1。然而，采用问题分类的方法会低估图式水平，解题成绩是表征、选择和执行程序等一系列过程的结果，因此，推测图式可能有失准确性。辛自强基于表征复杂性理论解释问题解决中图式与策略的关系：如果问题解决者的关系图式水平较高，则表征复杂性（特别是表征深度）较高，相应地会选择领域专门性更强的快捷策略；如果缺乏必须的关系图式，则表征深度降低，甚至不能正确表征问题，就可能使用常规策略甚至错误策略。

表2-1　辛自强算术应用题图式分类水平、分类标准与方法

分类水平		分类标准与方法
前图式水平	水平0	不会分类。如不会概括分类标准，或一题一类等
	水平1	根据数量指称的事物，如弹球、邮票等分类
	水平2	根据题目中与数量变化有关的字眼，如"给""多"等分类
图式水平	水平3	根据对数量关系的初步概括或反应数量关系的线索词比较准确地分类
	水平4	根据对集合关系的本质概括进行基本正确的分类
程序分类	水平5	按照解题运算方法或程序分类，如加法题或减法题

辛自强归纳数学学科图式测量方法，主要有问题分类、表征方式的过程分析、自编问题、条件判断测验、面积计算解题测验。喻平等认为，问题图式的等级性可由解决问题的表征关系复杂性、知识基础来解释，将模型用到关系结构更复杂的勾股定理问题图式的研究中发现，勾股定理问题图式具有等级性，且可从表征深度和知识基础两方面来解释，但需考虑问题解决者的已有水平；表征深度除用表征关系最高层级体现外，还与各级关系的表征难度有关。喻平等还认为，不同学习水平学生的图式水平和知识基础不同。徐青采用分类测试题将学生划分为高图式水平组和低图式水平组。张永军和马骥归纳出研究图式的方法主要有分类法、归类法、回忆法、使用指定原则构造问题法等。张永军采用问卷法，对问题进行直接分类和排序，测得学生的图式水平。梁娜娜和刘悦通过问卷法、访谈法和微观发生法调查了不同水平中学生在数学问题图式表征的顺序性、广度、清晰度、关联度、个体评价特征方面的表现（表2-2）。结果表明，不同水平中学生的表现具有明显差异。通过回归分析得出，对中学生数学成绩影响最大的是数学问题图式的广度，其次是关联度、清晰度，影响最小的是个体评价特征。

表2-2　梁娜娜中学生数学问题图式特征

图式特征	描述
顺序性	指问题图式是通过文字表征、图像、性质等表征出来，例如，在建立圆的问题图式时，既需要圆的图像，又要从定义、性质和表达式等进行表征
广度	指一个图式包含的知识点数量。专家长时记忆中的知识点成千上万，与新手相比，其解决问题时更出色。但如果在陌生领域，专家不一定能完整地解决问题，这是因为专家在陌生领域内的知识点不够多

续表

图式特征	描述
清晰度	指能够准确把握数学知识的本质、数学命题的条件和结论及数学方法等。为了保证问题识别的正确性,清晰度在数学问题图式中作为前提条件
关联度	指图式是在长时记忆中具有框架结构的知识单元之间的有效关联
个体评价特征	问题图式包括学习获得的知识和日常生活中积累的经验性知识,这些都会对学生问题解决产生不同的影响

2.3 问题表征理论

外部世界的所有知识是通过表示外部事物的心理客体表征获得的。认知心理学家一般将信息在头脑中的呈现方式称为表征,有两方面的含义,即信息和信息表征。表征需要以信息为载体,表征的过程即为信息的转换过程。20世纪80年代之后,研究者将问题表征分为两类:一是对问题呈现符号、图形、词语的外部表征;二是对问题内部关系和逻辑意义的表征,是问题解决者根据问题内容而建立的思维模型。西蒙认为,问题表征是问题解决者使问题任务领域转化为问题空间的过程,是问题解决者对一个问题的全部认知状态。邓铸构建的学科问题解决表征态理论(Representation-State Theory,RST)认为,问题表征是非线性的动态过程,在问题解决中存在认知状态动态变化过程。表征态就是在特定问题情境中,内部知识经验和外部刺激信息相互作用而形成的问题表征的相对稳定态,其具有连续性与非线性、动态与静态、序列搜索与并行搜索、同化与建构四个特征,表征的过程有数据驱动和概念驱动两种方式。表征态的变化主要受专门知识经验的影响,问题表征的转换依赖于问题图式的指引完成;或是在识别问题已知信息时采用并行扫描,快速激活相关样例或问题图式,使问题解决过程被"压缩",顿悟是典型表现形式。问题解决者可用知识经验越少,越接近问题的无表征状态,问题解决则更多地采用搜索策略,即进行问题空间的搜索;问题解决者可用知识经验越多,越接近完全表征状态和顿悟状态,表征态的变化是在范畴性知识作用下的概念驱动方式。

2.3.1 问题表征的内容

问题表征是问题解决的关键甚至全部,它是指对问题初始条件、目标任务及其构成要素的觉察和理解,是近年来关于问题解决研究的核心。美国著名数学家和数学教育家波利亚在《怎样解题——数学思维的新方法》中认为,问题理解就是形成对问题的表征。根据现代信息加工心理学的观点,问题解决就是有机体对外界信息进行加工(包括输入、编码、转换、存储和提取)的过程。因此,问题理解的内容包括问题的条件是什么、问题的已知数据是什么、问题的未知量是什么、解决问题的障碍是什么、条件有可能满足吗、条件是否足以确定未知量、条件不够充分或多余或矛盾。波利亚认为,对问题的理解形成表征通常包括熟悉题目和深入理解题目两个阶段。熟悉题目的主要内容是:问题解决应该从问题叙述开始,尽可能清晰、生动地使题目形象化,理解题目、熟悉题目,激发对相关知识和经验的记忆。深入理解题目仍从题目的叙述开始,分离题目的主要部分,如前提和结论是证明题的主要部分，未知量、已知量和条件是求解题的主要部分，仔细阅读主要部分，将其以不同方式组合，把每个细节与整个题目联系，弄清楚对问题解决有重要作用的关键细节。深入理解题目的重要标志是理解细节之间的联系。最重要的是基本关系，由基本概念、基本公式、基本法则和基本原理等体现。美国教育心理学家戴维·H.乔纳森指出，问题解决过程中对问题的表征是问题解决的最关键环节，解析问题表征的主要内容有：忽略不相关的特征因素、识别问题情境特征（减少认知负荷，构建问题结构）、识别问题中的数据项、识别数据项之间的结构关系、对问题进行归类。国内外关于数理化学科问题解决的研究多集中在问题表征方面，如化学问题表征包括对问题的宏观表征、微观表征和符号表征。化学问题表征指解题者通过审题，认识和了解问题结构，激活已有相关知识经验，形成对问题的完整印象。林文潜认为，化学问题表征即为问题解决主体以某种理解来呈现问题，把问题任务领域转化为问题空间，包括明确问题的给定条件、目标和操作，即问题表征相当于审题。

2.3.2 问题表征的形式

问题表征的分类形式有多种。科学哲学研究认为，学科问题表征分外部表征和内部表征，也有研究者称之为物理表征和内部表征。邓铸等研究表明，符号、图表、图形、照片等是外部表征的主要形式，命题、图式、神经网络和其他类型知识结构是内部表征的主要形式。外部表征指问题情境的成分和结构，包括物理符号、外部规则、约束条件或边界条件等信息只能被知觉系统觉察、分析和加工，对问题的内部表征具有引导作用。内部表征是解决问题的关键，快速形成正确的内部表征需要以知识图式为基础，这些知识图式是通过样例学习建立起来的，结合了大量专门领域知识和一般问题解决策略及方法（程序性知识）。程萍等认为，从形式上看，化学问题表征可分为两种：一种是内在表征，即在头脑中考虑问题；另一种是外在表征，即将问题以文字、图表、模型等形式表示出来，外在表征以内在表征为基础。化学问题外部表征包括化学用语表征、图表表征、模型表征、数学表征和实验表征。

本书使用约翰斯顿（1993）对化学问题表征的三个不同形式，即三重表征：宏观表征、微观表征和符号表征。宏观表征是表征可感知的物质或化学现象；微观表征是在分子、原子、离子水平上理解化学现象；符号表征是将问题中涉及的化学物质及其变化过程用化学式、结构式表示出来。李广州等认为，实行基于多重表征的问题解决教学具有较好的效果。

2.3.3 影响问题表征的因素

问题解决者的心理表征是具有个性化，不能以一种客观事实进行说明和描述。问题解决者不同的背景知识与不同的信息源结合形成问题表征。罗伯逊（Robertson）基于对问题解决系统的考查认为，影响学生问题表征的主要信息如下：一是任务情境。问题的表述会影响对问题的理解，问题的表征基于上下文信息。二是对状态、操作和限制的推理。在问题陈述中遗漏的信息可能需要借助长时记忆进行推理。三是背景推理。四是与问题有关的经验。五是错误信息。问题解决者可能会基于对问题的某些错误理解而形成问题空间。六是解题步骤。问题解决者多采用将外部情境与个体长时记忆中的信息相结合的操作程序。七是外部记忆。外部情境可能含有问题所处状态的线索，外部记忆用来持工作记忆中的信息。八是指导语。指导语给问题解决者提供了问题情境及要求，这些指导语会影响问题解决者对问题的理解。迈耶认为，问题表征就是对问题呈现信息的编码以及对问题空间的搜索，表征错误可能发生在对信息的编码上，即在问题呈现时没有正确解释信息。张裕鼎研究认为，影响问题解决者对问题的表征的两大因素是问题情境和问题解决者的背景知识，问题情境是外在因素，背景知识是内在因素。不同的问题情境对问题解决者构建问题表征具有重大影响，具体表现在：第一，问题情境影响问题解决者的知觉形式，如九点问题；第二，基于问题情境出现的对象的推论，这些推论会影响问题表征的建构，尽可能克服功能固着的束缚，如烛台问题；第三，问题的表述和措辞，故事内容或问题文本的措辞可能会影响问题解决者对问题的表征，典型体现在同构问题上，即两个问题在不同的情境或表述下有相同的基本结构或状态空间（初始状态、目标状态和所有可能的中间状态）。对问题表征产生影响的背景知识主要有三类：一是结构相似或具有类似问题的先前经验，可以用类比法来解决；二是记忆中的一般图式，问题解决者在记忆中有不同问题、解决方案和表征类型的抽象图式知识；三是专长。维特海默（1985）认为，要获得问题的合适表征，必须满足三个条件：①表征与问题的真实结构相对应；②表征中的各个问题成分被适当地结合；③表征结合了问题解决者的其他知识。

辛自强的表征复杂性理论认为，从过程的角度看，图式影响表征质量，表征影响策略选择，即理解图式与策略的关系，必须从问题解决过程，特别是从表征过程的角度考虑。表征的复杂性（特别是表征广度）可能受到"硬件"约束，即学科领域知识（如图式知识或概念性知识）的影响。问题表征作为理解图式和策略关系的中介，通过分析表征广度与深度确定被试的图式水平。李广州等结合国内外有关化学概念教学的研究情况对高中学生化学概念掌握和问题表征程度的关系进行实证探索和研究，学生化学概念理解水平显著地影响解题时的表征程度。在解决计算类化学问题时，学生的化学概念理解水平显著地影响问题表征程度，包括表征时间和表征正确率。

2.3.4　问题表征水平的研究

问题表征是对问题的理解状态，理解有程度的深浅，表征也有水平的高低。邵瑞珍等认为，表征有两个层次：一是表层表征，指问题解决者逐字逐句读懂问题；二是深层表征，指在字面表征的基础上，把问题综合成条件、目标统一的内容。可以把言语、符号、图像、模型、表格等看作表层表征；把概念、原理、方法等看作深层表征，这些表征主要以图式存在。专家—新手问题解决研究认为，成功的问题解决者需要理解文字信息，具备将数据进行可视化、识别问题深层结构、正确解决活动及评价问题解决效果的能力。故事性问题的现行解决办法强调，在尝试解决问题前，要先厘清问题中的概念，建立概念模型，这是呈现信息的思维表征，包括对问题的情境建模、问题的结构建模及问题的算法建模。概念模型的质量将影响解决问题的难易程度和准确性。戴维·H.乔纳森强调，问题表征层次包括情境表征、表面表征和结构表征。成功的问题解决者对表征问题至少包含两层结构：一是问题的表层结构，如问题的细节、表现问题所用的事实、问题中的事物等；二是问题的深层结构，如问题包含的数量关系及体现的基本原理、问题的约束条件或规则、问题的本质和类别等。问题表征水平是基于表征建构的知识基础进行划分，问题表征类型是基于表征所使用的具体方式进行划分，可以看作表征水平的具体呈现。

辛自强的复杂性理论表征认为，表征的本质在于确定集合之间的关系，表征问题的关键是理解概念集合间的关系。要确定表征质量，首先确定问题所包含关系的复杂性。根据问题复杂性，问题表征质量应从表征广度和表征深度两个方面衡量。表征广度是能同时表征同一层次集合关系的数量，表征深度是能理解的关系的最高层次。表征广度和深度越大，表征就越复杂，表征的复杂程度反映表征质量和表征水平。

拉金将物理问题表征建构层次和过程概括为字面表征、初始表征、物理表征和数学表征。廖伯琴和黄希庭通过实验考察力学问题解决过程的表征体系，认为表征可以分成文字表征、朴素表征、物理表征和数学表征四个层次。文字表征主要与问题的文字描述有关，朴素表征与问题的整体框架和具体物体等有关，物理表征产生于问题解决者对物理概念的理解，数学表征则与问题的物理公式和推导有关。李广州认为，计算类化学问题解决中，问题解决者的表征系统很复杂，他们设计了高中生化学概念测试量表和高中生化学口语报告材料，提出学生进行计算类化学问题解决时应有不同的表征层次，依次为文字表征、具体表征、抽象表征、形象表征和数学表征（表 2-3）。

表 2-3 李广州高中生解决计算类化学问题的表征层次

表征层次	解释及其具体划分
文字表征	问题中出现的文字（符号、图表等）通过视觉以其最原始的编码进入脑中，主要与问题的文字描述有关
具体表征	对问题中出现的关键字、词进行有意义转换，编码进入工作记忆中，但是相互之间仍然保持独立，还未建立有关联系
抽象表征	在头脑中选择、激活、调用原有认知结构中有关的化学等学科的抽象概念、原理和理论，把工作记忆中独立的、分散的信息点或信息片段整合起来建立联系，形成有意义的信息组块
形象表征	利用相关化学用语、实验装置、图形表格、公式、文字或语言等具体工具把头脑中已经形成的信息以外在的形式表达，呈现出来，是抽象表征的具体化和外显化
数学表征	利用数学工具进行具体运算的过程

黄巍将有机合成问题表征水平由低到高分为符号表征、方法表征和机理表征。符号表征是关于问题的陈述性知识的提取与理解；方法表征是关于问题的程序性知识的提取与理解，方法表征为问题索解奠定了基础；机理表征是表征的最高系统，是理解问题的关键。林文潜将化学问题表征分为字面表征和深层表征。字面表征是问题解决者需要读懂问题陈述的每一个句子，能用自己的语言重述问题的条件和目标；深层表征是指在字面表征的基础上，把问题的综合成条件和目标统一的心理表征，找出一种能把初始状态转变为目标状态的操作序列。他提出可以用正确度、广度、深度、速度描述问题表征水平（表 2-4）。

表 2-4 林文潜提出的问题表征水平

问题表征水平	描述
正确度	指问题表征是否正确及正确程度，包括对问题语义的理解以及识别已知条件、目标状态、未知条件、隐含条件、问题障碍、多余条件等
广度	指表征的多重性及转换水平。问题表征水平高的学生，在问题解决过程中，不仅能形成宏观、微观、符号三种形式的表征，还能对三种表征进行转换；问题表征水平中等的学生，单项表征良好，但不能实现转换；问题表征水平低的学生，没有微观表征意识
深度	指对表征内容内部结构的表征程度
速度	指完成问题正确表征的快慢

2.4 认知策略理论

2.4.1 认知策略的发展

人类认知的特点之一就是个体运用各种策略完成大量认知任务。认知心理学界关于认知策略的研究可追溯到 20 世纪五六十年代，最早见于 1956 年布鲁纳（Bruner）等对人工概念的研究，即假设检验过程中连续使用"聚焦"策略和"扫描"策略两种主要策略。可以看出，布鲁纳已经把不同的策略看作个人在解决思维问题时所使用的思维方法。1972 年，纽威尔和西蒙（Newell、Simon）出版《人类问题解决》，开启了问题解决策略的研究。1977 年，加涅发展了认知策略的概念和范围，把认知策略作为智慧技能并列的一类学习结果。他认为，智慧技能是使用符号与环境作用的能力，认知策略是学习者支配个人心智过程的内部组织化技能。认知策略是一种控制过程，其功能是调节与控制概念与规则的应用。学习者使用认知策略可以调节注意力和选择性知觉、对信息编码以长时储存和提取、解决问题。席格勒（Siegler）基于皮亚杰认知发展理论，结合信息加工理论，形成了认知发展策略选择论。其策略选择模型包括策略选择元认知模型、联结分布模型和发现模型。他认为，儿童的认知发展与"编码—规则"有关，儿童在实践活动中不断学习，积累经验，学习过程中对信息进行编码，编码越清晰，对规则的使用越清楚，长期发展的编码能力使他们建立"编码—规则"的联系，当面对新的问题情境时，他们会选择更高级的规则去解决问题。之后，席格勒的研究方向从儿童生疏的问题转向儿童熟悉的问题，落实到儿童使用策略是如何从非熟练到熟练的，他关注在问题中获得策略的过程及策略的范围（有多少策略、哪一种种策略可供使用）。席格勒认为，在问题解决过程中，因个体认知风格不同，信息加工、处理、编码方式也有差异，这会影响问题解决者对于策略的选择。

2.4.2 问题解决策略的分类

2.4.2.1 问题解决过程中的典型认知策略

加涅在《学习的条件和教学论》中根据认知策略对应的功能，将其分为注意中的认知策略、编码中的认知策略、提取策略和问题解决中的认知策略。问题解决策略主要指问题解决中的认知策略,包括问题解决中使用的认知策略及元认知条件。国内关于学科问题解决策略的分类,按照问题解决的认知过程进行。例如,张庆林把问题解决策略分为理解题意阶段的策略、解答阶段的策略、检验总结阶段的策略,以及化学问题解决中的注意策略、编码策略、理解—控制策略、情感策略等;吴光桼把化学问题解决策略分为提取信息的认知策略、发现解决问题的新规则的认知策略、验证新规则的认知策略和反省认知(元认知)策略。

加涅还指出,问题解决研究者要想像识别智慧技能那样识别学习者的问题解决策略是很困难的,但对于具体领域(如数学和语言)是很容易识别的。基于格林诺(Greeno)平面几何中的问题解决策略研究,加涅认为有以下三点值得重视:

(1)在解决这类问题时,除运用几何定理外,问题解决者使用几种不同的策略。

(2)易被鉴别的认知策略是相对具体的,如平面几何问题中关于线与角问题的解决策略,常称为任务策略。

(3)成功解决问题需要以适当的顺序选择并使用当时最需要的任务策略。

可以看出,问题解决策略从广义上可分为一般(或通用)领域问题解决策略和具体领域问题解决策略。

2.4.2.2 一般领域问题解决策略

怀特和维特诺克(White、Wittrock,1982)发现了四种一般领域问题解决策略:①探寻深层含义策略,这是最重要的一种策略,即用原理解决问题要略优先于用事实解决问题。②局部目标策略,即使用"爬山式"方法把问题中的子目标连接起来;③方法灵活性策略,即突破单一思维,用多种方式(如文字、图解等)对问题进行表征或转换;④部分综合策略,即问题解决者能将部分统一成整体。司继伟等提出选择/无选择法,即分别在有选择和无选择条件下,收集个体解决问题时的策略使用情况,可获得关于策略库、策略分布、策略执行效能及策略选择等方面的信息,对探究认知加工中的复杂策略选择行为具有重要意义。实际上,问题解决专家会利用大量的一般策略来解释、表征和解决问题。常用的一般领域问题解决策略分为算法式(algorithm)和启发式(heuristic)两种,前者常称为强方法,后者称为弱方法。

(1)算法式问题解决策略。

问题解决过程中,常用一种清楚、固定的步骤,确保问题得以解决,这种方法称为算法式,是一种按照逻辑来解决问题的策略。算法式虽然能保证得到答案,但往往效率低下。

(2)启发式问题解决策略。

有一些问题无法用算法式问题解决策略来解决,则可使用启发式(决策理论中称为便捷经验法)。启发式问题解决策略是一种基于经验非常规的冒险性策略。这种策略可能会解决问题,但不保证一定能解决,但其效率很高,可作为一般方法教授给新手问题解决者。在实际问题解决过程中,问题解决者会用到不同的启发式问题解决策略,如图2-1所示。

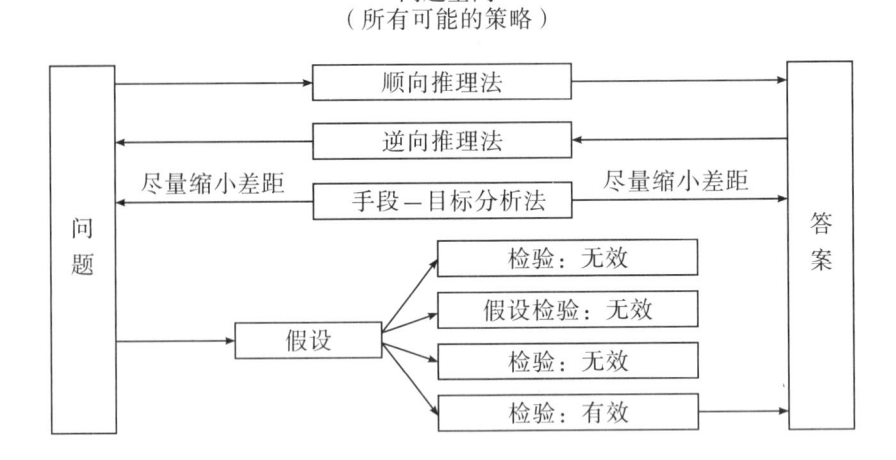

图 2-1 启发式问题解决策略

假设—检验法（generate-test）或试误法（trail-error）：当存在许多可能的方法，并对产生过程没有特别指导的情况下，假设—检验法会迅速丧失有效性。

手段—目标分析法（means-ends analysis）：比较目标和起点，考虑缩小差距的方法，选择最佳方案。纽厄尔和西蒙认为，手段—目的分析法是问题解决者常用的一种启发式问题解决策略。通过产生子目标，任务被分解成可以解决的步骤，从而建构出完整的解决方案。如填数字游戏，利用计算机模拟手段—目的分析法，设计一种计算机程序，成为解决密码算术问题和逻辑问题的通用手段。手段—目标分析法与生成—检验法相比，更具有集中性，它更多的是指导问题解决者接下来选择什么步骤，使问题解决者在着手解决问题之前就分析问题，生成解决方案，并建立子目标。

逆向推理法（working backward）：运用逆向推理法，首先分析目标，确定采取的最后一个步骤，再分析前一个步骤，以此类推。逆向推理法也称为递归策略或向后工作策略。逆向推理法和手段—目标分析法一样，也要建立子目标（中间目标），如河内塔问题（Tower of Hanoi）。

顺向推理法（working forward）：顺向推理法也称为目标导向法或向前工作法，问题解决者首先要对当前状态进行分析。

纽厄尔和西蒙观察到，当问题解决者面对一个不能立即解决的问题时，常会使用手段—目标分析法，不断地对当前状态和目标状态进行比较，再采取措施尽可能地缩小两种状态的差距。启发式问题解决策略还有爬山法（climbing）、计划简化法（planning by simplification）等。

2.4.3 问题解决策略水平的研究

关于问题解决策略水平的研究，张智和左梦兰对 5 岁、7 岁、9 岁、11 岁和 13 岁儿童展开研究。他们让儿童解决三类问题（图片问题、数字卡片问题和空白实验问题），结果发现，儿童的问题解决策略水平的发展趋势基本一致，均表现为四级（表 2-5）。

表 2-5　张智等关于儿童问题解决策略水平的研究

策略水平	策略描述
0 级	无策略，儿童根据自己对某一刺激物的偏好或猜测而提出假设，对主试给予的反馈信息不进行反应，不能解决问题
一级	虽然可以解决问题，但所应用的策略属于低水平的保守扫描策略，被试顺次对每张图片或每个数字提问
二级	能初步运用分类策略提出假设，缩小了答案范围
三级	能运用高级的分类策略，能从本质上对信息进行编码，形成高层次概念，所用策略带有聚焦性，能迅速排除与答案无关的信息，从而有效地解决问题

此外，儿童问题解决策略水平的发展还表现在：运用策略的灵活性不断增强，能根据不同任务随时改变和调整策略；提出的假设从单一维度发展到多维度，能更好地建立关于问题的心理表征；对反馈信息的敏感性逐渐增强。

2.5　元认知理论

认知心理学关于元认知的研究是一个非常重要的领域。在学习科学领域主要关注元认知的成分、元认知与问题解决、元认知与批判性思维、元认知训练与学习障碍以及元认知能力的差异等方面的理论与实践。本书只关注元认知的成分、元认知促进问题解决的机制、元认知的评价。

2.5.1　元认知的结构

基于弗拉维尔（Flavell）20 世纪 70 年代对元记忆的理解，布朗（Brown）和弗拉维尔对元认知（metacognition）理论进行拓展，目前发展成包含元记忆、元理解、自我监督、元认知监督、自我主导的学习、自我管理的学习的概念。弗拉维尔最早区分了元认知的两个特征：关于认知的知识和对认知的管理。他认为，元认知是反映或调节认知活动的知识，包括完成不同任务所需知识、策略性知识以及自我的知识。元认知是相对比较稳定的。弗拉维尔认为，元认知对于计划、监督和管理学习过程至关重要。在对布鲁姆的学习目标分类进行修订时，安德森等将元认知知识归入知道维度。之后，也有研究者将如动机和自我效能等新元素纳入元认知的基本组成。斯维尔（1985）认为，情感变量在解决问题能力中的作用越来越明显。斯洛（1993）在学生问题解决研究中指出，在许多情况下，评估学生问题解决表现的变化可能不在于认知的变化，而在于动机的变化。问题解决过程中，努力和坚持、自我效能与任务感知（任务难度感知和任务吸引力感知）联系在一起，如布伦达·苏格如（1995）构建的评估学生特定领域问题解决的理论模型包括领域知识、元认知和动机三个维度，其中元认知维度包括计划和监控，动机维度包括自我效能、任务难度感知和任务吸引力感知。近年来，也有研究者将成就归因列入元认知组成。斯滕伯格（1994）将元认知与认知进行对比，认为元认知是关于认知的认知，认知包含认识世界的知识及运用这种知识去解决问题的策略，而元认知涉及对个人知识和策略的监测、控制与理解。Desoete 等通过数学问题解决研究元认知的成分，探究能否把三类元认知知识（陈述性知识、程序性知识和条件性知识）、四个元认知技能（预测、计划、调控、评价技能）和元认知成就归因组合成知识、技能和概念三个维度，统计分析后发现，三个维度能解释66%~67%数学问题解决过程的普通差异。

董奇将布朗和弗拉维尔的观点进行有效整合，将元认知分为元认知知识、元认知体验和元认知监控三个基本维度，他认为元认知的实质是人对自己认知活动的自我意识和自我调节。三个基本维度细分为若干小维度，具体见表2-6。

表2-6 董琦的元认知组成

基本维度	定义	细分维度
元认知知识	有关认知的知识，即什么因素影响人的认知活动、这些因素如何起作用、各因素之间的相互作用等	有关认知主体方面的知识
		有关认知材料（认知任务）方面的知识
		有关认知策略方面的知识
元认知体验	任何伴随认知活动的认知体验或情感体验	认知体验
		情感体验
元认知监控	主体在认知活动过程中，将正在进行的认知活动作为意识对象，不断对其进行监视、控制和调节	制定计划
		实际控制
		检查结果
		采取补救措施

汪玲和郭德俊综合弗拉维尔和布朗的观点，将元认知界定为个体对当前认知活动的认知调节，认为元认知包含元认知技能、元认知知识和元认知体验三个基本要素。他们还设计了元认知问卷，利用验证性因子分析方法对元认知理论模型进行拟合，为元认知三个基本要素的假设提供实证依据。元认知技能是认知主体对认知活动进行调节的技能，包括计划、检测和调整。20世纪90年代，我国中学生认知策略培养研究课题组对国内外十年来文献进行系统分析后认为，构成学习策略的核心是认知策略与元认知。前者是指对学习材料进行直接分析、转换或综合使用的策略；后者是指对学习起间接影响的策略，包括对认知加工过程进行计划、监控、调节、评估等。刘电芝和黄希庭综合研究了国内外学习策略的定义、分类和水平，认为学习策略包括元认知策略，元认知策略由元认知监控、管理和评价构成。史耀芳对20世纪国内外学习策略进行系统梳理后指出，元认知在学习过程中主要起监控、调节和评价三种作用。

2.5.2 元认知的评估

测量学习者问题解决过程中元认知变量比较常用的两种方法是自我报告和行为（或基于表现的指标）。目前大多数元认知变量的测量都以自我报告为主。自我报告方法中常采用量表，如MAI自我报告（Schraw、Dennison，1994），研究者认为，元认知意识有利于学习者计划、组织和监督其学习过程，使用因素分析研究包含52个选项的Likert量表，得出关于元认知的知识因素（陈述性知识、程序性知识和条件性知识）和管理认知因素。研究者通过比较学习者MAI自我报告得分和相关研究工具得分，证实了MAI自我报告的效度。大多数情感领域的研究（如学习动机、元认知自我管理、时间和学习环境管理、学习策略问卷等）都支持了 MAI 自我报告的结构效度。基于这些研究，MAI 自我报告被广泛用于对元认知的评估。例如，Pintrich 和 Degroot（1990）要求学生用 Likert 七点量表对阅读时的项目进行评估，在规定的时间下，学生可以在简单的量尺上标明考试问题的难度，以探讨学生参与元认知的程度。Howard、McGee、Shia 和 Hong（2000）开发了自我管理量表，包括 37 个 Likert 量表选项。他们的目标是寻找与问题解决相关的元认知技能，结果发现有 5 个元认知与自我管理因素和问题解决相关，具体为：①第一个维度：关于认知的知识（理解认知能力以及如何学习最好）。例如，我使用不同的方法来记忆，我知道怎样做能学得最好。②第二个维度：客观性。例如，当解决一个困难问题时，我会思考学习得如何；当学习新知识时，我会问自己做得如何。③第三个维度：问题表征（问题定义）。例如，我试图理解问题，我多次阅读问题直到已经理解。④第四个维度：子任务监督（监督子任务和所使用的策略）。例如，我试图将问题分解为必要的信息，我思考需要使用什么信息来解决问题。⑤第五个维度：评价（评价问题是否被成功解决）。例如，我会检查确认自己是否做得正确，我会反思检查自己的回答是否有意义。

第3章 高中生化学问题解决认知模型的建构

3.1 高中生化学问题解决认知模型建构的理论构想

在问题解决的文献综述和理论基础研究的基础上，本书提出以下构建高中生化学问题解决的认知模型的理论构想。

理论构想一：影响高中生化学问题解决认知变量有问题图式、问题表征、问题解决策略和元认知。学生化学问题解决认知过程遵循以计算机隐喻为基础的信息加工的模型观，包括四个主要成分，即感知系统、记忆系统、控制系统和反应系统，每个系统与其他系统相联系执行某些操作。按照信息加工心理学关于信息加工的过程来看，学生化学问题解决通常可分为连续加工的四个阶段：编码→匹配→选择→反应。本书在国内外问题解决相关理论研究、认知加工模型和影响问题解决因素研究的基础上，构想出影响高中生化学问题解决的主要的认知变量有问题图式、问题表征、问题解决的策略和元认知四种认知成分，将高中生化学问题解决视为四个认知过程：问题图式→问题表征→选择问题解决策略→元认知。

理论构想二：问题图式对问题表征、问题解决策略的影响。以人类问题解决信息的双重加工方式的观点为基础，强调学生在化学问题解决过程中的主体地位，问题解决是学生积极主动的过程。强调问题解决过程中学生原有化学问题图式的重要性。学生已有的问题图式是解决化学问题最关键的作用，也是学生知觉问题、理解问题，形成正确的问题表征和选择问题解决策略的基础。在化学问题解决过程中，学生对问题情境信息的输入、知觉、编码后，采取认知双重加工方式对问题进行识别，在记忆系统和认知结构中搜索已有的问题图式。在问题解决过程中学生对问题表征的认知双重加工方式体现在个体对信息产生的两种不同形式的再认。认知心理学的研究指出，人拥有两种相互独立的再认记忆机制：以事物的知觉信息为基础的熟悉性再认和以事物的意义为基础的回想性再认。学生在问题解决过程中的图式激活、分析式表征就是按照信息的双重加工方式进行的，学生的图式激活和对问题的分析并没有严格意义上的时间先后顺序，概念驱动和数据驱动是同时进行的，做出的反应有可能是多个，如果直觉反应（特征比较）可以激活已有的图式，则先执行图式激活后的策略执行；相反，如果没有激活已有的图式知识或对图式激活产生的问题解决策略产生疑惑，则会进入问题分析阶段进行干预，对问题结构进行分析，寻找问题解决策略并做出反应。因此，学生在对问题进行结构分析过程中发现与问题解决相关的既有图式后，可能放弃对问题结构的深入分析，直接转入问题解决策略的选择和执行阶段，这些加工过程的先后执行顺序主要依靠问题解决过程中元认知对整个问题解决不同反应结果做出的判断。

换句话说，如果学生有相应的问题解决的图式知识，就直接进入问题解决策略的执行阶段，如果没有现成的问题解决的图式知识，学生将对化学问题进行分析式表征，并对当前问题的结构进行分析，以找到问题呈现的已知条件和目标之间的关系，分析问题信息中相关概念、原理和定律之间的关系，进而对问题的结构进行深入分析，找到当前状态和目标状态之间的障碍，已知条件、隐含条件和缺损条件与问题解决之间的关系。在此基础上，搜索是否有现成的图式知识有利于问题的解决，进而建构并实施问题解决策略。

理论构想三：问题表征影响学生化学问题解决策略的选择。理解问题形成对化学问题的正确表征是问题解决的第二阶段。问题表征是问题解决的一个中心环节。问题表征的主要工作是正确、全面地识别问题的起始状态，即已知信息中的文字、图表、符号描述的意义，给定信息中包括的事实、概念、原理、定律的含义；识别问题所求解的目标是什么，目标中描述的概念等意义；识别问题的限制条件和求解的障碍；通过初步分析，判断达到目标的关键信息是否显而易见等。总而言之，对问题的理解就是对问题形成正确的表征，而且对问题结构表征的深度是解决问题的关键。在对问题形成了正确表征后，接下来就是问题解决者拟订解决问题的方法和计划，即形成问题解决策略。怎样选择问题解决策略，选用怎样的问题解决策略，都是问题解决过程中必须解决的问题。一般来说，问题解决者对问题表征越正确、问题表征水平越高、问题表征方式越合适，问题解决策略的选择就越准确、越迅速，策略的实施过程就越顺利。选择问题解决策略的关键就是问题解决者对问题的正确表征、与问题有关的知识的整理与重构、问题解决策略知识的掌握及灵活应用。

理论构想四：问题解决过程中的元认知对整个问题解决过程，包括问题图式的激活、问题表征和问题解决策略具有计划性、调节性、监控性，以及评价与反思性作用。元认知的主要工作是回顾问题解决的整个过程，对问题解决的各个阶段进行详细的评价。问题解决过程中元认知的监控性和评价性体现在整个过程，元认知监控性无处不在，尤其是对一些关键的步骤，如问题解决中的计划，问题表征中的推理、运算，策略运用中的反馈，问题的解是否与问题的目标一致，等等。只是元认知的监控性和反思与评价性是快速且自动化的，问题解决者在整个过程中难以察觉它的存在。元认知还对问题解决过程中主体的情绪变化等认知体验进行调节。

理论构想五：非线性的认知加工过程。正如前文中问题解决过程和加工理论指出的，解决一个真正的问题不像是解决一个习题一样，解决一个习题遵从的是一个理性的、算法式的、线性的过程，因为问题解决者已经有解决问题的丰富的知识和解题的经验。而解决一个真正的问题通常是启发式的，在元认知的监控性、评价与反思性下，需要逐步对问题经过多次分析与表征，建立问题模型，选择问题解决策略，逐渐缩小当前状态到目标状态距离的非线性的过程，这个过程对问题解决者来说甚至是一种非理性的过程。人类推理判断与决策、管理决策中的判断理论以及实验研究已表明，问题解决中的图式激活与问题表征、图式激活与问题解决策略、问题表征与问题解决策略在元认知的监控性、调节性和反思与评价性过程中存在动态非线性的认知过程。上述非线性认知加工模型主要体现在问题表征、图式激活、选择问题解决策略、策略执行和元认知的监控性、反思与评价性过程中。

根据以上理论假设，高中生化学问题解决的认知模型的理论结构如图3-1所示。

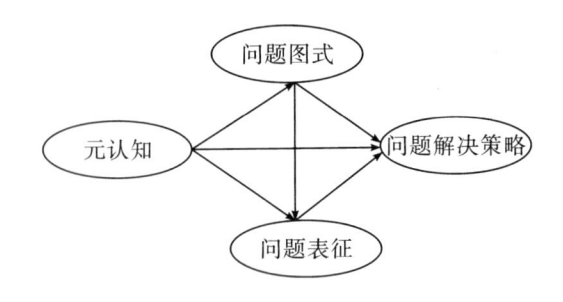

图3-1 高中生化学问题解决的认知模型的理论结构

3.2 高中生化学问题解决的认知模型

3.2.1 高中生化学问题图式水平

根据图式理论及图式水平综合分析，笔者认为，高中生问题图式水平可以从学生关于某一个学习主题的问题图式的质量和数量进行鉴定，从问题图式的量化和质化两方面对学生问题图式水平进行分析。量化分析主要指学生的认知结构变量，即问题图式的数量（广度）和问题图式的质量（丰富度、整合度、正确度和信息检索时间）（表3-1）。质化分析是指学生关于某一学习主题的图式操作灵活度（表3-2）。从这几个方面综合评价学生在某一个学习主题的化学问题图式水平。

表3-1 高中生化学问题图式认知结构变量

变量	说明
广度	流程图中知识点数
丰富度	回归箭头或返回箭头总数
整合度	回归箭头总数 /（回归箭头总数 + 知识点总数）
正确度	正确概念数 / 知识点总数
信息检索度	知识总数 / 时间（学生回忆的总时间）

表3-2 高中生图式操作灵活度水平描述

图式的评价标准	水平	说明	赋值
图式操作灵活度	前结构	陈述缺乏逻辑，重复问题中的信息，不经思考或思考很久却得出错误答案	0
	单点结构	仅回答出一个与问题有关的知识点（概念、原理、公式或实例等），如学生只能根据金属活泼性顺序判断正负极	1

续表

图式的评价标准	水平	说明	赋值
图式操作灵活度	多元结构	回答出两个与问题有关的知识点（概念、原理、公式或实例等），但没有对这两个知识点间的关系进行说明或说明错误，如学生能根据题目给出电极上的现象和得失电子判断正负极、但无法以此书写电极反应方程式	2
图式操作灵活度	关联结构	回答出量个与问题有关的知识点（概念、原理、公式或实例等），并能够较为准确地说明这两个知识点间的关系，如学生能根据题目信息准确判断正负极，书写电极反应方程式，进行相关的计算	3
图式操作灵活度	抽象拓展结构	能够较完整、正确地回答与问题所属领域内的主要知识点（概念、原理、公式或实例等），能根据这些知识点对问题进行归纳、推理和抽象概括，对问题进行深化，对问题本身的信息进行拓展；能确定具体问题情境中什么时候使用哪些关键概念、使用什么方法和公式，并且能评价使用的方法是否适合	4

根据问题图式的定义，在有关问题的图式中，不仅概括了问题的陈述性知识，也包括对解决该类问题所需的操作或解答途径的概括，也就是问题图式所表征的问题中相应的程序性知识。在化学问题解决中，图式的操作主要是涉及化学知识的运算、公式和规则等问题。林崇德认为，图式操作灵活度的主要表现是：运算起点灵活，能从不同角度、方向、方面，多种方法来解决问题；运算过程灵活，对概念、定理、公式等能运用自如；运算中能触类旁通，知识迁移的能力强。因此，图式操作灵活度是指学生化学问题解决程序及其过程中的技能、方法、何时使用适当程序等知识的灵活程度。因此，高中生化学问题解决的图式操作灵活度的测量需结合比格斯教授SOLO分类理论对学生进行访谈，基于学生对某一学习主题的化学问题的反应，分析其思维过程并进行评价。其中要求学生从不同的角度出发来解决问题，善于自觉地提取学习过的化学概念、定理、公式等知识，寻找问题解决的方法，能确定何时应该使用适当程序。

因此，高中生化学问题解决问题图式的测量结构由图式广度、图式丰富度、图式整合度、图式正确度、图式信息检索度，以及图式操作灵活度来表征。

3.2.2 高中生化学问题表征水平

3.2.2.1 高中生化学问题表征的特点

通过以上问题表征的分析和研究，高中生化学问题表征有以下几个特点：正确度、广度、深度和灵活度。正确度与问题的字面表征有关，要求学生能复述问题的全部内容，复述内容包含问题的条件（已知条件、未知条件、多余条件、干扰条件），能从已知条件和未知条件中提取出已知数据和未知量，知道已知数据和未知量的意义，能理解题目中的概念。广度指问题表征的多重性及转换水平。它主要依据约翰斯顿（Johnstone）化学问题表征理论和王祖浩化学问题表征水平的界定，评价学生在解决问题时，是否能理解和解释宏观表征、微观表征、符号表征三重表征的意义，并且能在三重表征之间的相互转换。问题解决不仅与问题表征正确度、广度有关，还与问题表征深度有关。问题表征深度是指能理解问题的程度。由于新手对于问题的认识处于浅层结构，因此往往采用表面表征解题；而专家理解了问题的深层结构，对问题理解的深度主要表现是：问题给定条件中各概念集合之间的关系，知道问题求解的目标是什么，知道目标涉及的领域知识有哪些，能将相关信息进行转换并对问题重新归类，能将问题给定、障碍和目标之间建立联系，找到问题求解的关键信息，识别出给定中的隐含信息。灵活度是指能把当前问题情境与之前学习过程中的解题经验知识联系起来，即能把当前问题作为"靶问题"与已有解题经验的"源问题"结合。由于模板理论、原型理论、特征理论三种模式识别水平对应三种表征水平，因而可以根据三种模式识别水平来判断解题者是否能灵活表征问题。也就是说，化学问题解决能力强的学生做过一道题（模板）便知道同类问题的解法，学生问题解决的模式识别水平已达到原型水平，随着对同类化学问题的熟练掌握，学生对化学问题表征的灵活度可达到利用问题的特征来比较识别的水平。

3.2.2.2 高中生化学问题表征水平

根据问题解决过程中对问题的组成和问题结构的分析，专家和新手在问题解决中理解问题的方式不同，这影响化学问题表征的因素研究，结合化学问题解决实验研究、经验总结，以及对化学问题表征的特征分析，将高中生化学问题解决过程中对问题的理解形成的问题表征水平建构体系见表3-3。

表3-3 高中生化学问题表征水平描述

表征水平	内容	说明	赋值
正确度	学生对问题中给定的信息进行复述，复述是否完整、准确	不能复述问题的内容，不知道问题的条件有哪些	0
		能复述问题的部分内容，复述内容包含问题的已知条件，能从已知条件中提取已知数据	1
		能复述问题的全部内容，复述内容包含问题的已知条件和未知条件，能从已知条件和未知条件中提取出已知数据和未知量	2
		能复述问题的全部内容，复述内容包含问题的条件（已知条件、未知条件、多余条件、干扰条件），能从已知条件和未知条件中提取出已知数据和未知量，知道部分已知数据和未知量的意义	3
		能复述问题的全部内容，复述内容包含问题的条件（已知条件、未知条件、多余条件、干扰条件），能从已知条件和未知条件中提取出已知数据和未知量，知道完全已知数据和未知量的意义，能完全理解题目中的概念	4

续表

表征水平	内容	说明	赋值
广度	"宏观⇌微观⇌符号"表征的多重性及转换水平	没有任何一种多重问题表征转换形式	0
		有"宏观⇌符号"等单维度表征之间的转换	1
		能理解化学符号的微观意义,有建立"符号⇌微观""宏观⇌微观""宏观⇌符号"两种维度表征转换	2
		能理解和解释"⇌宏观⇌微观⇌符号"三重表征的意义,三重表征之间能相互转换	3
深度	理解问题的程度	不能对问题的已知条件进行描述,不知道问题求解的目标是什么,不能识别给定条件中的熟悉信息	0
		能对问题的已知条件进行描述,知道问题求解的目标是什么,识别给定条件中的熟悉信息	1
		能对问题的已知条件进行描述,知道问题求解的目标是什么,识别给定条件中的熟悉信息,能理解熟悉信息的含义,能根据熟悉信息对问题进行归类	2
		知道问题给定条件中各要素之间的关系,知道问题求解的目标是什么,知道目标涉及的领域知识有哪些	3
		知道问题给定条件中各要素之间的关系,知道问题求解的目标是什么,知道目标涉及的领域知识有哪些,能将相关信息进行转换,对问题进行归类	4
		知道问题给定条件中各要素之间的关系,知道问题求解的目标是什么,知道目标涉及的领域知识有哪些,能将相关信息进行转换,对问题进行归类,能将问题中给定条件、障碍和目标之间建立联系,找到问题求解的关键信息,识别出给定条件中的隐含信息	5
灵活度	能把当前问题与之前学习过程中的解题经验知识联系起来	没有回想起任何解题经验	0
		只有当问题与长时记忆在条件、关系以及问题的内在结构特征等方面完全一致,才能提取现有的模板解决问题	1
		原型可以和一类的问题相匹配	2
		能从经验中不同模板或原型中提取适当的特征或知识组块,与长时记忆中的各种刺激的特征进行比较,获得匹配,解决问题	3

3.2.3 高中生化学问题解决策略水平

3.2.3.1 高中生化学问题解决策略的特征

1. 问题解决策略的多样性

席格勒策略选择认知模型和张智等的研究均指出，学生在同一领域中至少掌握运用三种不同的策略，既能够对不同的任务采用不同策略，又能在相同任务上采用不同策略。因此，问题解决策略呈现多样性的特点。

2. 问题解决策略的有效性

学生在问题解决过程中总是会选取最有效的方法，确保问题得到有效的解决，这体现出了学生问题解决策略的有效性特点。李广州指出，学生使用的盲目搜索策略表现出无方向性和思路模糊不清的特点。问题解决思维策略是指引思维方向、保证问题得以顺利解决的重要因素。我们根据学生在问题解决过程中使用的策略有无方向性、解题思路是否条理清晰来判断化学问题解决策略的有效性与否。

根据问题解决策略有无方向和思路清晰程度，将现有文献中提出的化学问题解决策略划分为四类见表3-4。

表3-4 高中生化学问题解决策略分类

分类	内容	化学问题解决策略
无方向无思路	问题解决者对问题的解决完全没有方向、无思路	盲目搜索策略、爬山法、假设—检验法
有方向无思路	问题解决者不是毫无方向，而是方向逐渐明确，知道比较当前状态与目标的差异，尝试着解决问题，但思路仍然不是很清楚	数学计算策略、模糊思维策略、手段—目标分析法、目标递归策略（顺向推理策略）、目标递进策略（逆向推理策略）
有方向有思路	问题解决者构建了一个问题情境，通过分析、推理，基本了解题意，基本有了问题解决的方向和思路，能类比之前相似的情境解决问题	类比策略、情境推理策略
有方向思路清晰	问题解决者认清了问题的结构和本质，构建问题模型，问题解决的方向明确，解题思路清晰	模型策略、原理统率策略、整体策略、综合分析策略

（3）问题解决策略的灵活性。

张智、刘电芝等关于青少年的问题解决策略研究发现，随着年龄不断增长，青少年问题解决策略不仅具有多样性的特征，还具有灵活性的特征。在问题解决过程中，学生可以根据不同的问题情境调整策略类型，选取最适宜的问题解决策略去解决问题，并且处理问题中反馈信息的能力也逐渐增强，监控调控策略的能力也不断完善。当学生发现所使用策略不适用于当下问题解决情境时，他们会调整策略的使用，保证问题解决的顺利进行，这也表现出策略使用灵活性的特点。学优生总是能考虑几种不同的思路，并在多次尝试失败之后找到一种正确的思路，在问题解决中表现出思维灵活，从多种角度看问题，从多种途径寻找答案。

3.2.3.2 化学问题解决策略水平

根据以上分析可知，高中生化学问题解决策略具有多样性、有效性和灵活性三个特点。因此，本书中以高中生化学问题解决策略的观察变量，即使用策略的多样性、有效性和灵活性来综合评价学生问题解决策略水平。学生在化学问题解决过程中使用的策略因学生个体差异而不同，策略选择过程中呈现多样性的特征。首先，学生会优先选择日常解决问题所擅长的策略或者认为能正确解决问题的策略作为首选策略，如果不能解决问题，则会再考虑其他策略；其次，问题情境的复杂性特征导致一个问题的解决本就需要多种策略相互配合、交替使用方能解决。学生问题解决过程中的策略选择还呈现水平层次的不同。由于学生对问题图式知觉水平的不同，因此其对问题情境表征水平的不同，相对应的问题解决策略的有效性不同，即解决问题有无方向，问题解决有无思路，思路的清晰程度上可能有较大差异。化学问题解决策略的四种水平由低到高为：盲目搜索策略→数学模型策略→情境推理策略→模型策略。不同学生在问题解决策略上还呈现灵活性的不同。当学生在问题解决过程中发现所使用的策略不适用于当下问题解决情境时，他们会调整策略的使用，保证问题解决的顺利进行。根据问题解决策略呈现的特点，结合化学问题解决的理论和实验研究，将高中生在化学问题解决过程中的策略水平进行了相应的描述（表3-5）。

表3-5 高中生化学问题解决策略水平描述

问题解决策略特征	内容	水平	赋值
多样性	学生在问题解决的过程中使用了多种策略	没有运用任何一种策略	0
		仅使用一种问题解决策略	1
		能使用两种问题解决策略	2
		能运用两种及以上问题解决策略	3
有效性	学生在问题解决的过程中，运用策略有无明确方向以及解决问题的思路清晰程度	学生在问题解决过程中，完全不能理解问题或问题理解错误，问题解决找不到方向，也没有问题解决的思路	0
		学生通过对问题的分析，发现了当前状态和目标的差距，明确了解决问题的方向，但思路仍然不清晰	1
		学生构建了一个问题情境，通过分析、推理，基本了解题意，有了问题解决的方向和思路，能类比之前相似的情境解决问题	2
		学生理解问题的结构和本质，构建问题模型，问题解决的方向明确，解题思路清晰	3

续表

问题解决策略特征	内容	水平	赋值
灵活性	学生在问题解决过程中能根据信息反馈、调节使用的策略,保证策略运用对问题解决适宜,使得问题解决能有序进行	学生在问题解决过程中,不能及时发现、反馈、调节所使用的策略,导致问题解决的过程出现偏差或错误,表现出策略使用灵活度偏低的特征	0
		学生在问题解决过程中,虽然能及时发现、反馈信息,但是调节使用的策略对问题解决本身并不合适,导致问题解决无效,表现出策略使用灵活度不高的特征	1
		学生在问题解决过程中可以根据反馈信息,及时发现所使用的策略不当,并调节使用最适宜的问题解决策略,保障问题解决有效进行,表现出策略使用灵活度高的特征	2

3.2.4 元认知的组成结构

基于弗拉维尔、布朗和汪玲、董奇、黄希庭等对元认知维度的划分,结合吴星等对高中生化学问题解决中元认知的认识,笔者认为三分理论是可行的,其以元认知知识、元认知体验和元认知监控为结构,知识性、意识性、计划性、监控性、反思与评价性为次级因素。高中生元认知的结构及其内容描述见表3-6。

表3-6 高中生元认知的结构及其内容描述

结构	维度	说明
元认知知识	知识性	解决化学问题过程中,所采用的化学知识和方法策略,以及如何使用策略的知识。元认知知识包括陈述性知识(关于事实、符号意义、概念和原则的知识)、程序性知识(所要遵循的一系列标准步骤以及如何运用不同学习程序的知识)和条件性知识(关于何时何地以及为何使用学习程序的知识)
元认知体验	意识性	解决化学问题过程中,认知主体在元认知活动中的认知体验(对问题难度、问题的熟悉程度和遇到障碍和困难时的体验)和情感体验(预感成功或失败的心理体验,喜悦、自信、自我效能感或焦虑、困惑)
元认知监控	计划性	解决化学问题之前,认知个体通过理解问题,明确目标,构想可行的方法,选择策略,确定解决问题的思路,对问题解决的整个过程做出规划,并能对结果进行预估
	监控性	解决化学问题过程中,个体对解题过程的策略、效果进行评估并能根据监测信息及时进行调整和补救
	反思与评价性	解决化学问题之后,学生对解题过程的策略和结果进行回忆、评价与总结

3.2.5 高中生化学问题解决认知模型的理论结构

结合以上对高中生化学问题解决问题图式、问题表征、问题解决策略及元认知结构、内涵、形式及水平测量的分析讨论,笔者建构了高中生化学问题解决的认知模型(图3-2)。

图 3-2 包括一个理论模型和四个测量模型，理论模型由四个潜在变量构成，即问题图式、问题表征、问题解决策略和元认知。测量模型包括：①潜在变量"问题图式"，由图式广度、图式丰富度、图式整合度、图式正确度、图式信息检索度和图式操作灵活度 6 个观测变量解释；②潜在变量"问题表征"，由表征正确度、表征广度、表征深度和表征灵活度 4 个观测变量解释；③潜在变量"问题解决策略"，由策略多样性、策略有效性和策略灵活性 3 个观测变量解释；④潜在变量"元认知"，由知识性、意识性、计划性、监控性及反思与评价性 5 个观测变量解释。

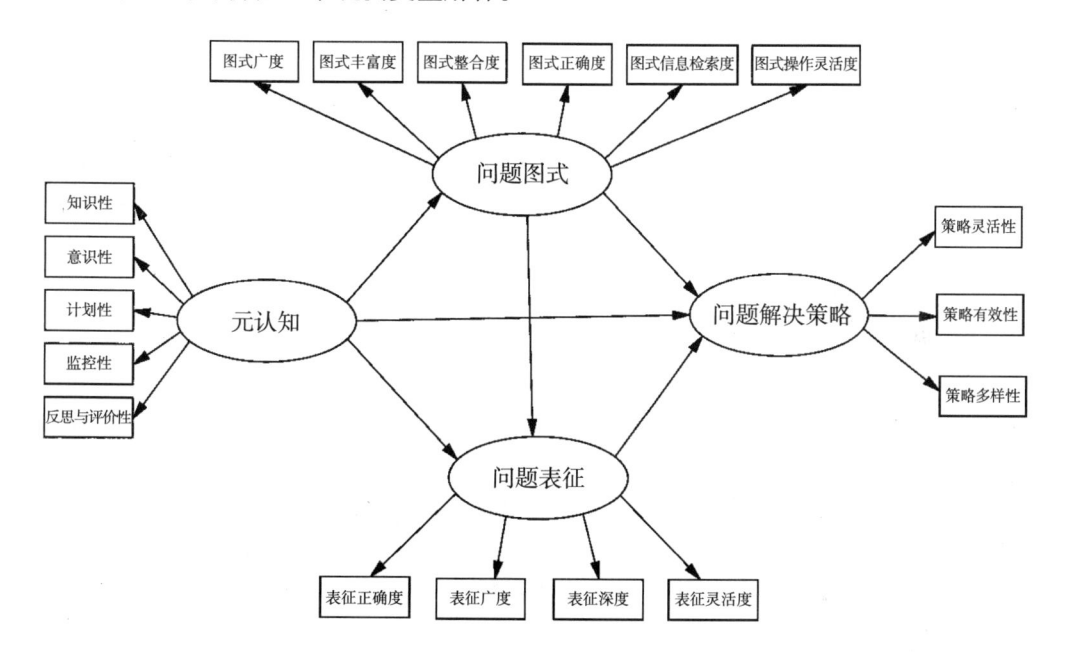

图 3-2 高中生化学问题解决的认知模型

第4章　模型验证与拟合：高中生化学问题解决实证研究

4.1　研究目的

本章主要目的是验证高中生化学问题解决认知模型的理论构想，分析高中生化学问题解决各认知变量的作用特点。

4.2　研究方法

本章主要应用了 Flow-Map、口语报告法、问卷调查法和验证性因素分析方法。对高中生化学问题解决图式水平的测量可以使用 Anderson 和 Demetrius（1993）开发的 Flow-Map。在研究的主题内容上，对学生一对一进行访谈以定性和定量地了解学生的化学问题图式水平。由于学生化学问题解决过程是一种内隐的思维过程，纸笔测试无法测量学生对化学问题的表征过程和表征的内容，也无法了解学生使用的化学问题解决策略，因此这两个认知变量的测量使用的是学生在解决化学问题过程中的口语报告分析。学生在化学问题解决中把思维的过程大声地说出来，通过录音，然后转录成文本后，在问题表征和问题解决策略的编码表上定性和定量地反映出来。为找到所有变量之间的关系，使用结构方程模型法对各认知变量的关系进行整体分析，检验所构想的认知理论模型的科学性。

4.3　研究主题和样本

4.3.1　研究主题

将人教版化学选修四《化学反应原理》第一章"化学反应与能量"中原电池主题作为研究内容。选择高中化学原电池作为实证研究的主题主要原因是该主题涉及的内容具有学科前沿性、知识复杂性和问题综合性的特征。第一，原电池主题既是整个高中化学教材体系的核心概念，也是高中化学教材中的难点内容。之所以选择原电池主题作为实证研究的主题，是因为该主题内容的学习基础不仅包括了较多的化学概念、理论与原理性知识（如氧化还原反应、金属的性质、电解质、离子反应、电能与热能等高中化学核心概念），还包括了较多的程序性知识和策略性知识（如金属、非金属、阴阳离子的得失电子的能力等）。这些化学概念、原理、定律和程序性知识纵横交错在一起使得该主题具有知识复杂性和问题综合性的特征，对于学生而言，这个主题的内容有一定的困难，并且原电池主题内容也是后续学习电化学中电解原理、金属的腐蚀与防护等的基础。第二，原电池主题内容与现代科学前沿、化学化工、航天科技，以及学生的日常生活息息相关，容易创设比较前沿，陌生而又新颖的化学问题，让学生觉得这部分化学问题比较陌生，这样的问题才是符合问题解决研究中关于"问题"的要求。原电池主题涉及的主要的概念见表4-1。

表 4-1 高中化学"原电池"主题涉及的主要概念

原电池	主要概念
原电池的构成条件	电解质溶液（如强电解质、弱电解质，阴离子、阳离子）、活泼性不同的两电极（如正极、负极，电子流向、电流方向）、闭合回路、隔膜（如阳离子交换膜）、自发的氧化还原反应（如氧化反应、还原反应，氧化剂、还原剂）
原电池的分类	一次电池（如锌锰电池、碱性锌锰电池）、二次电池（镉镍电池、铅蓄电池、锂离子电池）、燃料电池（酸性燃料电池、碱性燃料电池、熔融态传导CO_3^{2-}燃料电池、熔融态传导O^{2-}燃料电池）

4.3.2 样本来源

本次测试样本均来自四川省××学校高二年级学生。该校属于四川省二级示范学校，学生的学习成绩在四川省属于中等偏上水平。为了保证样本具有代表性，被试样本按照分层抽样和随机抽样的方式获取：将高二年级全体学生1326人在上一年度期末考试取得的化学成绩作为整体排名，按照优等生（总样本的27%）、中等生（总样本的46%）、学困生（总样本的27%）分成三个不同层次的群体，再从这三个群体中随机抽取学生样本作为本次测试被试的总体样本。通过上述方式获取样本，一方面，在构想的总体样本规模不变的情况下，降低抽样误差，提高抽样精度，保证样本具有代表性；另一方面，便于研究者了解总体内不同层次的情况，以及对总体中的不同层次进行单独研究或比较研究。

4.3.3 样本人数

由于协方差分析与相关分析类似，若是样本数量少，则估计的结果会欠缺稳定性，因此SEM分析适用于大样本的统计分析。Rling（2005）认为，一般而言，SEM模型分析的样本数至少应在150以上，若是样本小于150，模型估计是不稳定的。除非变量间方差矩阵系数非常理想，若要追求稳定的SEM分析结果，受试样本最好在200以上。虽然SEM分析以大样本较佳，但较新的统计检验方法允许SEM模型估计可少于60个观察值（Tabachnick，2007）。在SEM分析中，到底多少样本最为合适？对于这一问题，学者们采用相关统计的首要原则，亦即每个观察变量至少要10个样本，若研究变量符合正态或椭圆分布情况，则每个观察变量 5 个样本就足够了，如果是其他分布，则每个变量最好有 10 个样本以上（黄芳铭，2004）。总的来说，单纯的 SEM 分析，其样本数大小标准至少在 100 以上，200 以上更佳，如果从模型观察变量数来分析的样本人数，则样本数与观察变量数的比例至少在（10~15）∶1。根据以上对 SEM 样本数选择原则，结合建构的高中生化学问题解决认知模型的观察指标，笔者选择了 200 个样本作为本次测试的样本总数。200 个样本由三个不同层次群体样本的学生随机抽取组成，其中学优生 54 人，中等生 92 人，学困生 54。

4.4　研究过程

高中生化学问题解决总体研究安排分为三个阶段：第一阶段，采用一对一（一个主试对一个学生）访谈的形式，通过对录音的文本转录和整理，利用流程图法定性、定量地分析学生原电池主题的图式水平；第二阶段，采用一对一口语报告的形式，利用录音笔记录学生解决三个化学问题过程中问题表征（形式、水平），以及问题解决策略的选择和使用，并转录成文本形式，通过对学生口语报告的内容分析，利用预先设计的编码表，定性、定量地分析学生解决化学问题的问题表征水平和问题解决策略水平；第三个阶段，采用集体测试的形式，发放高中生化学问题解决元认知水平量表，学生如实记录在高中化学学习，以及在解决化学问题整个过程的真实想法和行为。由于学生之前没有经过这样的测试形式，加之不同学生语言表达、心理素质和行为习惯的差异，因此三个阶段均需要对学生进行培训和心理疏导。此外，考虑到语言表达的习惯和课题中流程图法需要关注学生反应时间的因素，本次研究没有对学生的语言做特别要求，在不影响思维的情况下，可以选用地方语言进行表述。

4.5　测试工具的开发

4.5.1　高中生问题图式水平访谈设计

根据研究方法部分所述的流程图法（Flow-Map）的操作流程（详见研究方法的流程图法部分），然后绘制出学习者的认知结构流程图（图 4-1），并在此基础上开展认知结构的量化和质性评价。量化分析主要指学生的认知结构变量；质性分析是从问题图式的数量（广度）、问题图式的质量（丰富度、整合度、正确度、信息检索时间和图式操作灵活度综合评定学生的问题图式水平。其中图式操作灵活度的评价是通过学生访谈，基于学生对某一化学主题问题的反应，分析其思维过程并进行评价。

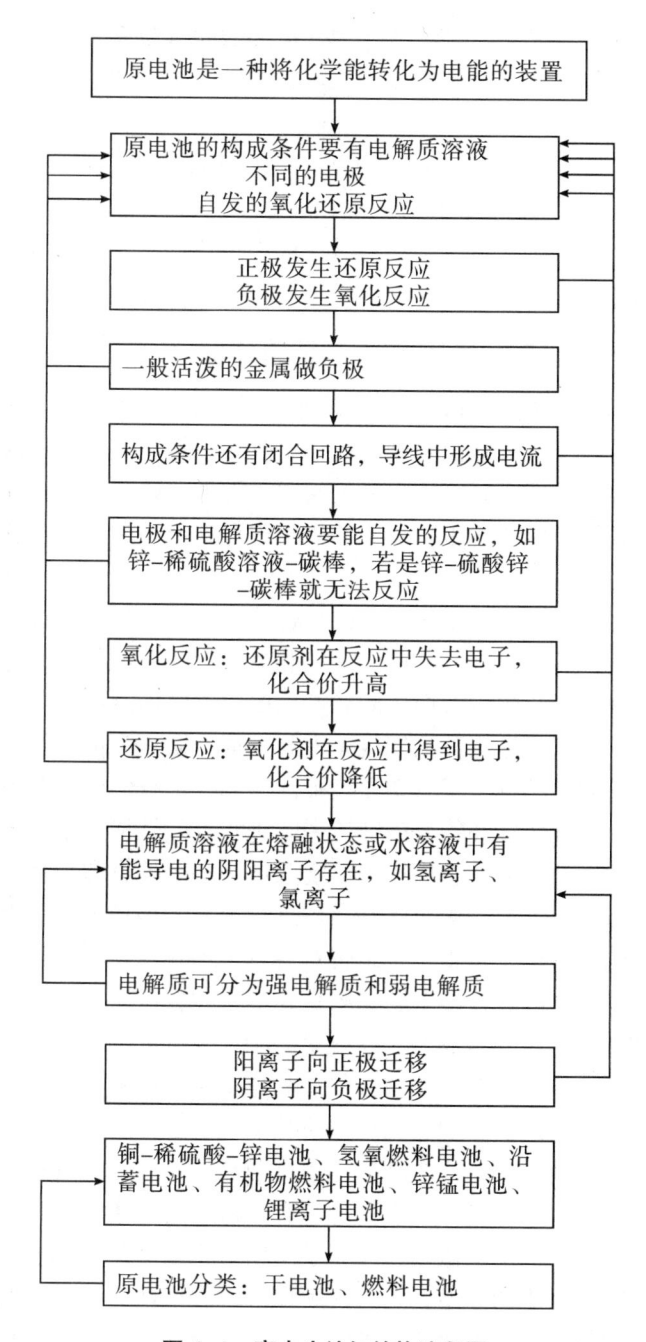

```
┌─────────────────────────────────────┐
│ 原电池是一种将化学能转化为电能的装置 │
└─────────────────────────────────────┘
                  ↓
┌─────────────────────────────────────┐
│ 原电池的构成条件要有电解质溶液       │
│         不同的电极                   │
│       自发的氧化还原反应             │
└─────────────────────────────────────┘
                  ↓
┌─────────────────────────────────────┐
│      正极发生还原反应                │
│      负极发生氧化反应                │
└─────────────────────────────────────┘
                  ↓
┌─────────────────────────────────────┐
│    一般活泼的金属做负极              │
└─────────────────────────────────────┘
                  ↓
┌─────────────────────────────────────┐
│  构成条件还有闭合回路，导线中形成电流│
└─────────────────────────────────────┘
                  ↓
┌─────────────────────────────────────┐
│ 电极和电解质溶液要能自发的反应，如   │
│ 锌-稀硫酸溶液-碳棒，若是锌-硫酸锌    │
│ -碳棒就无法反应                      │
└─────────────────────────────────────┘
                  ↓
┌─────────────────────────────────────┐
│ 氧化反应：还原剂在反应中失去电子，   │
│           化合价升高                 │
└─────────────────────────────────────┘
                  ↓
┌─────────────────────────────────────┐
│ 还原反应：氧化剂在反应中得到电子，   │
│           化合价降低                 │
└─────────────────────────────────────┘
                  ↓
┌─────────────────────────────────────┐
│ 电解质溶液在熔融状态或水溶液中有     │
│ 能导电的阴阳离子存在，如氢离子、     │
│           氯离子                     │
└─────────────────────────────────────┘
                  ↓
┌─────────────────────────────────────┐
│    电解质可分为强电解质和弱电解质    │
└─────────────────────────────────────┘
                  ↓
┌─────────────────────────────────────┐
│      阳离子向正极迁移                │
│      阴离子向负极迁移                │
└─────────────────────────────────────┘
                  ↓
┌─────────────────────────────────────┐
│ 铜-稀硫酸-锌电池、氢氧燃料电池、沿   │
│ 蓄电池、有机物燃料电池、锌锰电池、   │
│ 锂离子电池                           │
└─────────────────────────────────────┘
                  ↓
┌─────────────────────────────────────┐
│   原电池分类：干电池、燃料电池       │
└─────────────────────────────────────┘
```

图 4-1 高中生认知结构流程图

表 4-2 中的量化结果表明：以编号 S1 的学生为例，在一对一访谈中，扣除主试提问、引导等时间后的 322 秒内，学生回答了 13 个与原电池主题相关的知识点，其中正确的知识点为 12 个（13×0.92），访谈过程中有 10 个知识点之间建立了联系，整合度为 0.43。

表 4-2　学生 S1 认知结构变量及量化结果

变量	说明	量化结果
广度（节点）	流程图中知识点数	13
丰富度	回归箭头或返回箭头总数	10
整合度	回归箭头总数 / (回归箭头总数 + 知识点总数)	0.43
正确度	正确概念数 / 知识点总数	0.92
信息检索度	知识总数 / 时间（学生回忆的总时间）	13/322=0.040

4.5.2　高中生化学问题表征水平测试工具的开发

为了保障测试试题的信度和效度。本课题测试试题选择了近两年高考化学真题和模拟题，在充分了解了学生的知识基础上进行了改编，整个试题改编过程包括根据问题表征水平基础上的试题预选、改编（主要是问题预设）、试测和正式施测，其间均与两名长期从事基础教育质量监测的正高级化学教师进行充分的讨论。两名化学教师不仅有长期高中从教的经验，还有多次中考试题命题的经历，为本次的测试试题的信度和效度提供了最基本的保障。在测试试题选择和改编过程中，为了保障所选择的测试试题能有效考查高中生问题表征的正确度、广度、深度和灵活度，在试题改编过程中做了很多预设。如保障试题考查表征正确度方面，问题情境中给定的信息中包含多余信息和干扰信息。为了有效获得学生对问题表征的广度（宏观表征、微观表征和符号表征，以及三者之间的有效转换），测试题选择了有图表表征的试题，考查学生对图中信息的解读。只有通过对宏观表征、微观表征和符号表征三者间进行有效转换，学生才能理解问题。在问题表征的深度方面，试题的问题情境中给定条件有多余信息和干扰信息，设置了问题解决的障碍和关键信息，需要学生对已知条件进行分析、推理才能获得解决。最后，在考查学生问题表征的灵活度（考查学生是否具有解决问题的经验知识）方面。在正式施测的问题前，预设了两个问题：第 1 题是来自高中化学教材内容的简单改编，将教材中"Cu-Zn 原电池"更换了一个电极材料，变成了"Zn-C 原电池"，属于学生熟悉的问题类型。要求让学生写出原电池的电极反应方程式和总反应方程式，这个试题考查学生是否具备原电池的模板，即较低水平的表征——模板水平的表征。为了保证主试判断的正确性，在口语报告后，追问学生"这个题目你是否曾经遇到过，或者教师讲解过"。如果学生回答"是"，继续追问"与你曾经做过或教师讲解的哪个试题比较类似"。第 2 题是一个关于"甲烷燃料电池"的试题，属于学生中等熟悉（半熟悉水平）的问题类型，考查学生是否具有问题解决的原型，是否能解决"燃料电池"一类问题，能不能将之前学习的燃料电池原型与当前的甲烷燃料电池的信息进行匹配。在口语报告过程中，进一步让学生回忆类似题目教师是否讲解过或自己是否做过。第 3 题是正式施测的试题，考查的内容是"可充电锂-空气电池"。第 3 题是属于学生陌生的问题类型。需要学生识别问题情境信息的基础上，通过长时记忆中的经验知识与问题情境中的信息进行特征比较，如果根据问题信息中的特征不能与经验知识中的信息进行匹配，说明学生没有类似的问题解决经验，不具备或没有掌握解决此类问题的经验；反之，则说明学生就具备了此类问题解决的经验知识。为了验证主试是否判断正确，在口语报告中，让学生回忆教师是否讲解过或自己是否做过类似的问题进一步作为判断依据。通过学生的口语报告进行分析，并填入学生化学问题表征水平编码表。

4.5.3 高中生化学问题解决策略水平测试工具的开发

为了验证高中生问题解决认知模型中各变量间的因果关系，问题解决策略水平测试题目与问题表征水平测试题目是相同的——一种可充电锂-空气电池。为了有效鉴定高中生在问题解决中使用策略的水平，包括策略的多样性、有效性和灵活性，测试试题开发过程中预设了多种问题解决策略，主要包括手段—目标分析策略（如写出原电池总反应方程式）、逆向推理策略（如通过离子移动判断电极）、整体策略（如总反应方程式书写时将 Li_2O_x 看成一个整体，不考虑 x 的取值）、综合分析策略、情境推理策略（如通过问题情境中给定的信息进行推理，找出解决问题的隐含信息、关键信息，步步推进从而解决问题）、模型策略或原理统率策略（如问题解决过程中会使用原电池工作原理，原电池模型）、双向推理策略（如判断原电池电极和书写电池总反应方程式）、信息转换策略（如问题情境中呈现的图表上标注的信息需要转换为可以进行进一步推理的信息）。最后，通过对学生问题解决过程中的口语报告转录文本进行分析，并填入学生化学问题解决策略水平编码表。

4.5.4 高中生元认知水平量表的编制

4.5.4.1 维度内容及其题目分布

笔者编制化学问题解决过程中高中生元认知水平量表时，参考了MAI、吴星等关于测量学生元认知能力的方法和量表，并结合了学生在化学问题解决过程中的理论构想，共编制了65道题，其中包括了10对矛盾题（加有括号的题目）、8道反向题、8道完美题和1对测谎题（19题和40题）。在编制过程中，力求题目陈述能够反应中学生在化学问题解决中的元认知（具体的想法及做法）。同时，在题目表述上符合高中生的语言表达，尽量做到清楚、准确、易于理解。各个维度内容及其题目分布见表4-3。

表4-3 化学问题解决过程中高中生元认知水平量表维度内容及其对应题目编号

维度	题号
陈述性知识（6）	46、3、40、19、50、59
程序性知识（6）	24（18）、63、33、28、20
条件性知识（6）	14、62（17）、13、23、47
认知体验（6）	57（1）、45（37）、7、2
情感体验（7）	29、38、30、34（11）、35（65）
计划性（6）	39（41）、55、6、51、9
监控性（6）	64（15）、36、12、54（61）
反思与评价性（6）	5（52）、10、31、32、44
完美题（8）	22、25、43、42、27、60、16、48
反向题（8）	49、4、21、26、58、8、56、53

4.5.4.2 计分方式

采用 Likert 五点量表计分法：赋予正向题 5、4、3、2、1 的分值、反向题 1、2、3、4、5 的分值，元认知水平量表中的完美题和测谎题不计分。每个题目有 5 个选项，具体内容如下：

A.总是这样（10 次中有 9~10 次）；B.经常这样（10 次中有 6~8 次）；C.有时这样（10 次中有 3~5 次）；D.很少这样（10 次中有 1~2 次）；E.从不这样（10 次中有 0 次）。

元认知水平量表中的矛盾体、反向题、测谎题和完美题的计分方法：量表中的矛盾题和测谎题（加括号的题目）成对出现，在内容上互相排斥，计分时一对矛盾题中仅有一个有效，若有两对及以上的矛盾题相互矛盾或者有两对及以上的完美题全选 A，则该问卷作废。反向题把分值反过来作为最终的计分方式（原始分→新分，如 1→5），出现测谎题（划线的题目）选择相同时，该问卷视为无效。

4.5.4.3 问卷认可度

将元认知划分成陈述性知识、程序性知识、条件性知识、认知体验、情感体验、计划性、监控性以及反思与评价性 8 个维度，并分别用 A、B、C、D、E、F、G、H 来代表这 8 个维度，各个维度下的题目分别以"字母+数字"的形式进行编号，如 A1、A2、B1、B2、C1、C2 等。量表题目初步拟定后，为了检验题目的可操作性和所要测量的内容是否能说明各个维度的定义，参照赞成度得出了认可度的计算公式：

$$认可度 = \frac{认可人数}{调查总人数} \times 100\%$$

若认可度大于等于 70%，题目保留；相反，若认可度低于 70%，则视为该项目与维度定义符合程度不大或是操作性不强，需要修改或直接删除。将题目编制成"高中生化学问题解决元认知量表认可度调查表"，向××市五所高中里 30 名化学教师发放"高中生化学问题解决元认知量表认可度调查表"，回收问卷 30 份，有效问卷 30 份。通过统计分析，除了 B2、C4、E5、F3 四个题目的认可度低于 70% 外，其余题目都超过了 70%，说明问卷中题目与维度定义中的内容吻合度较好，问卷语义表述的清晰度也比较好，形成了 61 个题目的"高中生化学问题解决元认知量表（初测版本）"。

4.5.4.4 高中生元认知量表信度、效度分析

将"高中生化学问题解决元认知量表（初测版本）"向四川省××学校高二年级以随机方式发放 200 份量表，回收 199 份量表，回收有效率为 99.5%。因此，问卷调查获得的数据是能作为研究结论的依据来进行信度、效度检验。

1. 信度分析

本书使用 SPSS 22.0 统计软件对"高中生化学问题解决元认知量表"的五个维度和总量表进行信度检验。吴明隆认为，各个维度的最好要在 0.60 以上，总量表的要在 0.70 以上，最好能高于 0.80。"高中生化学问题解决过程中元认知量表"的信度分析结果见表 3-4。由表 3-4 可知，在化学问题解决过程中，高中生元认知各维度的系数均大于 0.60，

总量表的系数为 0.876，元认知量表的维度和总量表的信度系数 α 基本达到了心理测量学的要求，故可以作为测量工具使用。

表 4-4　元认知问卷各维度及总量表的同质性信度系数

维度名称	知识性	意识性	计划性	监控性	反思与评价性	总量表
信度系数	0.850	0.665	0.620	0.604	0.679	0.876

2. 效度分析

郑日昌认为，效度是指一个测验或量表实际能测出其所要测的心理特质的程度，效度是比信度更重要也更难解决的问题。根据美国心理学会的分类方式，量表效度的考评方式包括内容效度、效标交联效度和结构效度。本书主要研究自制量表的内容效度和结构效度。其具体内容如下：

（1）内容效度分析。

一般地，为了保障所测项目对研究内容的适配度，通常会使用专家评定法来确保自制量表的内容效度。因此，关于化学问题解决中的元认知概念及维度划分是以国内外研究者的研究成果为理论基础提出来的（包括 MAI 和吴星等的研究），题目的初步编制基于大量的实证研究问卷，保留了"初中生化学问题解决元认知量表"和 MAI 量表的部分题目。在此基础上，将初编量表交于 2 名心理学专业高级教师、2 名高中化学高级教师和 3 名大学教师，让其对量表题目涉及的元认知范围进行评审，并在初测时发放给高二学生，在语言和排版等多方面征求意见和建议，以此为参考对题目进行修正，再三反复，直到达成一致。

（2）结构效度分析。

郑日昌等认为，结构效度是指用心理学上的某种特质（抽象的、假设的概念或变量）来解释所测分数的恰当程度，评估结构效度有多种方法，包括内部一致性法、多元特质多重法、探索因素法、验证性因素法和结构方程建模法等。因此，为了分析多个变量间的关系，笔者利用结构方程模型（Structural Equation Model，SEM）对所建构的假设模型进行验证性因素分析。在因素分析之前，常用 KMO 和 Bartlett 检验数据的确切性，KMO 值越大，Bartlett 检验 $P<0.05$，说明因素分析效果越好。一般地，若 KMO 值大于 0.8，则说明该数据适合进行因素分析；若 KMO 值介于 0.6~0.8，则该数据勉强可以进行因素分析；若 KMO 值小于 0.6，则该数据不适合做因素分析。结合因素分析的原理和软件 SPSS 22.0，对量表 61 个题目数据进行整体层面的因素分析，首先计算 KMO 并判断该量表是否适合进行因素分析。结果显示 KMO 值为 0.807，Bartlett 球形度检验值为 3216.073，P 值小于 0.01，说明该量表适合进行因素分析。

本书采用主成分分析法，按照吴明隆提出的因素个数筛选原则，对采取 Kaiser 方法获得的特征值大于 1 的因素进行最大方差旋转，共抽取出 8 个主要因素。为探索与建构具有良好结构效度的问卷，需要进行多次的因素分析，以确定出较佳的问卷结构。在逐项删题的过程中，对题目进行保留或提出按照吴明隆提出的标准综合考虑：题目在某一因素上的负荷量超过 0.4 予以保留；题目不存在交叉负荷，即要求题目不能同时在两个因素上的负荷超过 0.4，若某题目同时在两个或两个以上的因素上的负荷大于 0.4，但两因素负荷量之间的差值大于0.1，则该题目可以考虑予以保留；题目的共同度不得低于0.3；因素必须包含一定数量的题目（大于或等于3个）；题目的保留或剔除必须同时与理论解释相结合。按照以上标准，采用不限定抽取因素个数的逐项删除法，共删除13道题目（题号10、21、23、26、28、30、32、36、38、50、56、60、63），题号重新命名归属因子有9道题目。经过逐题删题后，共剩余48道题目，形成最终的"高中生化学问题解决元认知量表（正式施测版本）"。

为了检验元认知量表的结构效度如何，笔者利用AMOS 23.0绘制出了高中生化学问题解决过程中元认知结构模型的路径图，元认知量表的结构效度如图4-2所示。

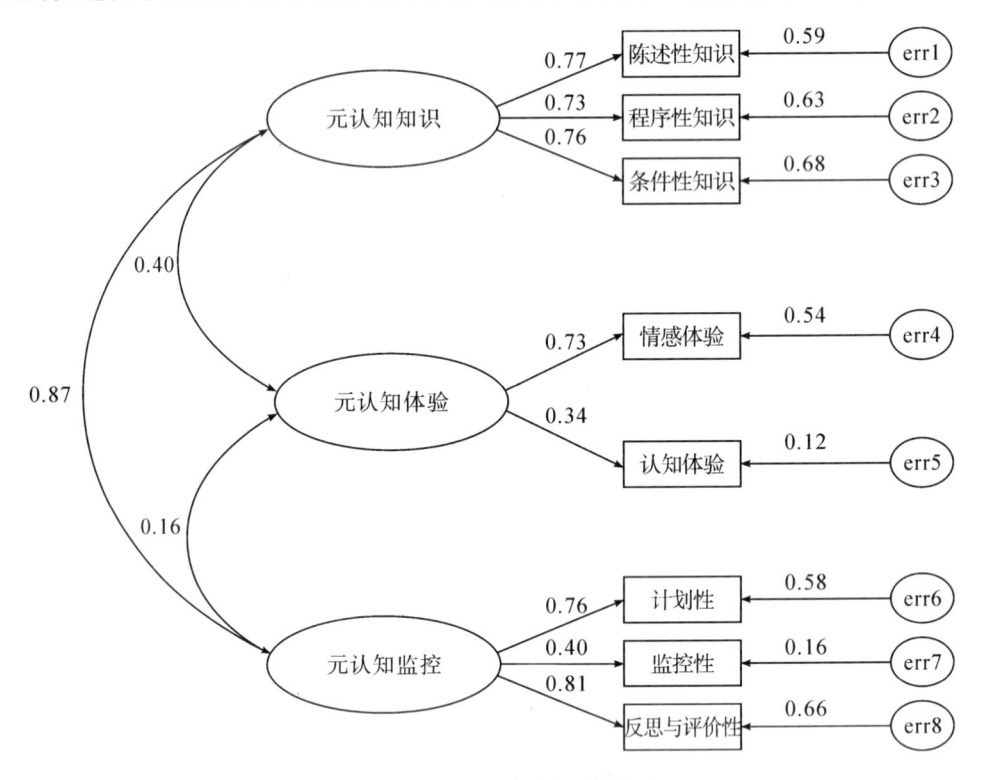

图 4-2 元认知结构模型路径图

验证性因素分析各变量系数情况见表4-5。

表 4-5 元认知验证性因素分析结果摘要

变量	χ^2	df	χ^2/df	RMSEA	GFI	NFI	RFI	IFI	TLI	CFI
数值	34.678	17	2.040	0.075	0.956	0.925	0.977	0.960	0.933	0.959

由表4-5可知：整体模型适配度的卡方值为34.678，自由度为17，显著性概率值$P>0.05$，即接受虚无假设，表示假设模型与观察数据可以契合；NC=χ^2/df=2.040，介于1~3，表示模型的适配度良好；作为最重要的适配指标，在本模型中RMSEA=0.075，介于0.05~0.08，表示模型的适配度尚可。而且GFI、NFI、RFI、IFI、TLI、CFI数值均接近1，表示模型的适配度良好。综合上述标准和分析结果表明元认知假设模型的适配度良好，表明问卷编制的结构效度较好。

4.6 数据分析与讨论

4.6.1 认知模型适配度分析

4.6.1.1 描述性统计分析

1. 样本基本信息的描述性统计

测试样本的基本特征见表 4-6。从表 4-6 中可以看出，测试样本中男生占 57.5%，女生占 42.5%。

表 4-6　测试样本的基本特征

变量	分类	数量（N）	百分率（%）
性别	男	115	57.5
	女	85	42.5
合计	—	200	100

2. 测试项目描述性统计

结构方程模型分析的基本假定是：样本数据要符合多变量正态性假定，数据必须呈正态分布。进行深入分析之前，必须对问卷主要变量测量题目的均值、标准差、峰度、偏度等描述性统计量进行分析，检验测量数据的正态性。运用 SPSS 22.0 统计软件进行描述性分析（表 4-7），一般认为，偏度绝对值小于 3，峰度绝对值小于 10，表明数据基本呈正态分布。从表 4-7 中可以看出，各测量题目的偏度、峰度绝对值介于 0~3，说明测量数据基本呈正态分布，可以进行下一步分析。

表 4-7　认知模型测量变量描述性统计

变量	数量	极大值	极小值	平均值	标准差	方差	偏度	标准误差
成绩	200	99	26	72.82	15.713	246.902	−0.828	0.172
图式广度	200	26	2	11.10	3.425	11.729	0.624	0.172
图式丰富度	200	26	0	8.26	3.361	11.299	0.813	0.172
图式整合度	200	0.55	0.00	0.42	0.067	0.005	−1.775	0.172
图式正确度	200	1.00	0.45	0.89	0.12	0.014	−1.498	0.172
图式信息检索度	200	0.059	0.012	0.042	0.0073	0.000	−0.828	0.172
图式操作灵活度	200	4	0	2.00	1.022	1.045	0.086	0.172
表征正确度	200	4	1	3.03	0.331	0.110	−1.114	0.023
表征广度	200	3	0	2.40	0.575	0.331	−0.462	0.041
表征深度	200	5	0	2.59	0.958	0.917	0.743	0.068
表征灵活度	200	3	0	1.27	0.753	0.568	0.374	0.053
策略多样性	200	5	1	2.13	1.024	1.073	0.445	0.072
策略有效性	200	3	0	1.21	0.913	0.791	0.361	0.065
策略灵活性	200	2	0	0.93	0.777	0.604	0.113	0.055
知识性	185	5	2	3.45	0.792	0.179	0.193	0.179
意识性	185	5	3	3.61	0.833	0.163	−0.149	0.179

续表

变量	数量	极大值	极小值	平均值	标准差	方差	偏度	标准误差
计划性	185	5	2	3.17	0.972	0.361	−0.122	0.179
监控性	185	5	2	3.32	0.778	0.204	−0.096	0.179
反思与评价性	185	5	1	2.93	0.663	0.440	0.115	0.179

4.6.1.2 模型验证性因素分析

验证性因素分析（Confirmatory Factor Analysis, CFA）是 SEM 分析非常重要的一部分，主要作用是确认潜在变量是否能被几个测量题目代表。Thomopson（2004）提出，SEM 研究人员在进行 SEM 分析之前，应该先对测量模型分析，因为测量模型可以正确地反映出所研究的构面或因素与观察变数之间的关系。Kenny（2006）提出社会科学及行为科学对 CFA 的重视远胜于 SEM，因为 CFA 不仅可提供关于模型设定、评估的信息，还能对结果的信心水平提供足够的信息。CFA 测量模型变量缩减（model-trimming）根据 Kline（2005）的二阶段模型修正(two-step modeling)，在执行结构模型分析前先检验测量模型。如果发现测量模型配适度是可接受的，那么再进行完整的 SEM 模型评估；如果发现模式配适不佳，那么就要依据实务经验及数学模式加以修正。

一个测量模型被称为具收敛效度需满足下列几个条件：①因素负荷量（Factor Loadings, Fl）是评估每个负荷量是否具有统计显著性，需大于 0.7；②组成信度（Composite Reliability，CR）表示构面题目的内部一致性，信度越高显示这些题目的一致性越高，需大于 0.7；③平均变异数萃取量（Average Variance Extracted，AVE）是计算潜在变量各个测量题目对该变量的变异解释能力，若 AVE 值越大，则表示题目有越高的信度与收敛效度，建议其标准值大于 0.5。

该模型共有 4 个变量，分别为问题图式、问题表征、问题解决策略及元认知。下面将探讨验证性因子分析结果得出的模型配适度、因素负荷量、收敛效度等。利用统计软件 AMOS 23.0 执行验证性因子分析后得到标准化估计值模型图（图 4-3）及模型适配度检验指标（表 4-8）。从验证性因子分析的模型适配度检验指标表可以看出，模型适配度主要参考指标：P 为 0.090，χ^2/df 为 1.304，小于标准值 3，且适配度指标（GFI）、调整后的适配度（AGFI）、平均近似误差均方根（RMSEA）、非基准配适指标（NNFI）、渐增式配适指标（IFI）、比较配适度指标（CFI）均达到 0.9 以上的标准，RMSEA 与 SRMR 为 0.029、0.040 达到了 0.08 以下的标准（<0.05，优良；<0.08，良好），由于大多数的拟合指标均符合一般 SEM 研究的标准，因此可以认为这个模型有良好的配适度。此外，各因素负荷量均大于 0.7，残差均为正且显著，从检验指标表可以看出，模型检验无违犯估计。问题图式、问题表征、问题解决策略和元认知 4 个变量的组成信度（CR）分别为 0.880、0.890、0.808 和 0.876 均在 0.8 以上，4 个变量的平均变异萃取量（AVE）也都在 0.5 以上，均达到收敛效度的标准，配适度也在可接受的范围。

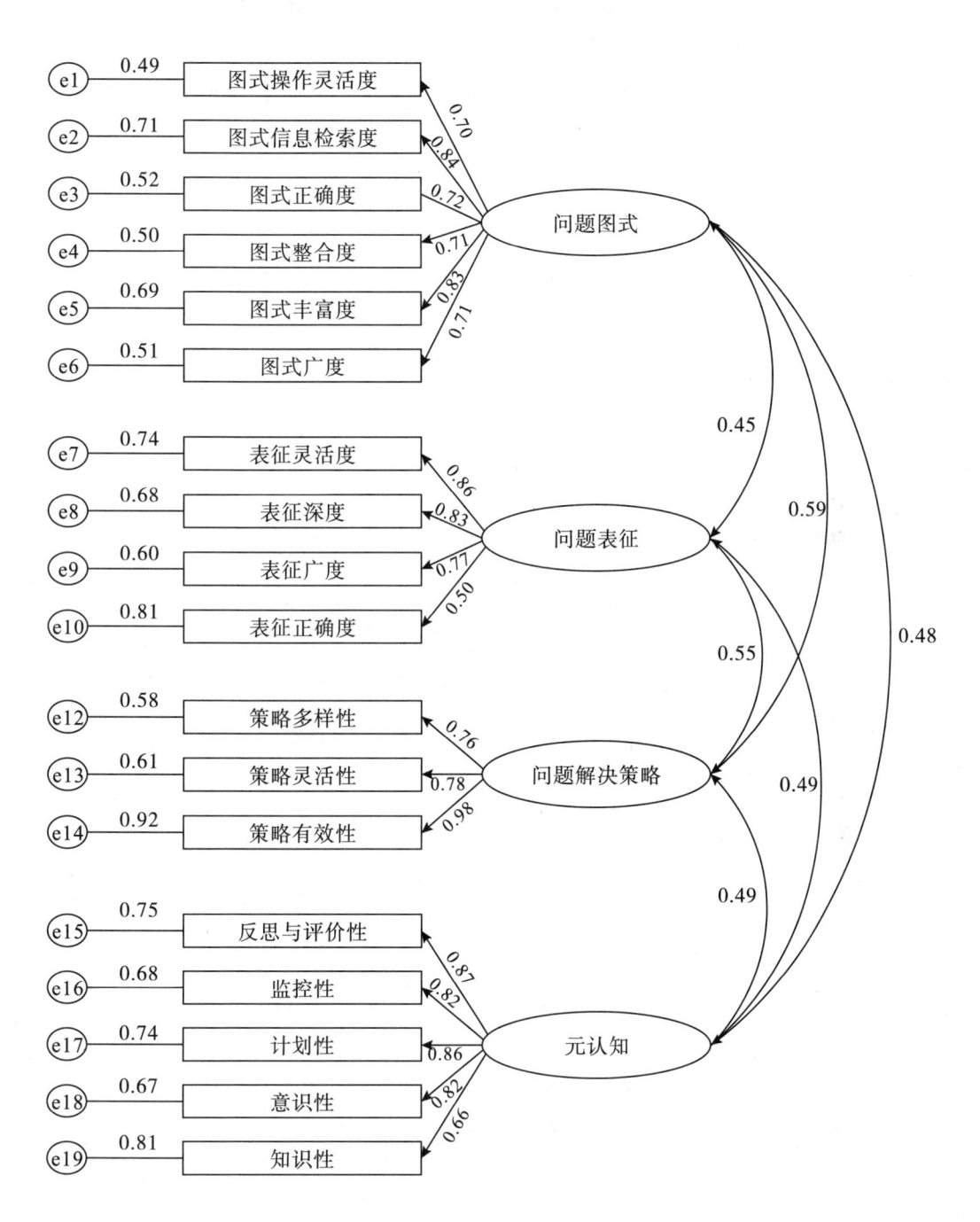

图 4-3 问题图式、问题表征、问题解决策略及元认知标准化估计值模型图

表 4-8 验证性因子分析的模型适配度检验指标

因素	维度	因素负荷量 非标准化因素负荷	因素负荷量 标准化因素负荷	S.E	C.R.（t-value）	CR	AVE
问题图式	图式广度	1.000	0.713			0.880	0.512
	图式丰富度	1.073	0.828	0.098	10.988		
	图式整合度	0.034	0.709	0.004	9.459		
	图式正确度	0.038	0.718	0.004	9.584		
	图式信息检查度	0.004	0.845	0.000	11.187		
	图式操作灵活度	0.312	0.703	0.033	9.379		
问题表征	表征正确度	1.000	0.902			0.890	0.673
	表征广度	0.850	0.773	0.062	13.766		
	表征深度	0.907	0.827	0.059	15.484		
	表征灵活度	0.950	0.858	0.057	16.575		
问题解决策略	策略有效性	1.000	0.960			0.808	0.516
	策略灵活性	0.539	0.779	0.039	13.956		
	策略多样性	0.283	0.759	0.021	13.374		
元认知	知识性	1.000	0.902			0.876	0.584
	意识性	0.828	0.818	0.053	15.739		
	计划性	0.935	0.860	0.054	17.460		
	监控性	0.917	0.822	0.058	15.903		
	反思与评价性	0.943	0.869	0.053	17.827		

χ^2=190.446 (P=0.090), df=146, χ^2/df=1.304, GFI=0.923, NFI=0.941, IFI=0.991, TLI=0.989, CFI=0.991, RMSEA=0.029, SRMR=0.040

4.6.1.3 相关性分析

本书采用相关关系分析来探索变量之间的关系。由表 4-9 可知，各个相关系数均显著相关且相关系数为 0.4~0.7，表明各个变量之间具有中度的相关。

表 4-9 认知模型变量间相关性分析

变量	问题图式	问题表征	问题解决策略	元认知
问题图式	1			
问题表征	0.453**	1		
问题解决策略	0.605**	0.572**	1	
元认知	0.477**	0.491**	0.522*	1

注：* 表示 $P<0.05$，** 表示 $P<0.01$。

4.6.1.4 模型参数评估与假设检验

1. 模型拟合度评估

应用 SEM 作为理论模型的验证时，不错的模型配适度（Byrne,2010）是 SEM 分析的必要条件，且模型所估算出来的期望共变异数矩阵与样本共变异数矩阵一致性的程度，配适度愈好即代表模型与样本愈接近。为达到这一目的，我们应考虑 SEM 所提供的重要相关统计指标。如模型修饰（MI）提供的 MI 值来修正获得最佳模型，对误差变量 e2～e4, e12～e13 两两变量而言，原先的初始模型假定两个变量间没有相关性，若是重新设定二者之间有共变关系，则至少可以减少卡方值，其估计参数改变值为正数。e2 为图式广度，e4 为图式信息检索度，这两个观察变量的误差变量可能有一定程度的共变关系。e12 为策略灵活性，e13 为策略多样性，这两个观察变量的误差变量也可能有一定程度的共变关系。因此，笔者在不改变理论建构的前提下为提高模型的拟合度，对模型做出修正，修正后模型用几个指标进行整体模型的配适度的评估，包含 χ^2 检验、χ^2/df 的比值、GFI、AGFI、RMSEA、NNFI、IFI 及 CFI，而且评价模型与数据拟合程度时要综合考虑各个指标，当绝大多数指标都满足要求时，则认为模型与数据拟合度较好。

表 4-10 模型修正前后拟合度

拟合度指标		评价标准	修正前		修正后	
			模型拟合度	基准	模型拟合度	基准
绝对拟合指数	卡方拟合指数（χ^2）	$P>0.05$	190.446	可接受	169.498	可接受
	自由度（df）		146	—	144	—
	显著度（P）		0.090	—	0.072	—
	χ^2/df	$1<\chi^2/df<3$	1.304	可接受	1.177	可接受
	适配度指数（GFI）	>0.9	0.911	可接受	0.921	可接受
	标准化残差均方根（SRMR）	<0.08	0.040	可接受	0.040	可接受
	近似误差均方根（RMSEA）	<0.08	0.039	可接受	0.030	可接受
相对拟合指数	规范拟合指数（NFI）	>0.9	0.930	可接受	0.938	可接受
	递增拟合指数（IFI）	>0.9	0.983	可接受	0.990	可接受
	Tucker-Lewis 系数（TLI）	>0.9	0.980	可接受	0.988	可接受
	比较拟合指数（CFI）	>0.9	0.983	可接受	0.990	可接受

由表 4-10 可知，修正后的 $\chi^2=169.498$，$P=0.072$，$P>0.05$，未达到显著水平，表示满足了模型的基准，其他 $\chi^2/df=1.177$，达到 $\chi^2/df<3$ 的标准，GFI、NFI、IFI、TLI、CFI 均达到大于 0.9 的标准，RMSEA 与 SRMR 为 0.030、0.040，均达到了小于 0.08 的标准，大多拟合指标均符合一般 SEM 研究的标准，并且优于修正前的模型，因此可以认为这个模型有不错的配适度。

2. 结构方程模型的建立

在 4.6.1.2 节的验证性因子分析中，设定的测量变量均通过了信度和效度检验，并且表 4-10 说明了结构模型具有良好的配适度，反映了本书所建构的高中生化学认知模型的指标体系具有良好的信度和效度，进而可以进行下一步的研究。结构方程模型分析的第一步就是要建立起相关模型的潜变量和指标的路径关系的结构图（由于问题图式、问题表征、问题解决策略均在因果关系里起因变量的功能，因此必须增列一个预测残差项）。

执行分析结果的非标准化系数模型和标准化系数模型如图4-4、图4-5所示。结构模型设置的6个路径关系里，其中6个路径均有显著的影响关系。

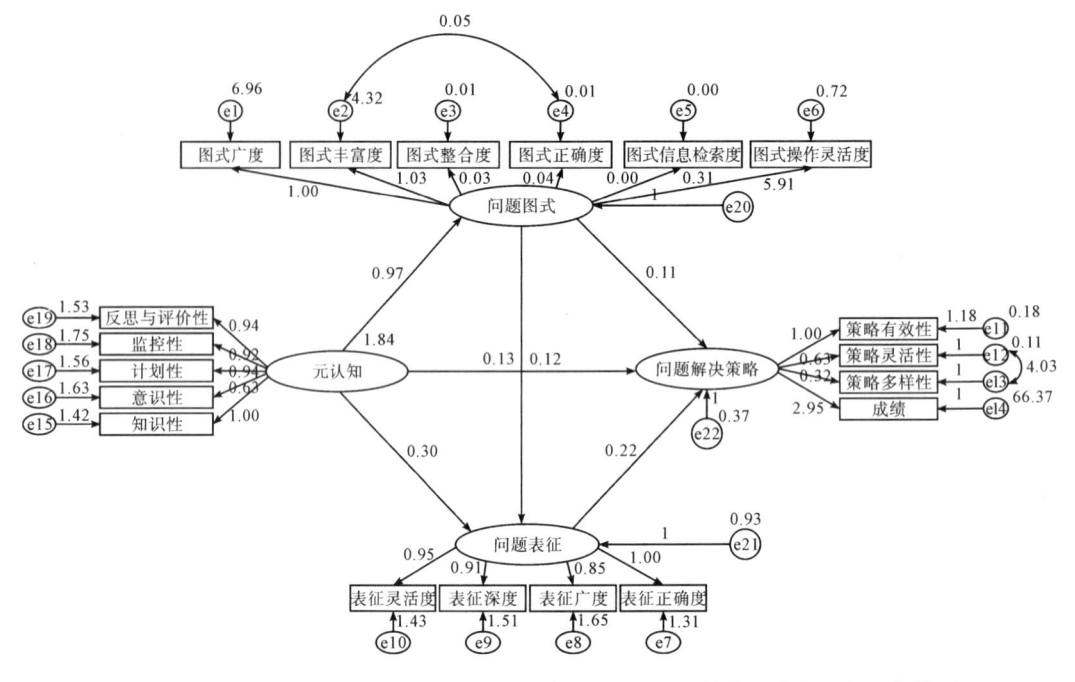

图4-4 问题图式、问题表征、问题解决策略及元认知结构方程非标准化系数模型

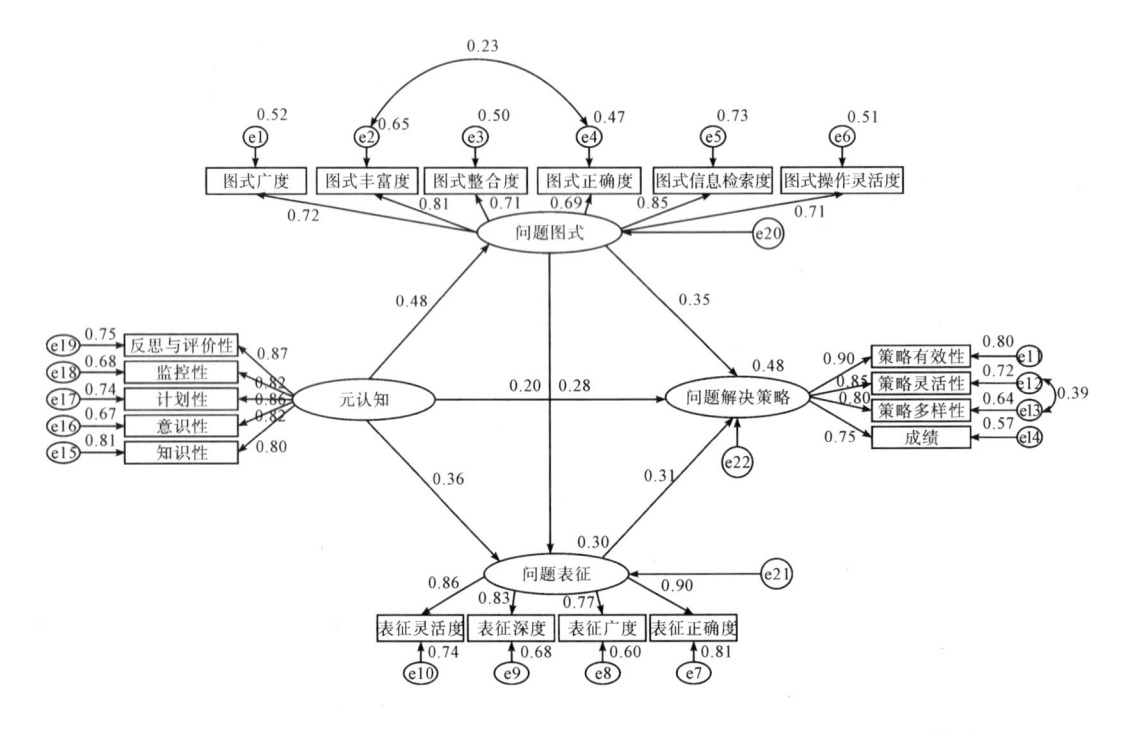

图4-5 问题图式、问题表征、问题解决策略及元认知结构方程标准化系数模型

3. 因果关系验证结果

由路径分析结果（表4-11）可知：第一，元认知对问题图式路径分析的标准化路径系数为 0.477（$P<0.05$），表明元认知对问题图式具有正向影响作用。第二，元认知对问题表征路径分析的标准化路径系数为 0.357（$P<0.05$），表明元认知对问题表征具有正向影响作用。第三，元认知对问题解决策略路径分析的标准化路径系数为 0.201（$P<0.05$），表明元认知对问题解决策略具有正向影响作用。第四，问题图式对问题表征的路径分析的标准化路径系数为 0.281（$P<0.05$），表明问题图式对问题表征具有正向的影响作用。第五，问题图式对问题解决策略的路径分析的标准化路径系数为 0.349（$P<0.05$），表明问题图式对问题解决策略具有正向影响作用。第六，问题表征对问题解决策略的路径分析的标准化路径系数为 0.306（$P<0.05$），表明问题表征对问题解决策略具有正向影响作用。

表 4-11　模型假说验证结果

路径	估值	S.E.	SD.估值	C.R. t 值	P	检验结果
元认知 → 问题图式	0.970	0.160	0.477	6.070	0.000***	显著
元认知 → 问题表征	0.304	0.067	0.357	4.556	0.000***	显著
元认知 → 问题解决策略	0.125	0.046	0.201	2.744	0.006**	显著
问题图式 → 问题表征	0.117	0.034	0.281	3.453	0.000***	显著
问题图式 → 问题解决策略	0.106	0.024	0.349	4.494	0.000***	显著
问题表征 → 问题解决策略	0.223	0.054	0.306	4.137	0.000***	显著

注：** 表示 $P<0.001$，*** 表示 $P<0.0001$。

4. 间接效果的验证结果

（1）研究模型间接效果的验证结果。

利用 bootstraping 来检验设定的研究模型的间接效果的显著性，分析结果见表4-12。由表4-12可知：第一，元认知对问题表征的间接效果的系数为 0.134（$P<0.05$），表明元认知对问题表征的间接关系具有显著的效果。第二，元认知对问题解决策略的间接效果的系数为 0.327（$P<0.05$），表明元认知对问题解决策略的间接关系具有显著的效果。第三，问题图式对问题解决策略的间接效果的系数为 0.087（$P<0.05$），表明问题图式对问题解决策略的间接关系具有显著的效果。根据结构方程标准化系数模型和间接效果结果可以算得元认知对问题表征的总体效应为 0.491，对问题解决策略的总体效应为 0.527。同理，可以算得问题图式对问题解决策略的总体效应为 0.437。

表 4-12　问题解决策略间接效果验证结果 (bootstraping)

路径	效果	P	检验结果
元认知→问题图式→问题表征	0.134	0.005*	显著
元认知→问题图式→问题解决策略 元认知→问题表征→问题解决策略 元认知→问题图式→问题表征→问题解决策略	0.327	0.004*	显著
问题图式→问题表征→问题解决策略	0.087	0.006*	显著

注：* 表示 $P<0.05$。

(2)成绩为因变量模型的间接效果验证结果。

利用 bootstraping 来检验设定的研究模型成绩为因变量模型的间接效果的显著性。由表 4-13 分析结果可知:第一,元认知对问题表征的间接效果的系数为 0.114($P<0.05$),表明元认知对问题表征的间接关系具有显著的效果。第二,元认知对成绩的间接效果的系数为 0.195($P<0.05$),表明元认知对成绩的间接关系具有显著的效果。第三,问题图式对成绩的间接效果的系数为 0.026($P<0.05$),表明元认知对成绩的间接关系具有显著的效果。

表 4-13　成绩间接效果验证结果

路径	效果	P	检验结果
元认知→问题图式→问题表征	0.114	0.004*	显著
元认知→问题图式→成绩 元认知→问题表征→成绩 元认知→问题图式→问题表征→成绩	0.195	0.003*	显著
问题图式→问题表征→成绩	0.026	0.034*	显著

注:* 表示 $P<0.05$。

4.6.2　结果与讨论

通过流程图法、口语报告、结构方程模型的方法对高中生化学问题解决认知模型进行实证研究,结果表明,本书建构的高中生化学问题解决认知模型的理论构想符合学生化学问题解决的实验研究数据。因此,高中生化学问题解决的认知模型具有合理性。也就是说,学生的化学问题图式知识既可以直接作用于问题解决策略,也可以间接通过问题表征这个中介变量来作用于问题解决策略,元认知在整个问题解决过程中都有表现。从理论与实验研究的结论看,高中生化学问题解决的认知过程是一个非线性的认知过程,也是一个信息双重加工的认知过程。因此,研究结果与笔者所建构的化学问题解决认知模型的理论假设是一致的。

(1)学生的问题图式水平对问题解决过程中的问题解决策略的选择具有显著的直接影响。这与化学问题解决领域中化学知识结构或化学概念性知识的意义理解和化学问题解决策略的选择具有相同的结论。比如,Gita、Shawn 和 Glynn(2010)以及 Gick 等关于化学问题解决认知模型中化学图式知识与问题解决策略关系的实验研究结果一致。辛自强的表征复杂性理论作为中介解释问题解决中问题图式与问题解决策略的关系也证明:如果被试的问题图式水平较高,则会选择领域专门性更强的快捷策略;如果缺乏必须的问题图式,则只好使用常规策略甚至错误策略。问题图式还可以通过影响问题表征,进而影响问题解决策略的选择。学生的化学问题图式化水平越高,对问题表征复杂性(特别是表征深度)也会较大。这与辛自强表征复杂性模型中问题图式与问题解决策略选择的研究结论一致。高中生的化学问题图式对问题表征具有直接影响,并且效果显著。这与王祖浩、李广州等关于学生化学图式知识与化学问题解决过程中对问题信息识别深度关系的研究结论相同。这一结论与其他学科如数学中几何问题的问题表征和问题解决策略的关系研究结论也相同。

（2）学生化学问题表征能力对问题解决策略的选择具有直接的影响，且效果显著。这与李桢、何永红等关于化学问题表征对问题解决策略的影响理论构想与实验研究的结论一致，也与李广州等研究高中生解决化学计算题问题表征深度与问题解决策略优化程度的关系的研究结论一致。这一结论还与其他学科的相关研究结果相同，比如，与邓铸对物理学中学生的问题表征与问题解决策略关系的理论观点和实验研究结果一致。

（3）学生的元认知水平会影响化学问题解决的整个任何过程，这种影响既有直接的，也有间接的，且作用效果显著。这种直接效应与 Schoenfeld 对化学专业的本科学生的实验结果相同。他认为，元认知对非常规化学问题的成功解决至关重要。尽管拥有相关领域的化学知识，学生还是可能由于缺乏元认知技巧而无法成功地解决问题，良好的元认知水平和共同合作使学生在缺乏化学原理知识的情况下顺利解决了问题。元认知不仅是策略运用成败的关键，也是影响策略可迁移性的重要因素。间接的影响包括三种不同的路径：①元认知会影响问题表征，进而影响问题解决策略的选择。②元认知影响学生对问题图式的感知，进而影响问题解决过程中的策略选择，如 Mevarech 和 Zemira 对以色列 174 名七年级学生做了有关问题解决的研究，元认知训练能够提高学生的问题解决能力。他们认为，元认知训练促使学生很快发现相关的先前知识，因而能帮助成绩一般的学生对新策略与自身的知识网络进行整合。③元认知影响学生对问题图式的感知，进而影响对当前问题的定向，再影响问题表征，影响问题解决策略的选择。总之，元认知在化学问题解决过程中包含对问题的定向、组织、执行、确认等过程，每个步骤包含不同的元认知活动。方红的实验研究也表明，元认知在化学问题解决整个过程中都起着统筹、调节和监控的作用。Veenman 等对学生化学问题进行定性研究，定性分析的研究数据表明，被试在化学问题解决的过程中确有元认知框架，且在问题的定向、组织、执行、确认过程中存在不同的元认知行为。

第5章 高中生化学问题解决认知差异研究

第4章的理论假设和实证研究表明,高中生化学问题解决的心理过程和内部机制主要表现在:问题解决是学生基于学生已有的化学问题图式对问题进行表征的过程,也有基于过去解决相似问题经验迁移到当前问题的问题解决策略的选择过程,这个过程是一个信息双重加工的认知过程。这个不同的加工过程是如何进行的,不同学习水平的学生的思维差异本质是什么?这个相互作用的过程还需要通过学生解决化学问题的口语报告的分析来找到答案。本章的目的之一是选择三组不同学习水平的学生测试结果的数据,并结合不同学习水平的学生在化学问题解决过程中的口语报告材料做详细的分析,分析不同学习水平的学生在化学问题解决过程中认知过程的思维差异。此外,本章还通过对不同学习水平的学生在化学问题解决过程中的问题图式、问题表征、问题解决策略和元认知四个认知变量的研究数据、访谈和口语报告的分析,综合验证所建构的化学问题解决的认知模型。

5.1 不同学习水平的高中生问题图式水平的分析

将高中生关于原电池主题知识的口语报告录音经过文字转化后,根据Anderson的流程图法对文字中的信息进行整理、分析和转化,绘制出了200个学生关于原电池主题的流程图。根据绘制的流程图可对被试者的认知结构进行定量分析,定量分析主要是认知结构变量及图式操作灵活度,统计后使用SPSS 22.0数据处理软件对测试结果进行了分析,测试工具的组合信度为0.880(表5-1),说明测试结果信度较好。

表5-1 图式水平测试工具信度分析

Cronbachs Alpha	项数
0.880	6

5.1.1 高中生问题图式水平整体情况

描述性分析是对社会调查统计分析所得的大量数据资料进行初步的整理和归纳,以找出这些数据的内在规律——集中趋势和分散趋势。表5-2反映了全部高中生样本化学问题解决中图式水平各指标的总体情况。

表5-2 高中生问题图式水平的描述性统计

变量	统计量	极小值	极大值	平均值	标准差	偏度统计量	偏度标准误差
广度	200	2	26	11.10	3.43	0.624	0.172

续表

变量	统计量	极小值	极大值	平均值	标准差	偏度 统计量	偏度 标准误差
丰富度	200	0	26	8.26	3.360	0.813	0.172
整合度	200	0	0.55	0.42	0.067	−1.775	0.172
正确度	200	0.45	1.00	0.89	0.120	−1.498	0.172
信息检索度	200	0.012	0.059	0.042	0.007	−0.828	0.172
操作灵活度	200	0	4	2.00	1.022	0.086	0.172

由表5-2可知：①广度的极大值为26，极小值为2，平均值为11.10，标准差为3.43，标准差值较大，说明在广度上个体间离散程度较大；学生样本总体的图式水平的广度偏度为0.624，呈正偏态，说明多数学生图式水平的广度小于平均值。由此可知，学生样本总体图式水平的广度差异较大，部分学生对原电池知识领域的定义、正负极、形成条件、分类等知识点掌握程度不足。②丰富度的极大值为26，极小值为0，平均值为8.26，标准差为3.36，偏度为0.813，标准差值较大，说明在丰富度上个体间离散程度较大；学生样本总体的图式水平的丰富度偏度为正偏态，说明多数学生图式水平的丰富度小于平均值。由此认为，学生图式水平的丰富度差异较大，但多数学生对原电池的正负极、电子得失、离子移动、氧化还原反应、电解质溶液、闭合回路等知识间的联系掌握程度不够，导致丰富度偏小。③整合度的极大值为0.55，极小值为0，平均值为0.42，标准差为0.067，偏度为−1.775；由平均值和标准差说明，学生图式在整合度上个体间离散程度较小，且多数学生图式水平的整合度大于平均值，学生样本总体的图式水平的整合度处于中等偏上水平。④正确度的极大值为1，极小值为0.45，平均值为0.85，标准差为0.12，偏度为−1.498。由均值和标准差可知，在丰富度上个体间离散程度较小，多数学生图式水平的正确度大于平均值，学生总体上知识结构中储存的内容正确度较高。⑤信息检索度的极大值为0.059，极小值为0.012，平均值为0.042，标准差为0.007，偏度为−0.828，标准差值较小，说明学生样本总体的图式水平的丰富度的个体间离散程度较小，多数学生图式水平的信息检索度大于均值，多数学生在一定情境信息的刺激下提取知识的速度较快，虽然学生描述的知识及知识间的联系越多，消耗的时间越长，但是认知结构越完善，提取速度越快。⑥操作灵活度的极大值为4，极小值为0，平均值为2，标准差为1.022，偏度为0.086，标准差值较大，说明在操作灵活度上个体间离散程度较大，多数学生的操作灵活度小于平均值。学生整体上在操作灵活度方面差异较大，多数学生的问题图式操作灵活度还不高。

从学生问题图式水平各指标的平均值来看，学生总体处于中等偏上水平，但图式广度、丰富度和操作灵活度的平均值相对较低，且离散度较大，多数学生还处于均值以下，说明多数学生对原电池的相关知识虽然有一定的知识储备，但对零散的知识点之间的联系掌握程度偏低或者不熟悉，头脑中缺乏有序的认知结构和知识框架，导致回答问题和解题时不能回忆出知识点，也无法描述它们之间存在的联系，测试过程中也表现出思维混乱、无秩序地重复题目中的名词、无法作答或思考后作答错误。

将学生划分为学优生、中等生和学困生，针对不同学习水平的学生问题图式水平的描述性统计见表 5-3。

表 5–3　不同学习水平的学生问题图式水平的描述性统计

变量	统计量	学生层次	极小值	极大值	平均值	标准差	偏度统计量	偏度标准误差
广度	54	学优生	8	26	13.96	3.35	1.250	0.325
	92	中等生	2	19	10.68	2.68	0.190	0.250
	54	学困生	2	14	8.94	2.67	−0.400	0.325
丰富度	54	学优生	5	26	10.98	3.43	1.640	0.325
	92	中等生	2	14	7.93	2.49	−0.026	0.250
	54	学困生	0	13	6.09	2.73	−0.030	0.325
整合度	54	学优生	0.32	0.55	0.45	0.048	0.290	0.325
	92	中等生	0.25	0.53	0.42	0.048	−3.230	0.250
	54	学困生	0	0.5	0.37	0.086	−1.90	0.325
正确度	54	学优生	0.62	1	0.93	0.075	−1.710	0.325
	92	中等生	0.45	1	0.89	0.098	−1.210	0.250
	54	学困生	0.46	1	0.82	0.160	−0.860	0.325
信息检索度	54	学优生	0.031	0.059	0.046	0.0059	−0.350	0.325
	92	中等生	0.012	0.055	0.042	0.0067	−1.560	0.250
	54	学困生	0.022	0.051	0.038	0.0078	−0.350	0.325
操作灵活度	54	学优生	2	4	3.24	0.55	0.090	0.325
	92	中等生	1	3	1.91	0.53	−0.560	0.250
	54	学困生	0	2	0.91	0.60	0.018	0.325

从表 5-3 可知，三组不同学习水平的学生，从学优生到学困生各指标的平均值均依次减小，学优生的问题图式水平明显高于中等生和学困生的，中等生的问题图式水平又高于学困生的。

①广度：三组不同学习水平的学生图式水平的广度平均值和标准差均为递减，偏度分别是 1.25、0.19、−0.40。广度指的是学生说出的知识点总数，结合平均值和标准差来看，说明个体离散程度较大。学优生和中等生的偏度呈正偏态，学困生广度呈负偏态，学优生和中等生中多数学生低于平均值，学困生中多数学生高于平均值。学生广度越好，知识面越广，化学问题解决表现越好。②丰富度：三组不同学习水平的学生图式水平的丰富度平均值递减，标准差分别为 3.43、2.49、2.93，偏度分别为 1.64、−0.026、−0.03，从标准差来看，学优生、中等生和学困生的离散程度较大。中等生和学困生呈负偏态，学优生呈正偏态，中等生和学困生中多数学生高于平均值，学优生中多数学生低于平均值。中等生和学困生的图式水平的丰富度相差较小，这说明部分中等生的知识联系不够紧密，头脑中没有系统完善的知识框架。③整合度：三组不同学习水平学生的图式水平的整合度平均值递减，标准差分别为 0.048、0.048、0.086，偏度分别为 0.29、−3.23、−1.9。学优生和中等生组学生的离散程度较小，学困生间图式水平的整合度离散度较大。学优生中多数学生低于平均值，中等生和学困生中多数学生高于平均值。这说明学生图

式水平的整合度越高，对知识的掌握程度就越高，知识间的联系更紧密、更具有逻辑条理，化学问题解决的表现越好。④正确度：三组不同学习水平的学生图式水平的正确度平均值递减，标准差分别为 0.075、0.098、0.160，偏度分别为 −1.71、−1.21、−0.86，可知正确度的离散程度较小，三组学生都呈负偏度，三组学生中多数学生高于平均值。⑤信息检索度：三组不同学习水平学生的图式水平的信息检索度平均值递减，标准差分别为 0.0059、0.0067、0.0078，偏度分别为 −0.35、−1.56、−0.35，学生的信息检索度离散程度较小，三组学生都呈负偏态，三组学生中多数学生高于平均值。⑥学生操作灵活度是根据一道测试题根据 SOLO 分类理论的方法评定的，三组学生的平均值分别为 3.24、1.91、0.91，三组之间存在显著性差异，标准差分别为 0.55、0.53、0.60，偏度分别为 0.09、−0.56、0.018，三组学生的问题操作灵活度的离散程度较大，学优生和学困生呈正偏度，中等生呈负偏度，学优生和学困生中多数学生低于平均值，中等生中多数学生高于平均值。

5.1.2 高中生问题图式水平与成绩相关性分析

相关分析是研究两个或两个以上处于同等地位的随机变量间的相关关系的统计分析方法，以问题图式水平各指标为变量，各指标与学生成绩的相关性分析结果见表 5-4。

表 5-4 问题图式与学生化学成绩的相关性分析

变量	广度	丰富度	整合度	正确度	信息检索度	操作灵活度	化学成绩
广度							
丰富度	0.906**						
整合度	0.520**	0.699**					
正确度	0.316**	0.315**	0.312**				
信息检索度	0.593**	0.713**	0.757**	0.365**			
操作灵活度	0.716**	0.712**	0.566**	0.338**	0.597**		
化学成绩	0.586**	0.591**	0.521**	0.394**	0.473**	0.798**	

注：** 表示 $P<0.01$。

由表 5-4 中数据可知，学生化学成绩与问题解决的图式水平之间在 0.01 水平双侧上存在显著相关。图式水平的广度、丰富度、整合度、正确度、信息检索度、操作灵活度与成绩之间的相关系数均为正值，说明各指标与成绩之间呈显著正相关。此外，广度与丰富度、整合度、信息检索度及操作灵活度都呈正相关，尤其是丰富度和操作灵活度分别为 0.906 和 0.716，说明学生图式水平的广度值越大，掌握的知识点越多，知识点之间的联系也就越紧密，更易形成良好的知识结构，提取知识完成灵活性测试题的情况越好；丰富度与整合度、信息检索度和灵活度也密切相关，其中丰富度与信息检索度、操作灵活度之间的相关系数分别为 0.713 和 0.712，说明学生掌握的知识间联系越紧密，回忆检索所消耗的时间越短，提取知识，从而问题解决的表现越好；整合度与信息检索度和灵活度密切相关，尤其是整合度与信息检索度之间的相关系数为 0.757，说明学生对知识的整合度越高，认知结构越完整，对知识的掌握程度越好，回忆检索的速度越快，问题解决的表现越好；信息检索度与灵活度也密切相关，即学生头脑中的知识越多，并且能将知识之间建立有效的联系，拥有属于自己的知识框架，则在一定的刺激下就能快速有效地提取信息。

总之，学生在访谈中描述的原电池的定义、形成条件、工作原理、分类、电解质溶液的定义等知识点数越多，知识间联系越紧密，认知结构的整合度越强，信息检索度越高，图式水平的操作灵活度越好，问题解决的表现越好。

5.1.3 高中生问题图式水平差异分析

为进一步探明化学问题解决中的图式水平在不同学习水平方面的差异，在不同学习水平的学生差异性分析前必须考查数据是否符合正态分布，以及是否通过方差齐性检验。正态分布检验结果如图 5-1 所示。

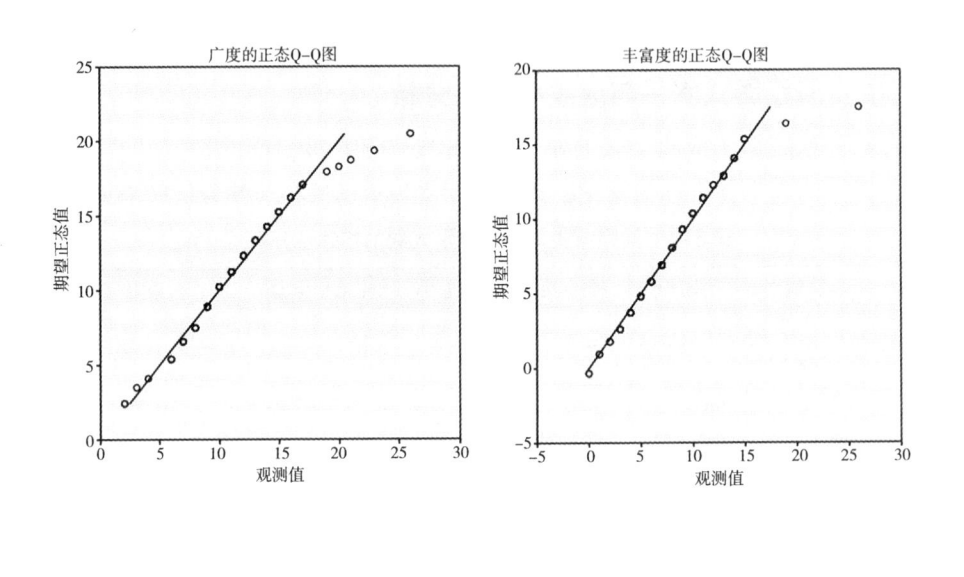

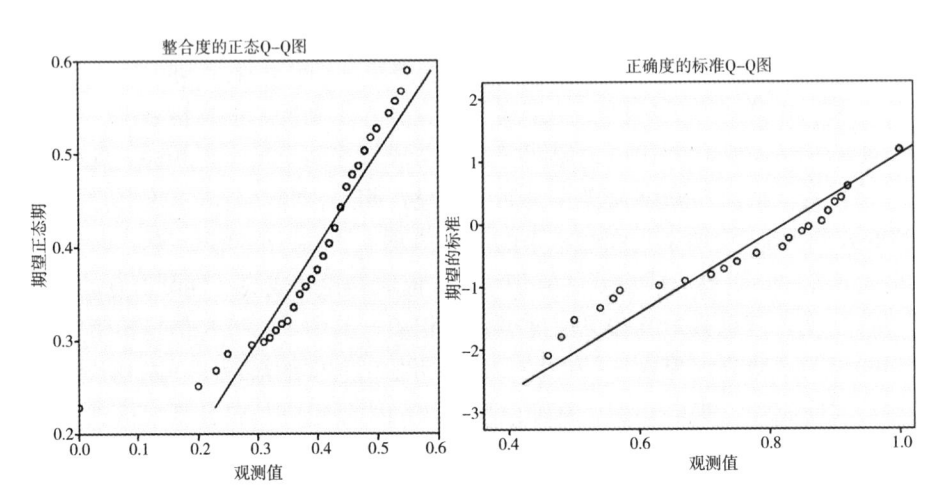

图 5-1 三组学生图式水平数据正态分布图

图 5-1（续）

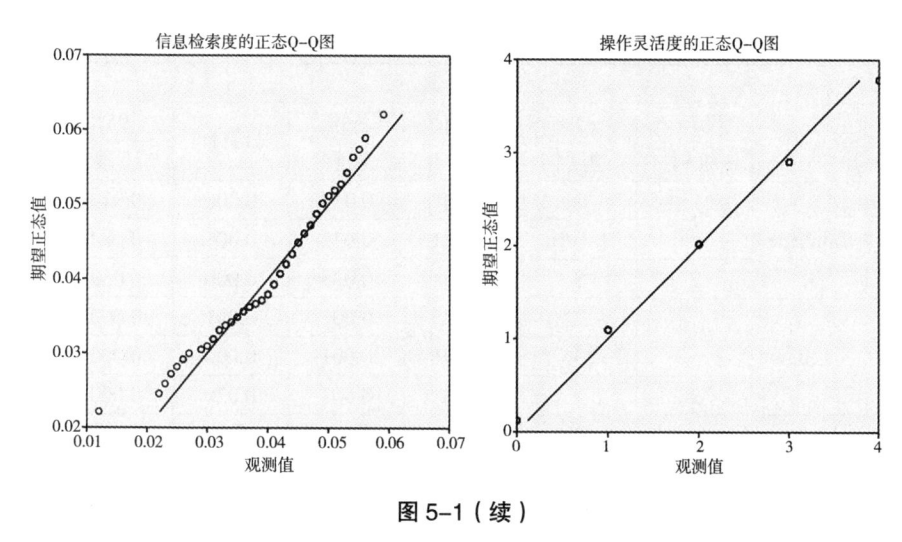

由图 5-1 可知，各指标均符合正态分布，为了对样本的总体分布形态进行推断，检验服从正态分布的数据是否具有统一的标准差，进行了方差齐性检验，结果见表 5-5。

表 5-5　不同学习水平的学生图式水平方差齐性检验

变量	Levene 统计量	df_1	df_2	显著性
广度	0.784	2	197	0.458
丰富度	0.814	2	197	0.444
整合度	3.531	2	197	0.061
正确度	14.653	2	197	0.053
信息检索度	5.054	2	197	0.07
操作灵活度	2.024	2	197	0.135

由表 5-5 数据可知，各变量的显著性均大于 0.05，即图式水平各指标均符合总体方差相等的假设。此时方差具有齐性，可利用多重比较的方式分析三组不同学习水平的学生的显著性差异，多重比较结果见表 5-6（1 代表学优生，2 代表中等生，3 代表学困生）。

表 5-6　不同学习水平的学生图式水平多重比较

因变量		（I）组别	（J）组别	平均值（I-J）	标准误差	显著性	95% 置信区间 下限	95% 置信区间 上限
广度	LSD	1	2	1.89*	0.538	0.001	0.830	2.95
		1	3	3.82**	0.604	0.000	2.62	5.01
		2	3	1.92*	0.538	0.000	0.860	2.98
丰富度	LSD	1	2	2.09*	0.537	0.000	1.03	3.15
		1	3	3.37**	0.603	0.000	2.18	4.56
		2	3	1.28*	0.537	0.018	0.230	2.34
整合度	LSD	1	2	0.043*	0.011	0.000	0.021	0.065
		1	3	0.052*	0.012	0.000	0.028	0.076
		2	3	0.009	0.011	0.405	0.013	0.031

续表

因变量		（I）组别	（J）组别	平均值（I-J）	标准误差	显著性	95% 置信区间 下限	95% 置信区间 上限
正确度	Tamhane	1	2	0.043*	0.014	0.006	0.010	0.076
		1	3	0.138*	0.022	0.000	0.084	0.191
		2	3	0.095*	0.023	0.000	0.039	0.149
信息检索率	LSD	1	2	0.004*	0.001	0.001	0.002	0.006
		1	3	0.007*	0.001	0.000	0.000	0.010
		2	3	0.003*	0.001	0.020	0.000	0.005
操作灵活度	LSD	1	2	1.09*	0.154	0.000	0.78	1.39
		1	3	1.17**	0.173	0.000	0.83	1.51
		2	3	0.081*	0.154	0.603	−0.22	0.380

注：* 表示 $P<0.05$，** 表示 $P<0.01$。

由表 5-6 可知，关于原电池的知识内容，学生成绩与图式水平的广度、丰富度、正确度、整合度、信息检索度和操作灵活度分别呈显著相关。由此可见，学生原电池认知结构中的知识点越多，知识点之间的联系越紧密，知识点之间的整合程度越高，正确度越高，信息检索的时间也越短，化学问题解决表现越好；相反地，学生认知结构中的错误概念就越多，知识覆盖面越窄，整体的认知结构越松散，化学问题解决的表现越差。部分中等生的知识面涉及较广，与学优生较接近，但即使如此，中等生在丰富度方面与学优生仍有差距，中等生描述的知识点较多，但知识点之间的联系不够紧密，未形成较好的知识结构，即知识之间的整合度不及学优生，利用多种化学概念等知识整合起来灵活解决化学问题还存在困难。因此，中等生和学困生在化学知识的整合度和操作灵活度上没有显著性差异。其余各指标在学优生和中等生、学优生和学困生、中等生和学困生之间均存在显著性差异。

5.1.4 高中生问题图式操作灵活度分析

问题图式不仅概括了问题解决所需的陈述性知识，也包括对解决问题所需的操作或解题流程，也就是说，图式所表征的问题中相应的程序性知识。通过分析 200 名学生原电池测试题的答题情况，对学生图式操作灵活度的层次进行评价，结果见表 5-7。

表 5-7 基于 SOLO 分类理论的不同学习水平的学生图式操作灵活度统计

	学优生（人）	中等生（人）	学困生（人）	总计（人）	占总人数比例（%）
前结构水平	0	0	13	13	6.5
单点结构水平	0	13	35	48	24
多元结构水平	3	71	6	80	40
关联结构水平	35	8	0	43	21.5
拓展抽象结构水平	16	0	0	16	8

前结构水平的学生有 13 人，均为学困生，占总人数的 6.5%。这些学生基本上在没有在弄清楚题意的情况下就思维收敛，或者关于原电池的知识储备匮乏、思维混乱、语言反复且纠结不必要的细节、知识不连贯。单点结构水平的学生有 48 人，占总人数的 24%，其中 13 名为中等生，35 名学困生。如有的学生能通过金属活动性顺序判断正负极，却无法通过电极上产生气泡或溶解等现象判断正负极，或者通过电子、离子的移动方向判断正负极。这些学生头脑中仅有单一概念或词语，看到题目迅速作答，无法联系其他知识，得出的结论不正确。多元结构水平的有 80 人，占总人数的 40%，其中学优生 3 人，中等生 71 人，学困生 6 人。如有的学生能根据题目信息判断电子流向和正负极，但无法书写电极反应式或书写错误，更无法判断溶液的 pH 的变化。这些学生对知识的整合度不高，还未深入联系独立的知识点，无法回答涉及多个化学知识点联系的问题。少数的学优生和学困生处于多元结构水平，多数中等生处于该水平。关联结构水平的学生有 43 人，占总人数的 21.5%，其中学优生 35 人，中等生 8 人。如有的学生能根据题目信息正确判断正负极，书写电极反应式，判断溶液 pH 的变化并进行相关的计算。这些学生能理解原电池的核心知识，并能灵活运用，但基于新情境信息下的推理能力发展还是不太完善。多数学优生和少数中等生的层次可达到关联结构水平，而学困生的层次均不能达到此水平。拓展抽象结构水平的学生有 16 人，占总人数的 8%，均为学优生。

综上所述，学困生的层次多集中于单点结构水平，中等生的层次多集中于多元结构水平和关联结构水平，学优生的层次多集中于关联结构水平和拓展抽象结构水平，处于操作灵活度的更高层次的学生更易取得较好的成绩。

为进一步分析三组不同学习水平的学生在问题图式水平的不同，分别从学优生、中等生、学困生中选出具有代表性的口语报告进行分析。

学优生组选择曾××（编号：S4）的口语报告。

T：关于原电池你知道有哪些知识点或者概念？
S：正负极，自发的氧化还原反应，电解质溶液形成闭合回路。负极发生氧化反应，正极发生还原反应。负极失去电子，正极得到电子。电流从正极移向负极。阳离子向正极聚集，阴离子向负极聚集。电子不下水，离子不上岸。
T：你还有补充吗？
S：反应中质量增加或产生气泡的为正极，质量减少的为负极。正负极如果都是金属，负极的活泼性强于正极；如果是金属和非金属，一般金属做负极。如果是铁或铝，则还要考虑电解质溶液，以及钝化反应。正负极要活泼性不同，形成电势差。
T：你可以回忆一下平时上课、作业还有生活中的相关知识。
S：锌锰干电池、铅蓄电池、银锌纽扣电池。电解质溶液环境分酸性、碱性和中性，电解质还有固体的。原电池分类：燃料电池、干电池、充电电池。燃料电池有氢氧燃料电池、甲烷燃料电池、乙醇燃料电池；干电池有锌锰干电池、银锌纽扣电池；铅蓄电池是充电电池，还有镍镉电池、锂电池。
T：你能更详细地解释一下刚才哪些知识点吗？重复也没关系。

> S：闭合回路由内外电路组成，内电路是阴阳离子的移动，外电路是电子的定向移动。氧化还原反应有一句口诀：升失氧，降得还。负极失去电子，化合价升高，发生氧化反应；正极得到电子，化合价降低，发生还原反应。因为阳离子得到电子，化合价降低，而且要电荷守恒，所以阴离子向负极移动。
> T：最后一个问题，你刚才描述的这些知识点之间存在什么联系吗？
> S：充电电池放电时负极应连接电源的负极，正极连接电源的正极。氢氧燃料电池一般情况下氧气充当正极。书写方程式时要用电解质溶液中的离子去调节电荷守恒。负极失电子，会变成离子进入溶液中。锌锰电池中的锰反应成氢氧化氧锰，铬镍电池中的镍反应成氢氧化氧镍。氧气反应后一般生成水或者氢氧根，但固体电解质中可以有氧离子单独存在，没有氢氧根离子存在。
> T：这是我记录的你刚刚回答的大概内容，看看还有可以补充的内容吗？或者还能想起什么内容吗？
> S：差不多就这些了。

该学优生首先描述了正负极、自发的氧化还原反应、电解质溶液、闭合回路、得失电子、电流方向、离子移动方向等原电池相关的知识点，其次描述了正负极的得失电子情况、正负极与氧化还原反应、离子移向与正负极、正负极相关的条件、电解质溶液分酸性、碱性、中性以及固体电解质等知识点间的联系，而且该学优生还提到与电解质溶液相关的钝化反应。这说明该学优生不仅知识面广，而且知识点间的联系紧密，触类旁通。在对原电池进行分类和举例时，虽然回答的速度够快，但是经过回忆，仍然正确地将原电池分类为干电池、燃料电池和充电电池，并能相应地举例。这说明由于应试教育学生学习目的性很强，对于常考的知识点掌握程度显然更高，而对原电池的分类这种课本上有却不常考的知识掌握程度相对较差。该学优生图式水平显然较高，在解释知识点时，正确描述了闭合回路的组成为内外电路，且对内外电路的构成也非常清晰，氧化还原反应在原电池中的体现、阴阳离子迁移方向的本质解释上也是正确的。对于最后一个问题的回答中，该学优生对考试或作业中出现过的电池进行了较为详细的阐述，包括充电电池放电时的情况、氢氧燃料电池一般氧气充当正极、书写方程式的方法，锌锰电池和镉镍电池反应的生成物，等等。由此可以看出，该学优生不仅知识面广，知识点间的联系紧密，而且回答非常具有逻辑性，条理清晰，先回答了知识点，再描述知识点间的联系，由点到面，且具有层次，最后进行拓展延伸，虽然描述的内容较多，但用的时间较短，也就是说信息检索度很高，提取知识的速度较快，总体来说，其处于较高的图式水平。

中等生组选择学生肖××（编号：S34）的口语报告。

> T：关于原电池你知道有哪些知识点？
> S：原电池的定义是将化学能转化为电能的装置。原电池涉及了氧化还原反应，还有电子的得失、正负极、电解质溶液，就差不多了。

> T：对于原电池的知识点还有补充吗？可以再想想。
> （学生沉默）第二个问题，你能详细地解释一下这些知识点吗？
> S：正负极之间由导线连接，而且电子在导线中移动。
> T：关于正负极还能想到什么内容吗？
> S：还有，正负极的活泼性要有差异才可以。
> T：你还能想到什么相关知识吗？平时学习、生活中积累的都可以。
> S：我还能想到做题时遇到过锌锰电池、铅蓄电池、燃烧电池、镉镍电池。其他就想不起来了。
> T：你刚才描述的这些知识点之间存在什么联系吗？
> S：正负极和得失电子之间的关联是正极失去电子，化合价升高；负极得到电子，化合价降低。
> T：还有吗？刚刚你说到了正负极、氧化还原反应、电子得失和电解质溶液这些概念，它们之间还有什么联系吗？
> S：电解质溶液中有离子，带正电荷的离子向负极移动，带负电荷的离子向正极移动。
> T：这是我记录的你刚刚回答的大概内容，你还有要补充的内容吗？或者还能想起什么内容吗？
> S：没有了。

该中等生首先描述了原电池的定义、氧化还原反应、电子得失、正负极、电解质溶液等原电池的相关知识；在对知识点进行详细解释时，描述了正负极与得失电子的关系、正负极需要导线连接、正负极自身需要的条件等知识点。该学生能对原电池进行举例，但无法回忆出原电池的分类。由此可以看出，该学生虽然知识面没有学优生涉及广，但描述了原电池常考的、基础的知识点，知识间也存在关联，相对学优生而言较少，且网络结构不够紧密。而且回答第三个问题时，描述了正负极的化合价升降、电解质溶液中离子的迁移等知识联系，但是正负极的得失电子和离子移动方向上出现了错误概念。总之，该中等生知识点掌握较好，但知识点间的联系不够紧密，具有一定的逻辑性但还需加强，而且基本没有拓展延伸的内容，处于中等的图式水平。

学困生组选择张××（编号：S127）的口语报告。

> T：请问关于原电池你知道有哪些知识点？
> S：老师上课的时候有说过"电子不下水、离子不上岸"。还有，原电池有正负极，好像就想不起什么了……
> T：关于你说的"电子不下水、离子不上岸"这句话你能详细解释一下吗？
> S：不太能，上课时老师说过，我忘记了。
> T：你能详细地解释一下这些知识点吗？
> S：正负极之间有电子的移动，还有……

> T：还有补充吗？还想得起其他与原电池相关的内容吗？
> S：应该想不起来了。
> T：你刚才描述的这些知识点之间存在什么联系吗？
> S：知识点间联系的话，电子是从负极移向正极的……
> T：还有什么补充吗？想到的都可以说，不用管对错。
> S：我还能想到原电池有干电池、空气电池、燃料电池这些，其他就不太想得起来了。
> T：这是我记录的你刚刚回答的大概内容，看看还有可以补充的内容吗？或者还能想起什么内容吗？
> S：差不多就这些了。

该学困生仅能回忆出正负极一个知识点以及"电子不下水、离子不上岸"这句经验性的总结。经过询问发现，该学生并不理解这句话的含义，也不知道该如何运用，仅停留在教师传授而学生死记硬背的阶段。知识间的联系只能回忆出电子从负极移向正极，对于原电池的举例，描述了干电池、空气电池和燃料电池。由此可以看出，该学困生知识点掌握太少，知识点间的联系也非常有限，所以根本无法形成认知结构，在回答问题时无法顺利提取何种有用的知识信息作答。

图 5-2 是三个不同学习水平的学生用流程图方法测得的认知结构。

第5章 高中生化学问题解决认知差异研究

（a）学优生

正负极 → 自发的氧化还原反应 → 电解质溶液 → 形成闭合回路 → 电子的得失 → 负极发生氧化反应、正极发生还原反应 → 负极失去电子、正极得到电子 → 电流从正极移向负极 → 阳离子向正极聚集、阴离子向负极聚集 → 电子不下水、离子不上岸 → 反应中质量增加或产生气泡的为正极，质量减少的为负极 → 正负极如果都是金属，负极的活泼性强于正极；如果是金属和非金属，一般金属做负极 → 如果是铁或铝，则还要考虑电解质溶液，以及钝化反应 → 正负极要活泼性不同，形成电势差 → 电解质溶液环境分酸性、碱性和中性，电解质还有固体电解质的 → 举例：锌锰干电池、铅蓄电池、银锌纽扣电池 → 分类：燃料电池、干电池、充电电池 → 燃料电池：氢氧燃料电池、甲烷燃料电池、乙醇燃料电池；干电池：锌锰干电池、银锌纽扣电池；充电电池：铅蓄电池、锂电池、镍镉电池 → 闭合回路中有时带包括盐桥 → 闭合回路由内外电路组成，内电路是阴阳离子的移动，外电路的电子的定向移动 → 负极失去电子、化合价升高、发生氧化反应；正极得到电子、化合价降低、发生还原反应 → 充电电池放电时负极应连接电源的负极，正极连接电源的正极 → 氢氧燃料电池一般情况下氧气充当正极 → 书写方程式时要用电解质溶液中的离子去调节电荷守恒 → 锌锰电池中的锰反应成氢氧化锰，铬镍电池中的镍反应成氢氧化镍 → 氧气反应后一般生成水或者氢氧根，但固体电解质中可以有氧离子单独存在，没有氢氧根离子存在

（b）中等生

原电池是将化学能转化为电能的装置 → 氧化还原反应 → 电子的得失 → 正负极要导线连接、导线运输电子 → 电解质溶液 → 正负极的活泼性差异 → 举例：锌锰电池、铅蓄电池、燃烧电池、镉镍电池 → ☆正极失去电子、化合价升高、负极得到电子、化合价降低 → ☆带正电荷的离子向负极移动、带负电荷的离子向正极移动

（c）学困生

离子不下水、电子不上岸 → 正负极 → 电子从负极移向正极 → 干电池、空气电池、燃料电池

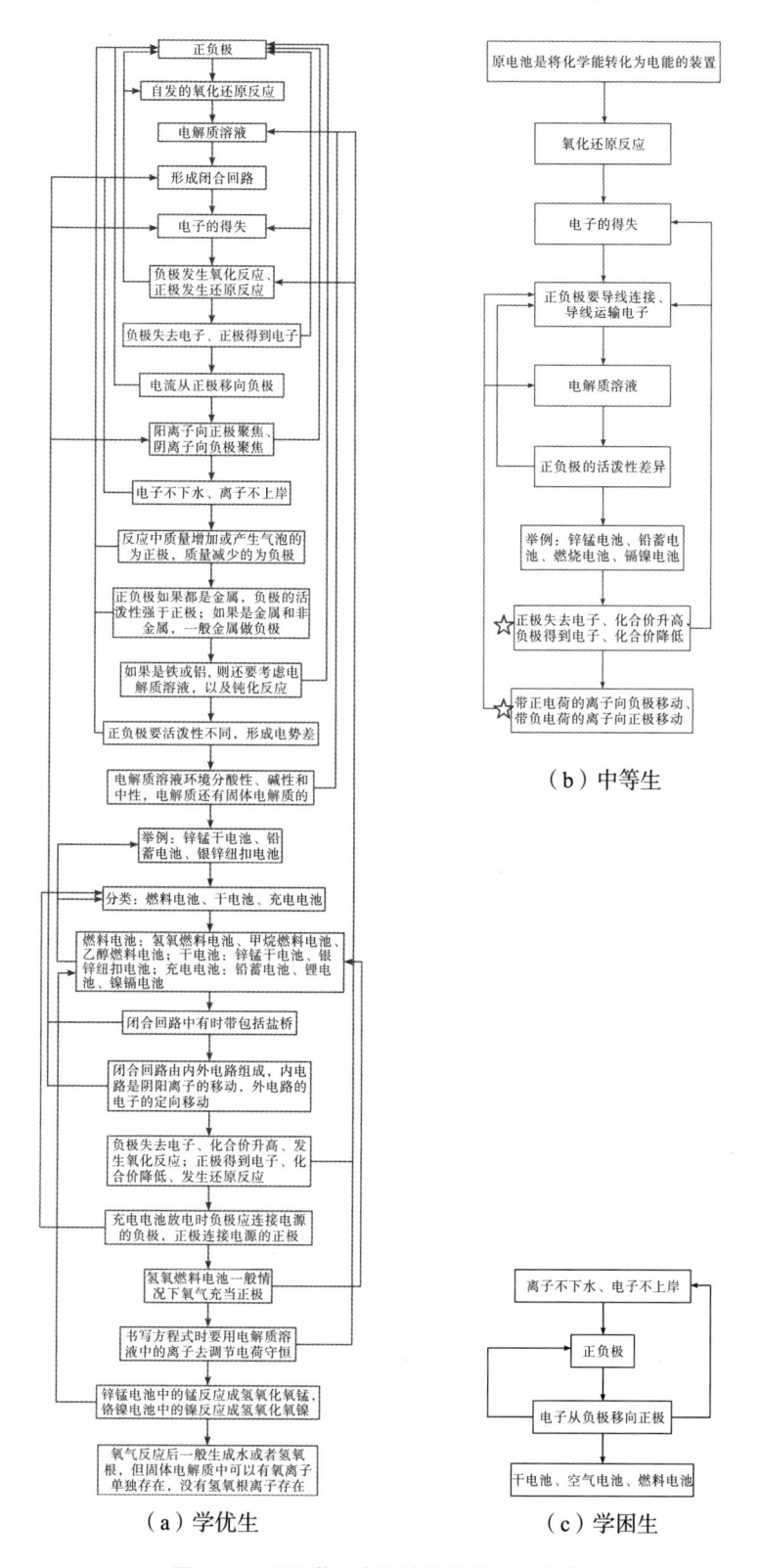

图5-2 不同学习水平的学生的认知结构

5.1.5 小结

通过对原电池主题问题解决的研究和学生口语报告案例的分析，可以获得以下结论：

（1）学生图式水平越高，即学生掌握的知识越多、知识点间的联系越紧密、认知结构越完善、操作灵活度越强，化学问题解决表现越好。被试学生的图式广度、丰富度、整合度、正确度、信息检索度和操作灵活度的平均值分别为 11.10、8.26、0.42、0.89、0.042、2，学生图式水平与问题解决能力之间显著相关。秦璐等也认为，学生学业成绩越高，其认知结构中的知识点数越多、知识之间的联系越丰富、知识之间的整合程度越大；相反，学生学业成绩越低，其认知结构中出现的错误越多，认知建构的效果较差。从认知结构中的广度、丰富度、整合度、正确度、信息检索度及操作灵活度评价结果中可以看出，学优生认知结构中的知识点较为丰富、知识点间的关联性较强、知识组织的条理性更好，错误概念出现得较少。

（2）学生图式水平的广度越好、知识面涵盖越广、问题解决的表现越好。学优生、中等生和学困生图式水平的广度分别为 13.96、10.68、8.96。学优生的知识面覆盖最广，涵盖的知识点最多，包括原电池基本的形成条件、正负极与氧化还原反应的关系、正负极与电解质溶液的关系、电子得失与化合价升降、电子得失、离子迁移方向、原电池的分类与举例以及具体的分析等；相较于学优生，中等生的描述不够深入，只明了零散浅显的知识点，包括原电池的定义、形成条件、电子得失、离子迁移、对原电池举例，相较学优生而言，缺少对氧化还原反应的相关知识，且在正负极得失电子的知识点出现错误概念；而学困生对原电池只有四句描述，且是教师传授的经验性知识，询问后发现是死记硬背，并不了解其真正意义及如何运用，很明显其原电池的知识掌握程度很差，需要进一步提高和优化。

（3）学生图式水平的丰富度越高，化学问题解决表现越好。学优生、中等生和学困生图式水平丰富度的平均值分别为 10.98、7.93、6.09。学优生描述的知识点更详细、全面且联系更紧密。学优生对原电池主题内容描述了原电池的形成条件及具体有哪些形成条件，正负极与氧化还原反应的联系、正负极的判断方法、自发反应的条件、氧化还原反应中电子得失及化合价升降、电解质溶液的定义和分类、离子的迁移方向、原电池的分类及举例。不仅知识面广，知识点间联系紧密，而且可以看出回答极具条理性和层次性，先描述知识点，再陈述它们之间的联系，最后拓展延伸。中等生相比起学优生的丰富度而言，主要问题是知识与知识之间的联系较少，知识之间的交叉较少，包括正负极的判断、得失电子和化合价升降、以及离子向两极移动的取向，但总体来说，有较清晰的思路。学困生知识面明显很小且缺乏关联性，随意且没有条理，需要进一步辅导。毕华林等认为，如果学生面对丰富的具体事实不能概括出共同的本质特征，也难以发现其内在联系，只能机械地背诵、记忆这些知识，那么这些孤立、零散、缺乏内在联系的知识，不但阻碍学生对新知识的学习，同时造成学生问题解决的困难；如果学生知识点之间的联系少，无法形成网络结构，即使知识面涉及广也无法顺利解决问题，甚至会造成知识的负迁移。

（4）学生图式水平的整合度越高，化学问题解决能力越强。学优生、中等生和学困生图式水平的整合度的平均值分别为 0.45、0.42、0.37，学生图式水平的整合度与问题解决能力显著相关。学优生关于原电池的知识点数较多，知识点间的联系也较紧密，明显具有层次和条理性，认知结构的整合度较高；学困生回忆出的知识点少，知识点间的联系也不多，认知结构的整合度较差。整合度欠缺主要是因为对知识缺乏深刻理解，知识间难以建立起内在联系，无法形成有条理的知识结构，导致在解决问题时无法顺利提取相关知识。

（5）学生图式水平的正确度越高，化学问题解决能力越强。正确度是指排除流程图中的错误概念，三组学生的平均值分别为 0.93、0.89、0.82，即学生知识提取的正确度越高、化学问题解决表现就越好。侯帅等认为，中学化学知识"提取困难"的表现之一为不能准确地提取相关知识，学生可能知道解决问题时需要用到哪些方法和知识点，却在细节上无法完全回忆或出错，或者在两个类似的知识点之间犹豫，等等。由于学生对知识掌握不清晰，或者零散的知识点之间未能形成联系而产生负迁移，因此干扰了知识提取的正确度。

（6）学生图式水平的信息检索度越高，知识结构越完善，化学问题解决能力越强。信息检索率是指知识总数/学生提取和回答的总时间。美国心理学家布鲁纳认为，人类记忆的首要问题不是储存而是检索，而检索的关键在于组织结构。三组不同学习水平学生的平均值分别为 0.046、0.042、0.038，学生提取知识的速度越快，说明其知识面广、知识间联系紧密，化学问题解决表现也越好。对于三组不同学习水平的学生，描述的知识点及联系越多，提取和回忆的时间也就越长，但是学生掌握的知识面越广，联系越紧密，头脑中有较完善的知识框架，提取的速度就越快。知识提取的过程就是将储存在长时记忆中的不同信息提取到工作记忆中，提取的难易程度取决于长时记忆中记忆痕迹的激活水平，激活水平决定了记忆提取的可能性和速度。如果学生不善于将知识点组织成整体结构，那么检索的效率肯定就偏低。因此，在教学活动中，教师应引导学生及时归纳、整理、创设情境，帮助学生提取并应用知识，从而提高信息检索度。

（7）操作灵活度与学生成绩呈正相关。认知结构越完善的学生（学优生）操作灵活度越强，化学问题解决的能力越强。相反地，学生头脑中储存知识点越少、知识点间的关联性越弱、整体性越差，则问题解决的表现越不理想。操作灵活度水平的分析统计结果显示，整体上，大部分学生处于多元结构水平或关联结构水平，处于拓展抽象结构水平的学生较少。学优生较多分布在关联结构及其以上水平，学困生多集中于多元结构以下水平。

总体看来，学优生的认知结构较完善，知识较有条理和层次，提取知识的时间较短，操作灵活度较高，化学问题解决表现较好；中等生图式水平有一定的广度，但丰富度还不足，知识点间的联系不够紧密，答题时不能正确地提取或涉及知识盲点，操作灵活度处于中等水平；学困生在图式操作灵活度方面非常欠缺，由提取知识时的表现可以发现，化学概念性知识缺乏意义理解，知识间的联系少，不具备利用知识做进一步推理的能力。

5.2 不同学习水平的高中生问题表征水平的分析

通过对高中生解决原电池主题化学问题的口语报告进行录音、文本转录及文本分析，并使用 SPSS 22.0 数据统计与分析软件对数据进行了分析。由表 5-8 可知，问题表征测试工具总体信度为 0.890。

表 5-8 问题表征测试工具信度

Cronbachs Alpha	项数
0.890	5

5.2.1 高中生问题表征水平总体情况

对全体学生样本问题表征整体平均水平进行统计分析，可以直观分析全体学生在问题表征各个指标的最大值、最小值、平均值、标准差、偏度和标准误差。表 5-9 是高中生问题表征水平的描述统计。

表 5-9 高中生问题表征水平的描述统计

变量	统计量	最大值	最小值	平均值	标准差	偏度	标准误差
正确度	200	4	1	3.03	0.331	−1.114	0.023
广度	200	3	0	2.40	0.575	−0.462	0.041
深度	200	5	0	2.59	0.958	0.743	0.068
灵活度	200	3	0	1.27	0.753	0.374	0.053

从表 5-9 数据分析可知：①正确度的最大值为 4，最小值为 1，平均值为 3.03，标准差为 0.331。标准差数值较小，说明个体间数据离散程度较小。学生问题表征正确度的偏度为 −1.114，说明多数学生正确度大于平均值。可以认为：全体学生问题表征水平正确度差异较小，多数学生能读懂题目，理解题干含义。②广度的最大值为 3，最小值为 0，均值为 2.40，标准差为 0.575，偏度为 −0.462。结合平均值和标准差来看，标准差数值较小，说明个体间数据离散程度较小。问题表征广度的偏度为 −0.462，说明多数学生广度大于平均值。可以认为：学生问题表征广度整体呈现单维转化水平，而宏观⇌微观，宏观⇌符号或微观⇌符号，"宏观⇌微观⇌符号"三重表征转换能力较弱。③深度的最大值为 5，最小值为 0，均值为 2.59，标准差为 0.958，偏度为 0.743。结合平均值和标准差来看，全体学生在问题表征深度的标准差相对较高，个体间数据离散程度较大。学生整体上问题表征深度的偏度为 0.743，多数学生深度小于平均值。因此，学生在问题表征能力方面差异较大，总体看来尚处于较低表征水平，表现为能识别出题干中熟悉信息，并能根据熟悉信息将问题进行归类，知道问题求解的目标及所需知识，能意识到情境信息呈现出的各问题要素的关系。④灵活度的最大值为 3，最小值为 0，平均值为 1.27，标准差为 0.753，偏度为 0.287。结合平均值和标准差来看，学生在灵活度方面的标准差相对较高，说明个体间数据离散程度较大。学生灵活度的偏度呈正偏态，说明多数学生灵活度小于平均值。可以认为，全体学生在联系已有知识经验方面的能力差异较大，主要处于模板理论水平，表现为只有当问题与长时记忆在条件、关系、问题的内在结构特征等

方面基本一致时，学生才能提取现存的模式解决问题。

5.2.2 高中生问题表征水平与成绩的相关性

对全体学生成绩和问题表征水平之间进行双尾相关性检验，讨论学生成绩和问题表征水平的关系。表 5-10 为高中生成绩和问题表征水平间的相关性。

表 5-10 高中生成绩和问题表征水平间的相关性

变量	成绩	正确度	广度	深度	灵活度
正确度	0.304**				
广度	0.687**	0.336**			
深度	0.497**	0.419**	0.524**		
灵活度	0.676**	0.405**	0.758**	0.569**	

注：** 表示 $P<0.01$。

由表 5-10 可知，学生的问题表征水平影响问题解决的表现。若学生能正确理解题目含义，能利用宏观表征、微观表征和符号表征三重表征对问题进行深刻理解，则解决当前问题的经验越丰富，学生化学问题解决的表现越好。此外，问题表征广度与灵活度之间的相关系数达到了强相关（0.758）。说明若学生能将问题情境用宏观表征、微观表征和符号表征三重表征实现灵活转换，将问题转化为熟悉的问题，从而能对问题进行正确分类，把当前问题与之前学习过程中的解题经验知识联系起来，即表征的灵活性就越高，学生化学问题解决的表现越好。对于表征正确度来说，正确度与深度之间的相关系数达到中等相关（0.419）。若学生能深刻理解题目的含义，就能从更深的程度理解问题，将问题进行归类，即表征的深度就越高。对于表征深度来说，深度与灵活度之间的相关系数达到中等相关（0.569）。若学生能从更深的程度理解问题，就能对问题进行正确分类，把当前问题与之前学习过程中的解题经验知识联系起来，即表征的灵活性就越高。

5.2.3 不同学习水平高中生问题表征水平的基本情况

对不同学习水平学生问题表征水平进行统计分析，可以直观分析不同学习水平学生在问题表征各个指标的最大值、最小值、平均值、标准差、偏度和标准误差（表 5-11）。

表 5-11 不同学习水平学生问题表征水平的描述统计

变量	分组	最大值	最小值	平均值	标准差	偏度	标准误差
正确度	学优生	4	3	3.17	0.376	1.840	0.051
	中等生	4	3	3.03	0.179	5.351	0.019
	学困生	3	1	2.89	0.420	-3.928	0.057
广度	学优生	3	2	2.93	0.264	-3.346	0.036
	中等生	3	1	2.38	0.510	0.246	0.053
	学困生	3	0	1.89	0.420	-2.337	0.057
深度	学优生	4	3	3.03	0.179	5.351	0.019
	中等生	5	0	2.53	0.777	0.608	0.081
	学困生	4	0	2.04	0.672	-0.043	0.091

续表

变量	分组	最大值	最小值	平均值	标准差	偏度	标准误差
灵活度	学优生	3	1	1.94	0.656	0.056	0.089
	中等生	3	0	1.25	0.547	0.900	0.057
	学困生	2	0	0.61	0.229	−0.068	0.072

由表 5-11 可知，对比学优生、中等生和学困生的问题表征正确度、广度、深度和灵活度的平均值，平均值递减，说明学优生、中等生和学困生在化学问题表征能力方面存在差异，学优生的化学问题表征能力明显强于中等生和学困生的。

（1）正确度：学优生、中等生和学困生平均值分别为 3.17、3.03 和 2.89，标准差分别为 0.376、0.179 和 0.420，偏度分别为 1.840、5.351 和 −3.928。结合平均值和标准差来看，实验的数据离散程度较小。且学优生和中等生问题表征正确度呈正偏态，学困生问题表征正确度呈负偏态。可以总结出：三组学生在问题表征正确度差异较小，多数学生能读懂题目，理解题干含义，但部分学困生较弱，表现为难以理解题干中信息含义。

（2）广度：学优生、中等生和学困生的平均值分别为 2.93、2.38 和 1.89，结合平均值和标准差来看，学优生的实验数据离散程度较小，中等生和学困生的实验数据离散程度较大。且学优生和学困生问题表征广度呈负偏态，中等生问题表征广度呈正偏态。可以总结出：多数学优生能在做题过程中能给出"宏观⇌微观⇌符号"三重表征，且三重表征之间能相互转换。中等生和学困生在多重表征之间转换的能力方面差异较大，多数中等生主要呈现单维转化，如"宏观⇌微观"、"宏观⇌符号"或"微观⇌符号"，但缺乏"宏观⇌微观⇌符号"三重表征之间的转换；学困生在多重表征的水平较差，以宏观表征为主，微观表征和符号表征水平较弱，难以实现多重表征之间的转换。

（3）深度：对比学优生、中等生和学困生，平均值分别为 3.03、2.53 和 2.04。结合平均值和标准差来看，学困生和中等生两组实验数据离散程度较大，学优生组间实验数据离散程度较小。学优生、中等生和学困生问题表征深度均呈正偏态。可以总结出：除学优生之外，多数学生在问题表征深度方面的能力差异较大，多数学优生主要处于较高问题表征水平，而中等生和学困生主要处于较低问题表征水平。

（4）灵活度：学优生、中等生和学困生的平均值分别为 1.94、1.25 和 0.61，结合平均值和标准差来看，实验数据离散程度较大。学优生和中等生问题表征灵活度呈正偏态，学困生问题表征灵活度呈负偏态。可以总结出：三组学生在表征灵活度方面的能力差异较大，学优生基本能达到原型理论表征水平，中等生结合已有知识的能力主要处于模板识别水平，学困生在解决陌生化学问题时，常常无法结合已有知识或经验。

5.2.4 高中生问题表征水平差异分析

问题表征数据是否符合正态分布，是选择适宜相关性检验方法、线性回归分析方法、显著性差异分析等方法的前提。运用 K-S 检验法对实验数据进行正态分布检验（表5-12），若显著性水平 $P>0.05$，说明该实验数据符合正态分布。

表 5-12　问题表征水平 K-S 正态分布检验

项目		正确度	广度	深度	灵活度
统计量		200	200	200	200
正态参数 [a,b]	均值	3.03	2.40	2.59	1.27
	标准差	0.331	0.575	0.958	0.753
最极端差别	绝对值	0.476	0.319	0.309	0.307
	正	0.476	0.319	0.309	0.307
	负	−0.444	−0.289	−0.236	−0.238
K-S		6.733	4.511	4.375	4.348
渐近显著性（双侧）		0.000	0.000	0.000	0.000

注：a. 检验分布为正态分布。

b. 根据数据计算得到。

由表 5-12 可知，问题表征水平的显著性水平（P 值）小于 0.001，即此时方差不齐，数据不符合正态分布。因此，为了解不同学习水平的学生在问题表征水平上是否存在显著性差异，需要对不同学习水平的学生问题表征正确度、广度、深度和灵活度的基本情况和显著性差异进行检验。因为分析数据不符合正态分布和方差齐性检验，且需要对不同学习水平的学生问题表征水平进行对比，所以应使用 Kruskal-Wallis 检验（图 5-3）。

原假设	测试	Sig.	决策者
正确度的分布在分组类别上相同	独立样本 Kruskal-Wallis 检验	0.000	拒绝原假设
广度的分布在分组类别上相同	独立样本 Kruskal-Wallis 检验	0.000	拒绝原假设
深度的分布在分组类别上相同	独立样本 Kruskal-Wallis 检验	0.000	拒绝原假设
灵活度的分布在分组类别上相同	独立样本 Kruskal-Wallis 检验	0.000	拒绝原假设

图 5-3　不同学习水平的学生问题表征水平的假设检验

图 5-3 是对不同学习水平的学生问题表征水平的显著性描述，显著性水平为 0.05。由于问题表征正确度、广度、深度和灵活度的显著性水平为 0.000，小于 0.05，因此拒绝原假设。这说明学优生与中等生、学优生与学困生、中等生与学困生在问题表征正确度、广度、深度和灵活度之间均存在统计学差异。

为了解不同学习水平的学生具体在哪些问题表征水平上存在差异，利用非参数检验单因素方差分析方法进行多重对比分析，结果见表 5-13。

表 5-13 不同学习水平的学生问题表征水平的差异分析

变量		（I）组别	（J）组别	平均值（I-J）	标准误差	显著性	95% 置信区间下限	95% 置信区间上限
正确度	Tamhane	1	2	0.134*	0.054	0.048	0.00	0.27
		1	3	0.278*	0.077	0.001	0.09	0.46
		2	3	0.144	0.060	0.058	0.00	0.29
广度	Tamhane	1	2	0.545*	0.064	0.000	0.39	0.70
		1	3	1.04*	0.067	0.000	0.87	1.20
		2	3	0.492*	0.078	0.000	0.30	0.68
深度	Tamhane	1	2	0.690*	0.171	0.000	0.27	1.11
		1	3	1.19**	0.177	0.000	0.76	1.62
		2	3	0.496*	0.122	0.000	0.20	0.79
灵活度	LSD	1	2	0.694*	0.098	0.000	0.50	0.89
		1	3	1.333*	0.110	0.000	1.12	1.55
		2	3	0.639*	0.098	0.000	0.44	0.83

注：* 表示显著性水平 $P<0.05$，** 表示显著性水平 $P<0.01$。

由表 5-13 可知，在问题表征正确度方面，学优生与中等生和学困生之间均存在显著性差异，中等生与学困生在问题表征正确度方面没有达到显著性差异。对于广度、深度和灵活度，学优生与中等生、学优生与学困生、中等生与学困生之间均存在显著性差异。

5.2.5 小结

在对高中生原电池主题问题表征水平测试题口语报告的分析基础上，对全体样本学生和不同学习水平的学生原电池问题表征能力的正确度、广度、深度和灵活度的差异性进行了初步探讨，得出了以下结论：

（1）学生成绩和问题表征水平之间显著性相关，问题表征广度和灵活度对学生成绩影响大，广度或灵活度越高，学生化学问题解决上表现越好。同样，深刻理解题目含义，从更深的层次理解问题，学生化学问题解决上表现越好。

从学生整体水平上看，学生问题表征正确度、广度、深度和灵活度的平均值分别为 3.03、2.40、2.59 和 1.27，学生间问题表征正确度差异较小，多数学生能读懂题目，理解题干含义，即化学概念理解和掌握好的学生，不仅表征时间短，而且表征正确率高；化学概念掌握差的学生，不仅表征时间长，而且表征错误率高。学生间问题表征广度差异也较小，结果主要表现出单维转化水平，如"宏观⇌微观"，"宏观⇌符号"或"微观⇌符号"，以及"宏观⇌微观⇌符号"三重表征转换能力薄弱。毕华林等认为学生宏观表征较好，但微观表征、符号表征薄弱，难以在不同表征间建立有效联系，头脑中有较多明显的错误表征，而在不同表征间能够建立联系的学生，化学问题解决上表现更好。学生问题表征深度总体上差异较大，对问题的表征程度介于表面和深层之间，表现为能对问题的已知条件进行描述，知道问题求解的目标是什么，能识别给定条件中的熟悉信息，能理解熟悉信息的含义并根据熟悉信息将问题进行归类，知道问题给定条件中部分概念间的关系和目标涉及的领域知识有哪些，但在理解关键信息时存困难。林文潜认为，知识经验的不足常常是不能有效问题表征的重要原因。要正确感知问题的外部特征，必须具备相应的化学知识及其他相关知识。学生联系已有知识经验的能力处于模板理论水平，即只有当问题与长时记忆在条件、关系、问题的内在结构特征等方面完全一致，才能提取现存的模式解决问题。绝大多数学生能记得教师在课堂上所讲过的典型原电池模型和口诀，部分学生能理解氧化还原反应与原电池之间的关系。第三大题选自2018年全国卷Ⅲ选择题，由于学生在此之前很少接触考察新型原电池的问题，因此测试题中问题的呈现方式一定程度影响了学生问题表征灵活度。加之，学生在以前问题解决实践中，所解决的都是千篇一律的模式化的化学问题（这些问题大多数来源于教师、书本和课外参考资料），学生经过长期问题解决实践已形成一定的思维定式，这使得大多数学生一旦遇到一些风格新颖、情境陌生的问题时就倍感困难，较难进行冷静的思考分析从而导致表征错误和问题解决失败。由于表征灵活度与学生成绩以及其他三种问题表征的关联更密切，如果学生能将问题情境用宏观表征、微观表征和符号表征三种表征间实现灵活转换，将问题转化为熟悉的问题，将问题与过去解题的经验知识联系起来，学生化学问题的解决上表现就会越好。因此，学生识别当前问题与已有解题经验知识的关系是问题表征的重要方面。

（2）不同学习水平的学生在问题表征水平上存在显著性差异。对于问题表征正确度，学优生与中等生和学困生之间均存在显著性差异，而中等生与学困生之间不存在显著性差异。对于问题表征广度、深度和灵活度来说，不同学习水平的学生之间均存在显著性差异。但若要了解不同学习水平的学生问题表征水平的根本差异，还需对学生的口语报告进一步分析。以下是对不同学习水平的学生（学优生S3、中等生S66和学困生S113）的口语报告和问题表征水平进行的分析。

S3：首先这道题要看一下电解质溶液是稀硫酸，说明这道题会生成氢气。我比较习惯先写负极的反应，碳不活泼，锌肯定比碳活泼，锌失去电子生成锌离子，正极反应是氢离子得到电子生成氢气。总反应就是正负极方程式相加，即锌加上两份氢离子生成锌离子和氢气。

T：你还记得书上老师讲的第一个原电池是什么吗？

S3：好像是锌铜原电池。

S3：因为这是碱性环境，所以后面氧气就会生成碳酸根，甲烷燃料电池，氢氧根离子就是阴离子，阴离子往a极移动，说明a极为负极，b极为正极，a极是CH_4，电子是负极到正极，就是a极到b极。负极CH_4反应失去8份电子生成，我比较喜欢先写电子，然后生成二氧化碳，感觉是碳……（学生不知道反应生成了什么，说平时不怎么练习燃料电池的题目）然后正极的话，先是氧气得到4份电子，生成碳酸根，水……碳酸根是哪里来的？难道是二氧化碳吗？

T：负极发生什么反应？反应物是什么？

S3：氧化反应，反应物是氢氧根……但氢氧根是参与正极反应的。

T：为什么氢氧根是参与正极反应的呢？

S3：氢氧根是参与负极反应的！对，它往这边移，这里是水（生成物），这里是氢氧根（反应物）……然后二氧化碳……（学生写出负极反应方程式）电解质溶液的pH变小。如果从电荷守恒看的话，正极反应方程式系数乘2，生成了8份氢氧根，但它消耗了10份氢氧根，所以它的碱性会变弱，所以pH会变小。除了考试，差不多就没做过这种类型的题。

T：你知道哪些判断原电池反应正负极的方法？

S3：氧气进入的一极为正极，还可以根据电子的移动、电流的移动、阴阳离子的迁移、金属活泼性、总反应方程式判断……

S3：第三大题，首先重点求总反应方程式，但要先判断正负极，然后根据题目的信息写出正负极反应方程式，再写总反应方程式。因为可以根据阴阳离子迁移，锂离子向多孔碳材料电极区迁移，所以判断氧气这边为正极。

T：非水电解质、多孔碳材料和隔膜分别是什么意思？

S3：非水电解质没有水，电解质溶液不知道是什么。多孔碳材料可以让氧气和这个锂离子接触。隔膜可以让锂离子通过，但其他不通过。

S3：正极因为题目告诉了锂离子与氧气在多孔碳材料电极处生成Li_2O_x，那么正极反应得到电子……（学生认为转移了$4x$个电子）锂电池，负极就是锂失去电子变成锂离子，然后再配平系数相加，电子就是$(4x-4)e^-$。（学生认为正极转移了$4xe^-$，负极转移了$4e^-$），电子不写了（学生划掉原本写在总反应方程式中的转移电子数，学生疑惑系数x但选择忽略，并根据原子守恒正确写出总反应方程式）（学生知道生成物中有$2x$个氧，反应物中的氧也为$2x$个氧，询问学生为什么转移的电子数为4个）锂元素显+1价，氧元素显-1价，x等于2（学生认为氧为-1价，就有2个氧，可以求出x），例如，过氧化钠就是有两个氧原子。

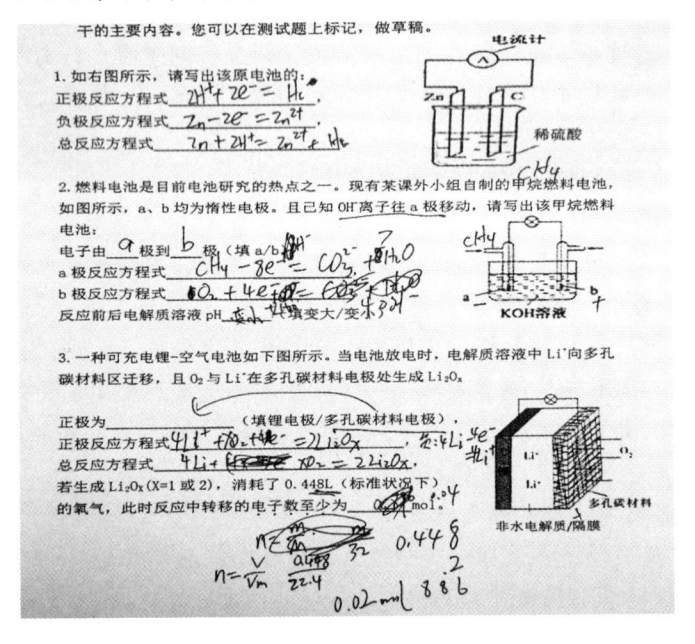

98

> S3：（学生一开始以为是用 $n=m/M$）单位是 mol，$n=V/V_m$，V_m 是 22.4，V 是 0.448，这是 2 倍，即 0.02 mol，乘以 2 为 0.04 mol。
> T：你觉得这道题考查的是什么？应该归为原电池问题还是原电池的工作原理？
> S3：这道题属于创新题……应该归为原电池的工作原理问题。电子从负极到正极，电流从正极到负极。电解质溶液中，阳离子到正极，阴离子到负极。正极发生还原反应，负极发生氧化反应。

学优生能读懂题目，理解题目含义，思路清晰，表征正确率高。能在短时间内完成第一大题和第二大题，说明其掌握了原电池的基础知识以及扩展知识。例如，在根据正负极反应方程式写总反应方程式时，虽然该学生疑惑系数 x，但选择忽略，这说明学生知道总反应方程式中不含转移的电子数，即使无法根据化合价升降判断转移电子数，却依旧能正确根据原子守恒写出总反应方程式。

①学生第一大题和第二大题均正确，并且解题思路清晰，说明该学生掌握了原电池的基本概念（电极、电解质溶液、闭合回路、电极反应、氧化剂和氧化还原反应），能根据题目给出的电极材料、电极反应、电子流向、电极现象和离子流向等信息，将其相互转换，判断出正负极并写出反应方程式，从而正确解决问题。学生在第三大题的解决过程中，表现出有做过锂电池题目的经验，且学生认为这是一道创新题。而学生无法解决该问题的原因可能是：以前所解决的原电池问题大多是千篇一律的模式化问题，学生经过长期实践已形成一定的思维定式，因而无法从已有的燃料电池模板或原型中抽取适当的特征或知识块组合成一个与当前问题相对应的新模式解决问题。例如，学生知道负极反应是锂由 0 价变为了 +1 价，锂离子只能为 +1 价，且 x 代表 Li_2O_x 中氧的个数，但学生认为氧为 -2 价，忽略了在化合物中正负化合价代数和为 0。这说明学生处于原型理论表征水平。

②对于第二大题，学生能根据题干和图片，结合对燃料电池相关知识点的掌握，能用自己的语言叙述燃料电池的反应原理，能直接写出正负极反应方程式。该过程说明该学生在做题过程中能给出"宏观⇌微观⇌符号"三种表征，且三种表征之间能相互转换。由此可以看出，学生问题表征广度能力处于较高水平。

③学生对第三个问题的解答完全正确，学生能理解题目，能复述第三题的已知条件有哪些，知道需要先判断出正负极，可以根据离子迁移判断正负极，然后写出正负极反应方程式和总反应方程式，能深刻理解题目中的相关概念。学生知道非水电解质不含水，虽然没有叙述出电解质溶液具体为什么，但知道隔膜可以让锂离子通过，其他物质不能通过。学生实质上是理解了非水电解质中含有锂离子。总体来看，学生字面表征能力处于较高水平。

④学生根据对第三大题的复述，加深了对题意的理解，知道此题考查原电池问题，识别出题干中离子移动、氧气、Li_2O_x 和反应方程式化学工作原理等信息，判断出正负极。学生能根据已知条件和原电池的工作原理，知道负极反应方程式，并根据 O_2 与 Li^+ 在多孔碳材料电极处可以生成 Li_2O_x 这一信息，分析出正极的反应物是 O_2，生成物是

Li$_2$O$_x$。但由于学生无法结合已有知识判断氧元素的化合价，学生认为氧元素为 -2 价，转移 $4x$ 个电子，因此无法根据电荷转移写出正极反应方程式。但学生知道写出正极反应方程式就能写出总反应方程式。学生根据对考查内容的进一步理解，意识到本质是考察原电池的工作原理，并能叙述出锂日空气电池的工作原理。总体来看，学生表现出较高的问题表征水平。

中等生组 S66 为例的口语报告材料作详细的分析如下。

S66：锌跟稀硫酸反应是属于总反应，锌是负极，碳是正极。锌比碳活泼，它要和稀硫酸反应。不对，锌不是得电子，是失电子，负极反应方程式应该是这样写的吧？我好久没有写原电池反应方程式了，正极反应方程式就是氢离子得到电子变成氢气。

T：（提问硫酸锌是什么盐，是否可以完全电离，经过提示学生写对方程式）你平时有没有做过类似的题？还记得书上讲的第一个原电池是什么原电池吗？

S66：有，第一个好像就是这个原电池……我记不清楚了。

S66：氢氧根往 a 极移动，a 极就是负极，b 极就是正极，电子就由 a 极到 b 极，然后先写总反应方程式，甲烷得到的是……（学生写出甲烷与氧气反应的方程式，生成二氧化碳和水，提问学生二氧化碳是什么氧化物，学生知道是酸性氧化物，会与碱反应）……我已经忘记了，又要重新写一遍，太难了……（学生写出碳酸与氢氧化钠反应的方程式），忘了燃料电池 CH$_4$ 要不要写进去了……（提醒学生根据化合价分析反应物和产物）（学生已经知道了 a 极是甲烷反应生成了碳酸根，但认为 b 极是氧气反应生成了水，提醒 b 极根据发生还原反应，化合价降低判断产物）……pH 应该变小，因为氢氧根反应了。

T：你之前有没有做过类似的题？你现在为什么不会做了呢？

S66：做过，忘了由总反应来写正负极反应方程式这一步了。

T：你知道哪些可以判断原电池正负极的方法？

S66：看哪边有自发反应，如果都能发生自发反应，就先判断它们金属活泼性，金属活泼性顺序强的就是负极。如果都不是金属，就看那个电极先反应。看阴阳离子的走向，电子移动，总反应方程式看化合价升价，电极现象……

S66：首先应该求正负极。根据阳离子往多孔碳材料区移动，因为它是阳离子，阳离子移动的方向就是正极。还有氧气与锂离子在多孔碳材料区……通空气的一极一般都是做正极。我们可以先判断正负极，然后写总反应方程式，再写正负极反应方程式。

T：非水电解质、隔膜和多孔碳材料分别是什么意思吗？

S66：非水电解质就是没有水的电解质，电解质溶液就是锂离子。隔膜的作用就是……多孔碳材料吸收氧气，容纳向多孔碳材料移动的锂离子……且碳不跟锂反应。

T：你觉得这个题考查的是一个什么问题？

S66：对原电池的掌握情况（学生根据原子守恒和电荷守恒配平正极反应方程式）

T：那你能根据氧气化合价的变化判断转移的电子数吗？

S66：氧气……

T：那你能帮我分析一下 Li_2O_x 的元素价态吗？x 是代表的意义吗？
S66：氧是 -2 价，锂是 +1 价（学生无法判断化合物中氧元素的价态）
S66：这个地方判断不出来就用其他方法，总反应方程式就是锂加氧气变成这个。
T：这个题考查的是原电池问题还是原电池的工作原理问题？
S66：原电池。

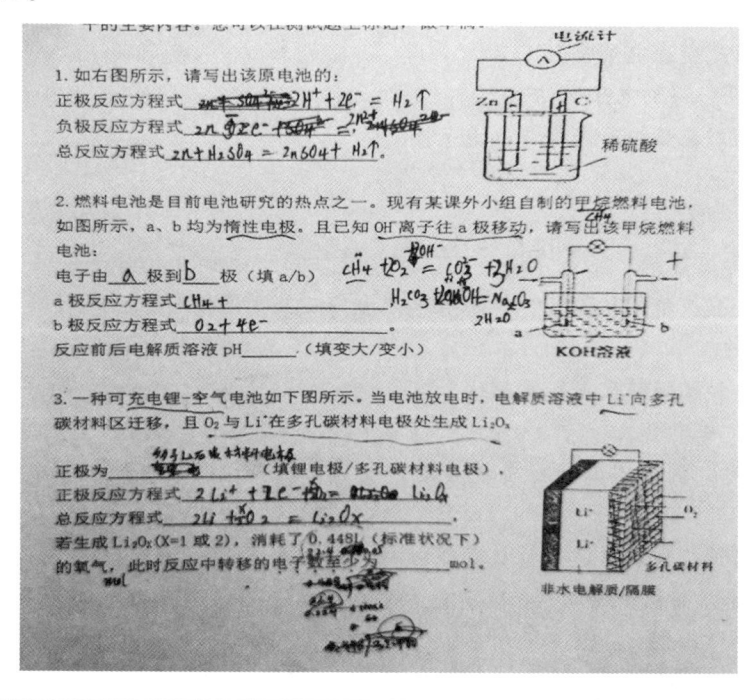

中等生能读懂题目，理解题目含义，逻辑性较好，但用时较长。该学生基本能掌握原电池的知识点，了解问题的考查题型，但存在遗忘部分知识点和思维定式等不足。例如，遗忘了如何根据总反应方程式判断化合价升降，从而在写出正负极反应方程式后就认为化合物中氧元素为 -2 价，造成问题解决的障碍。

以下是以学困生 S113 的口语报告为例作详细的分析。

S113：第一题，锌极是负极，碳极是正极。负极反应方程式为锌加上两个氢离子生成锌离子加氢气。
T：那你认为负极发生的是什么反应？
S113：氧化反应
T：那你现在写的这个方程式是氧化反应吗？
S113：零到负二，降得还，被还原的是还原反应。
T：锌变成锌离子，锌离子是负二价吗？
S113：锌离子是正二价，锌，失升氧被氧化，氧化反应，负极是氧化反应。

T：锌和稀硫酸反应生成硫酸锌和氢气是总反应方程式？
S113：总反应是这个吗？
T：为什么直接负极就写锌和稀硫酸反应生成硫酸锌和氢气呢？
S113：因为印象中，锌一般都是做负极。
T：正极发生什么反应？
S113：正极发生还原反应失去电子。
T：还原反应是失去电子吗？
S113：降得还，得到电子
T：是什么物质在正极反应会得到电子？
S113：……
T：你之前有没有做过类似的题？
S113：我只知道锌铜。
T：若电解质溶液都是稀硫酸，锌铜原电池和锌碳原电池有什么不一样吗？
S113：一样的。
T：铜会不会和稀硫酸反应？那碳呢？
S113：铜会，碳不会。
S113：第二题，因为阴离子往负极移动，阳离子往正极移动，所以a极就是负极，b极就是正极。
T：电子是从正极到负极还是负极到正极？
S113：电子是从正极到负极。a极反应方程式甲烷……它没有告诉我a、b极是什么物质在这里反应。
T：你可以通过题干信息判断出a、b极是什么物质反应吗？
S113：惰性有什么？氮气吗？
T：你从题干中得到了哪些信息？
S113：我只知道阴离子，锂离子，隔膜。
T：你之前有没有做过类似的题？
S113：做过，这一章有一个口诀，阴离子到负极……
T：你还记得哪些判断正负极的方法？
S113：阴离子往正极移动，阳离子往负极移动，然后就是氧化反应，还原反应。第三题我们应该先判断正负极，可以通过锂离子向多孔碳材料区迁移，判断出多孔碳材料电极为正极。因为氧气与锂离子生成Li_2O_x发生的是氧化反应，所以多孔碳材料电极为正极。
T：正极发生的是氧化反应吗？
S113：不是吗？还是还原反应？
T：Li_2O_x中锂元素和氧元素化和价分别为多少？
S113：锂为正一价，氧气为 −2。它没有告诉我氧（为多少），它只有一个x，应该是负二价（氧元素）和正一价（锂元素）。

102

T：你怎么样理解图片中的多孔碳材料，非水电解质和隔膜的概念？
S113：多孔碳材料让氧气和锂离子通过，非水电解质就是不能电解的电解质，隔膜可以阻碍其他离子通过。
T：这道题的前三个问题之间有什么联系？
S113：先判断正负极，写出正极反应方程式，再由正极反应方程式写出总反应方程式。用总反应方程式减去负极反应方程式，可以写出正极反应方程式。
T：你之前有做过类似的题吗？
S113：以前做过，就是有关正极反应、总反应方程式的问题。
T：这道题它应该归类为哪一类问题？
S113：原电池问题。
S113：正极就是这个（锂离子加上氧气生成氧化锂）。
T：你认为这个方程式配平了吗？
S113：没有，看两边电荷，用其中有系数的去推出另外一个（元素守恒）。
T：你认为第三题考查的还是原电池问题吗？
S113：应该是。
T：这个原电池具体是怎么工作的？
S113：阴离子往正极移动，负极的电子与氧气发生反应。

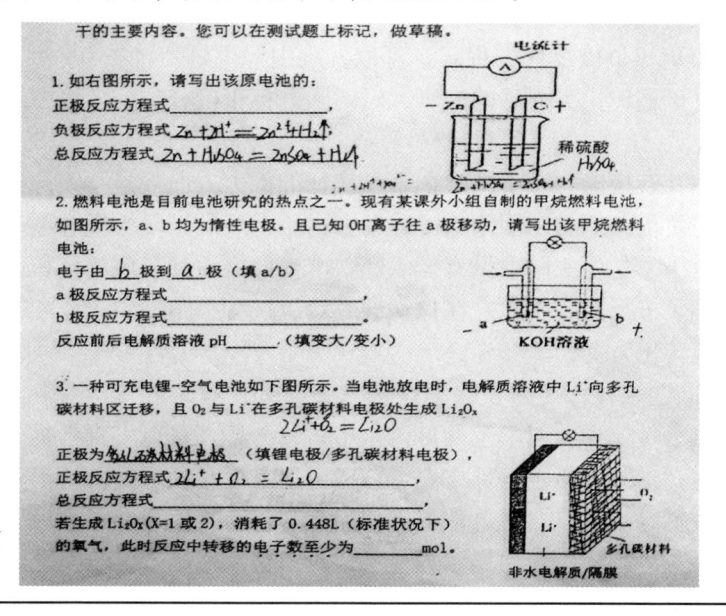

学困生在问题解决的过程中，不仅思维过程较混乱，缺乏逻辑性，而且问题表征错误率高。该学生明显对原电池问题中的电解质溶液、闭合回路、电极反应、氧化剂和氧化还原反应等基础知识点掌握不牢，只能靠背诵一些教师讲授的口诀，造成在做题的过程中，对测试者提出的相同问题前后回答不一致。由于学生在口语报告过程中长时间找不到突破口，思维停留在某一个信息反复重复或回忆概念性知识、规则，因此口语报告过程中测试者需要多次引导学生回答问题。

对不同学习水平的学生在问题表征水平的数据和口语报告案例进行分析，可以得出以下结论：

（1）对于问题表征正确度来说，学优生与中等生和学困生之间存在显著性差异，而中等生与学困生之间无显著性差异。学优生对问题的正确表征能力明显强于中等生和学困生。对学生的口语报告进行分析，可以发现学优生在复述的过程中，能深刻理解原电池的构成原理、原电池的应用概念和题目的含义。中等生和学困生在复述的过程中，基本能理解原电池的构成原理和题目的含义，但对于其他原电池应用方面的概念了解较少。

（2）对于问题表征广度来说，学优生与中等生、学优生与学困生、中等生与学困生之间均存在显著性差异。对学生的口语报告进行分析，可以发现学优生能在做题过程中基本能给出"宏观⇌微观⇌符号"三种表征，且三种表征之间能相互转换，即学优生能结合题干和图片中的信息，观察到灯泡、a极b极两端通入了空气和电解质溶液为KOH溶液等信息，能理解此题考查的是燃料电池，是原电池问题的一种。因为"已知OH^-往a极移动"，所以结合已有的原电池知识，知道阴离子往负极移动，判断出正负极，进而判断出电子的移动方向。抑或根据"甲烷燃料电池"这一信息，结合氢氧燃料电池（已有经验），写出总反应方程式，判断出正负极。需理解"已知OH^-往a极移动"的实质是参与a极反应方程式。学生能结合电子守恒、电荷守恒、原子守恒等，写出反应方程式。中等生在多重表征的能力方面差异较大，主要原因在于部分学生由于缺乏或遗忘燃料电池的模板，难以写出总反应方程式。抑或不能根据原电池反应原理判断反应物、生成物，从而写出正负极反应方程式。可以发现中等生将"符号⇌微观"表征的转换能力较弱，无法将该题转化为熟悉的内容，对问题进行正确分类。多数中等生主要呈现单维转化，如"宏观⇌微观"，"宏观⇌符号"或"微观⇌符号"，但缺乏"宏观⇌微观⇌符号"三重表征之间相互转换能力。学困生在多重表征的能力方面差异不大，学生主要是根据离子移动判断正负极，但具体阴阳离子移动方向所对应的正负极概念不确定。即使学生正确判断出正负极，学生头脑中没有氢氧燃料电池的概念和相应的模板，无法对比结合已有知识写出正负极反应方程式。在化学问题解决过程中，微观表征和符号表征水平较低，以呈现单维转化为主。

（3）对于问题表征深度来说，学优生与中等生、学优生与学困生、中等生与学困生之间均存在显著性差异。对学生的口语报告进行分析，可以发现学优生主要处于较高表征水平，学生知道问题给定条件中离子移动可以判断正负极，分析出正极的反应物和生成物，从而根据题干信息、原电池的工作原理、电荷守恒和原子守恒，写出正负极反应方程式、总反应方程式，再根据系数关系，算出转移电子数。学生能将相关信息进行转换，对问题重新归类，即能根据对考查内容的进一步理解，意识到题本质是考查原电池的工作原理，并能叙述原电池的工作原理。中等生主要处于较低表征水平，具体表现为能对已知条件进行描述，知道问题求解的目标，能根据已有知识判断原电池反应的正负极，能根据题干信息、电荷守恒和原子守恒书写出反应方程式，且知道反应方程式书写格式、正负极反应方程式和总反应方程式的关联。中等生能察觉出问题中熟悉信息及含义，并根据熟悉信息将问题归为原电池问题，也知道问题给定条件中部分概念之间的关系和目标涉及的领域知识有哪些。学困生主要处于较低表征水平，具体表现为能对已知条件进行描述，知道问题求解的目标，能根据离子移动判断原电池反应的正负极，基本了解反应方程式书写格式、正负极反应方程式和总反应方程式的关联，但无法根据题干信息写出反应方程式。学困生能察觉出问题中熟悉信息及含义，并根据熟悉信息将问题归为原电池问题。中等生和学困生做题过程的相同点在于思维定式，具体表现在概念的总结、新型化合物化合价的判断（氧元素的化合价可能为 -1 价）和原电池口诀的应用。他们之间的差异在于中等生对原电池相关知识体系更准确和完善，基本能掌握解题的一些方法，而学困生在这些方面较差。

（4）对于问题表征灵活度来说，学优生与中等生、学优生与学困生、中等生与学困生之间均存在显著性差异。对学生的口语报告进行分析，可以发现学优生做题时逻辑性好，能准确掌握原电池相关概念并加以应用，存在锌铜原电池、燃料电池和锂电池的原型，知道多种判断原电池正负极的方法，如电极材料、电极反应、电子流向、电极现象和离子迁移方向。且学优生能根据总反应方程式分析化合价升降，写出正负极反应方程式。学优生还能把当前问题与之前学习过程中的解题经验知识联系起来的能力也较强，能达到原型理论水平。中等生基本掌握原电池相关概念，存在锌铜原电池和燃料电池的模板，知道多种判断原电池正负极的方法，如电极材料、电极反应、电子流向、电极现象和离子迁移方向。但中等生由于对不同类型的原电池的工作原理存在理解不透彻和遗忘的情况，如燃料电池，因此很难通过总反应方程式分析化合价升降，判断出正负极并书写正负极反应方程式。中等生能把当前问题与之前学习过程中的解题经验知识联系起来的能力较弱，处于模板理论水平。学困生在解决化学问题时，由于对原电池基本概念和工作原理不理解，因此在判断原电池正负极和书写正负极反应方程式和总反应方程式的格式上存在很大问题。虽然学困生记得原电池口诀，但没有真正理解口诀的含义并加以应用。所以做题时思维混乱，常常无法结合已有知识或经验解决问题。

5.3　不同学习水平的高中生问题解决策略水平的分析

高中生化学问题解决策略水平的测试工具涉及的是一道原电池综合试题，对于学生来说有一定的陌生程度。当主试（化学教师）说开始解答时，要求被试（学生）一边作答一边报告解答的思维过程的口语报告录音，对学生化学问题解决过程中的口语报告材料整理、分析，并根据高中生化学问题解决策略的多样性、有效性、灵活性水平描述进行了定量分析。数据采用了 SPSS 22.0 进行统计与分析，由表 5-14 可知，化学问题解决策略测试工具信度为 0.808，表明测试工具具有较好的稳定性和一致性。

表 5-14　化学问题解决策略测试工具信度

Cronbach's Alpha	项数
0.808	3

5.3.1　高中生化学问题解决策略整体情况

利用 SPSS 22.0 对数据进行描述性统计，见表 5-15。

表 5-15　高中生化学问题解决策略水平的描述性统计

变量	极大值	极小值	平均值	标准差	偏度	标准误差
有效性	3	0	1.21	0.913	0.361	0.065
灵活性	2	0	0.93	0.777	0.113	0.055
多样性	5	1	2.13	1.024	0.445	0.072

从学生整体来看：①问题解决策略有效性：极大值为3，极小值为0，平均值为1.21，标准差为0.913。从平均值和标准差来看，标准差较大，说明个体之间数据离散程度大。学生问题解决策略有效性偏度为0.361，说明多数学生问题解决策略有效性小于平均值。可以总结为：学生在问题解决策略有效性方面差异较大，学生多数处于有方向但是思路不是很清晰的水平，对题意的理解并不全面。②问题解决策略灵活性：极小值为0、极大值为2、平均值为0.93、标准差为1.024。从平均值和标准差来看，标准差较大，说明个体之间数据离散程度大。学生问题解决策略灵活性偏度为0.361，多数学生问题解决策略灵活性小于平均值。可以认为：多数学生在问题解决过程中不能及时调整策略去解决问题，因为学生没有完全理解题意，且不能发现适宜的策略去解决问题，所以问题解决过程不能顺利进行。③问题解决策略多样性：极小值为1，极大值为5，平均值为2.13，标准差为0.777。从平均值和标准差来看，标准差较大，说明个体之间数据离散程度大。学生问题解决策略多样性偏度为0.113，说明多数学生问题解决策略多样性小于平均值。可以总结为：学生在使用问题解决策略种类方面数量较少，平均每人能使用2种策略去解决问题。在实际分析过程中，学生最少只能使用1种策略，最多可以使用5种策略去解决问题。

5.3.2　高中生问题解决策略与成绩之间的相关性分析

将高中学生问题解决策略与成绩之间进行相关性分析，结果见表5-16。

表 5-16　学生问题解决策略与问题解决表现之间的相关性分析

变量	成绩	多样性	有效性	灵活性
多样性	0.661**	1		
有效性	0.781**	0.757**	1	
灵活性	0.742**	0.750**	0.758**	1

注：** 表示显著性水平 $P<0.01$。

由表5-16可知，学生化学问题解决策略各维度与问题解决表现（成绩）之间的相关系数（$P<0.01$）均大于0，即学生在问题解决过程中使用的策略种类越多，对题意的理解越深刻，解题有明确的方向，解题思路越清晰，学生化学问题解决的表现越好。同样地，学生在问题解决过程中，如果能及时发现、反馈、调整所使用的策略去解决问题，学生在化学问题解决上表现也就越好。问题解决策略有效性、灵活性与问题解决策略多样性之间的相关性系数分别为正值，即学生对于题意的理解越清晰，问题解决有明确方向，思路越清晰，学生可选择使用策略的种类也越多。学生在问题解决过程中，发现、反馈、调节策略去解决问题的灵活度越高，学生使用问题解决策略的种类也越多。学生

对问题的题意理解越清晰，解题思路越清晰，方向越明确，学生发现、反馈、调整策略的灵活性就越高。

5.3.3 不同学习水平的高中生问题解决策略基本情况

对不同学习水平的学生问题解决策略多样性、灵活性、有效性进行描述性统计（表5-17）。

表5-17 不同学习水平的学生问题解决策略水平的描述性统计

变量	分组	统计量	极大值	极小值	平均值	标准差	标准误差
多样性	学优生	54	5	2	3.11	0.120	0.883
	中等生	92	4	1	2.02	0.086	0.825
	学困生	54	3	1	1.33	0.079	0.583
有效性	学优生	54	3	2	2.35	0.066	0.482
	中等生	92	3	0	1.05	0.054	0.521
	学困生	54	2	0	0.35	0.076	0.121
灵活性	学优生	54	2	1	1.65	0.066	0.482
	中等生	92	2	0	0.97	0.065	0.619
	学困生	54	2	0	0.17	0.069	0.081

从表5-17数据可以看出：学优生、中等生、学困生在问题解决策略多样性、有效性、灵活性方面的基本信息，以及学优生、中等生、学困生使用化学问题解决策略存在显著性差异，即学优生使用化学问题解决策略水平高于中等生和学困生。

高中生化学问题解决过程中使用问题解决策略多样性方面，学优生、中等生、学困生平均值分别为3.11、2.02、1.33，结合平均值和标准差来看，学优生在问题解决过程中可以使用三种策略解决问题，中等生可以使用两种策略去解决问题，学困生能使用一种策略去解决问题，各组内实验数据的离散程度较小。在问题解决策略有效性方面，学优生、中等生、学困生平均值分别为2.35、1.05、0.35，结合平均值和标准差来看，各组内实验数据离散程度较小，学优生问题解决策略灵活性强于中等生和学困生。学优生对问题呈现的信息的理解足够充分，理解了问题的本质，问题解决过程方向明确，思路清晰。中等生对问题信息的理解不全面，并未全部理解到题目中的所有信息条件，问题解决过程有方向但是思路并不清晰。学困生理解问题呈现的信息较少，部分学困生完全不理解题意，问题解决呈现出毫无方向，不知道如何着手解决问题，大部分学困生使用试误的方法，即盲目搜索策略使用居多。在问题解决策略灵活性方面，学优生、中等生、学困生均值分别为1.65、0.97、0.17，结合平均值和标准差来看，各组内实验数据离散程度较小。学优生能根据信息反馈、调节策略的能力要强于中等生和学困生，学优生在问题解决过程中，能充分利用题目信息，及时反馈、发现问题，调整策略去解决问题的灵活性较高。中等生虽然可以发现对问题解决有用的信息，但是不能调节适宜的策略去解决问题，使用策略的灵活性并不高。学困生运用策略灵活性水平偏低，学困生在问题解决过程中并不能发现、调节对问题解决有用的策略，往往导致问题解决以失败告终。

5.3.4 高中生化学问题解决策略差异分析

在不同学习水平的学生问题解决策略水平是否存在显著性差异分析之前，利用Q-Q图对实验数据进行正态分布检验。图5-4分别说明了学生化学问题解决策略有效性、灵活性、多样性呈正态分布。

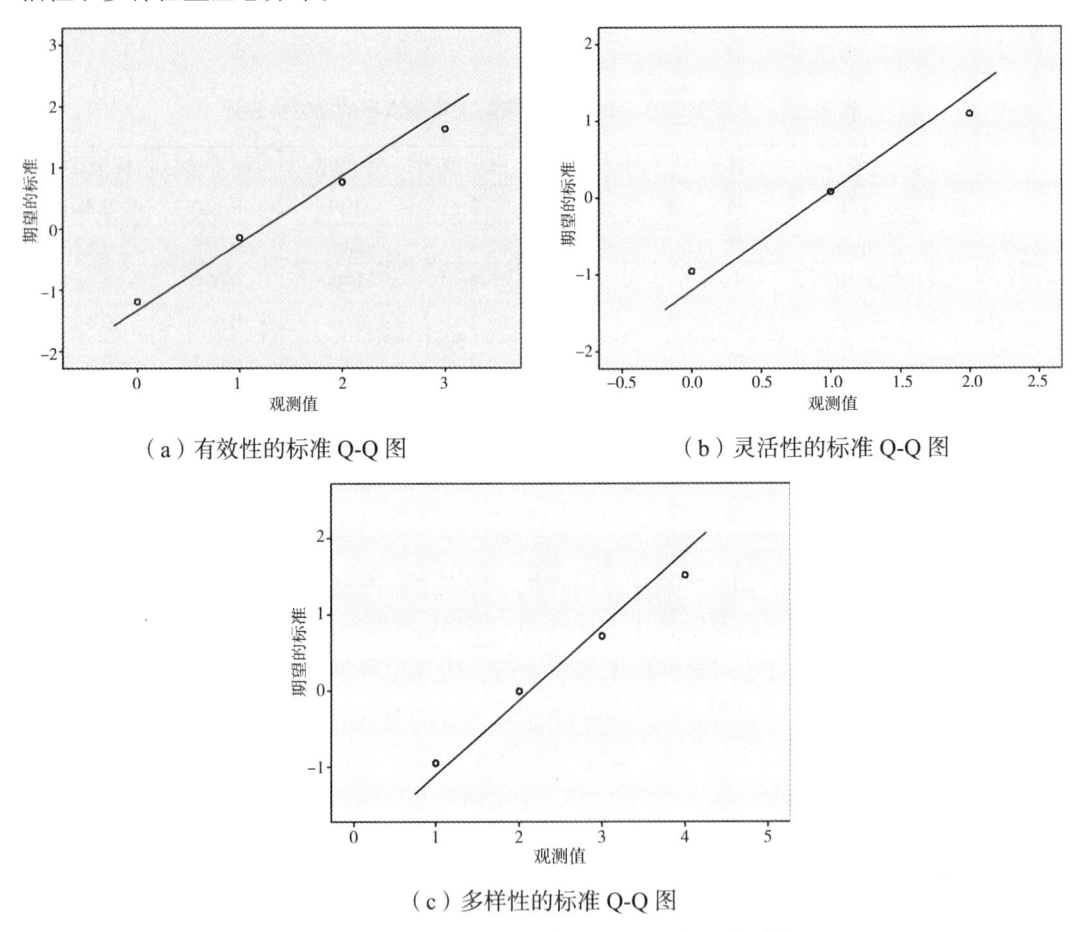

（a）有效性的标准Q-Q图

（b）灵活性的标准Q-Q图

（c）多样性的标准Q-Q图

图5-4 学生化学问题解决策略各维度数据正态分布图

对问题策略各维度数据进行方差齐性检验分析，如果显著性水平 $P>0.05$，则说明数据符合方差齐性，可以运用单因素方差分析不同学习水平的学生显著性差异水平，如果显著性水平 $P<0.05$，则说明该数据方差不齐，分析结果见表5-18。

表5-18 问题解决策略各变量的方差齐性检验

变量	Levene统计量	df_1	df_2	显著性
有效性	7.338	2	197	0.055
灵活性	2.349	2	197	0.098
多样性	7.315	2	197	0.073

从表5-18可以看出，问题解决策略有效性、灵活性和多样性 P 值均大于0.05，说明问题解决策略各维度数据通过方差齐性检验。运用单因素方差分析进行多重比较，分

析不同学习水平的学生问题解决策略水平是否存在显著性差异，结果见表5-19（1代表学优生，2代表中等生，3代表学困生）。

表5-19 不同学习水平的学生问题解决策略水平多重比较

变量		（I）组别	（J）组别	平均值差（I-J）	标准差	显著性	95%置信区间 下限	上限
有效性	LSD	1	2	0.840**	0.137	0.000	0.57	1.11
		1	3	0.963**	0.154	0.000	0.66	1.27
		2	3	0.123**	0.137	0.370	−0.15	0.39
灵活性	Tamhane	1	2	0.773*	0.102	0.000	0.53	1.02
		1	3	0.981**	0.122	0.000	0.69	1.28
		2	3	0.209*	0.126	0.273	−0.10	0.51
多样性	LSD	1	2	0.920**	0.161	0.000	0.60	1.24
		1	3	1.11**	0.181	0.000	0.75	1.47
		2	3	0.191*	0.161	0.237	−0.13	0.51

注：* 表示 $P<0.05$，** 表示 $P<0.01$。

从表5-19可以看出，学优生与中等生、学优生与学困生、中等生与学困生在问题解决策略三个维度上均有显著性差异。多数学优生平均能运用三种策略解决问题，问题解决表现出方向明确，思路清晰，问题解决者理解了题意，构建了良好的模型，认清了问题考查的本质，可以根据反馈信息及时调节使用策略，保证问题解决的有效进行。中等生平均能运用两种策略解决问题，问题解决过程中表现出有方向但无思路的情况，虽然能发现、反馈、调节所使用策略，但是对问题解决本身并不适合，导致问题解决不能有序进行。学困生在策略种类的使用方面，平均能使用一种策略解决问题，在问题解决过程中基本不能理解问题所呈现信息的意义，只有通过盲目搜索的方式试着对问题进行解答，问题解决过程中不能及时发现、反馈、调节使用的不当策略，导致问题解决失败。

5.3.5 小结

（1）学生问题解决策略有效性、灵活性、多样性的平均值分别为1.21、1.12、2.13。总体看来，学生问题解决过程中使用策略的有效性差异较大，多数学生问题解决过程表现出有方向但是思路不是很清晰的情况，对于题意的理解不全面，不善于运用问题情境中呈现的信息逐步推理去解决问题，缺乏对问题本质的理解。在问题解决策略灵活性方面，学生问题解决中使用策略的灵活性差异较大，大多数学生在问题解决过程中不能及时调整策略，学生对问题情境所呈现的信息理解不全面，或是理解了问题中呈现的基本信息，但不能灵活运用这些信息解决问题。学生在使用策略种类方面数量差异较大，学生最少只能使用一种策略，最多可以使用五种策略去解决问题，多数学生能使用两种策略去解决问题。

（2）学生成绩与问题解决策略有效性、灵活性、多样性之间呈显著性正相关关系。在问题解决策略有效性方面，如果学生对题意的理解越深刻，解题有明确的方向，解题思路越清晰，则其在化学问题解决上表现越好。在问题解决策略灵活性方面，如果学生在问题解决过程中，能及时发现、反馈、调整所使用的策略去解决问题，则其在化学问题解决上表现也就越好。在问题解决策略多样性方面，如果学生在问题解决过程中使用的策略种类越多，则其在化学问题解决上表现越好。

（3）三组学生之间在化学问题解决策略水平上存在显著性差异。要了解不同学习水平的学生在化学问题解决策略方面的根本差异，还需要进一步分析学优生、中等生、学困生的口语报告。为此，选择了三组学生中具有代表性的三位学生（学优生组代表S9，中等生组代表S31，学困生组代表S174）的口语报告做进一步分析，便于分析不同学习水平的学生间的认知差异。

S9：这是由氧气和锂单质组成的原电池，电解质中阳离子为锂离子。因为氧气从多孔碳材料电极进入，反应后生成了锂的氧化物。锂离子为正价，氧离子为负价。氧得到电子，所以锂电极为负极，正极为多孔碳材料，所以正极为氧气，得到电子生成锂的氧化物（书写正极）。因为锂的氧化物系数为x，所以氧气反应系数为$x/2$（根据化合价升降得出），生成物中锂的系数是2，方程式左边配上两个锂离子，得到两个电子（根据电荷守恒）。总反应方程式为氧气加锂单质，生成Li_2O_x（配平方程式）。这里的Li_2O_x是一个氧化物，因为x的数值不定，就可能会生成多种物质。Li_2O_x中锂为正一价，氧x为负二价。因为生成了锂的氧化物，生成了0.448 L的氧气。因为x越大，转移的电子数越小，所以应该取$x=2$。因为锂的氧化物里面有两个锂，它的价态应该是正一价，两个锂就应该是正二价，所以说转移的电子数至少为负二价，转移了2 mol，至少转移了0.04 mol（解答完毕）。

T：你认为这三题之间的联系是什么？

S9：之前做过类似的题，一般做题思路就是先判断正负极，在写某一个比较简单的方程式，再推出总反应方程式。

T：多孔碳材料、非水电解质和隔膜分别有什么样的作用？

S9：多孔碳材料的作用是增大氧气与锂离子的接触面积，加快反应速率。非水电解质就是电解质中没有水，但是该电解质也可以提供阳离子和阴离子。隔膜可以将正负极隔开，避免正极反应与负极反应直接接触。

T：该原电池的反应原理是什么？

S9：它发生了氧化还原反应，锂单质失去电子，电子由负极经过外电路导线到达正极，氧气得到电子生成锂的氧化物。电解质中锂离子向正极移动，电解质肯定有阴离子，阴离子会向负极移动。

> 3. 一种可充电锂-空气电池如下图所示。当电池放电时，电解质溶液中Li⁺向多孔碳材料区迁移，且O_2与Li⁺在多孔碳材料电极处生成Li_2O_x
>
> 正极为 __多孔碳材料电极__（填锂电极/多孔碳材料电极），
> 正极反应方程式 __$xO_2+2e^-+2Li^+=Li_2O_{2x}$__
> 总反应方程式 __$xO_2+2Li=Li_2O_{2x}$__，
> 若生成$Li_2O_x(x=1或2)$，消耗了0.448L（标准状况下）的氧气，此时反应中转移的电子至少为 __0.04__ mol。

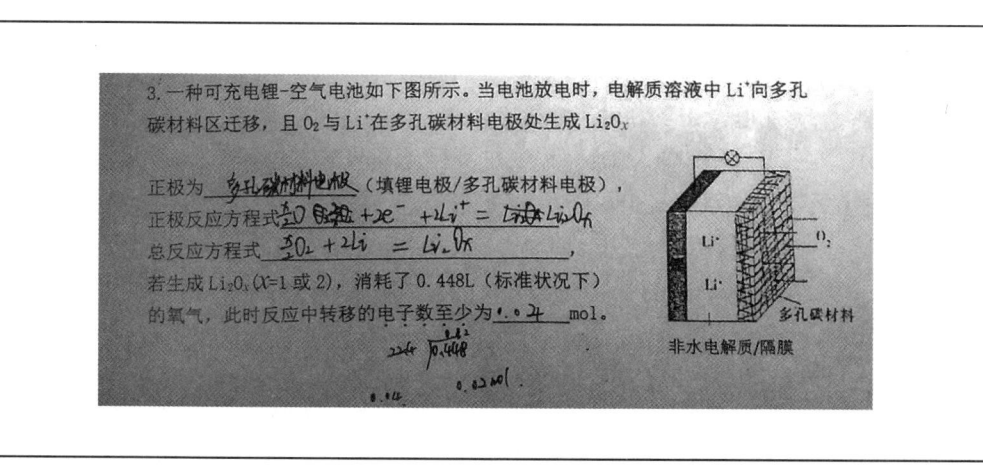

以上是学优生S9解决第三题时的口语报告情况。从S9的口语报告分析，该学生作答情况较好。在化学问题解决策略多样性方面，S9运用了五种主要策略去解决问题，分别运用了模型策略、整体策略、原理统率策略、程序策略、顺向推理策略。模型策略是指以某种程度的类似在现另一个系统（原物），在认识过程中以之代替原物，得到相关模型。S9在之前做过的类似题中构建了一个良好的化学模型。从问题解决者对于原电池正负极的判断，相关反应方程式的书写，以及原电池工作原理的回答中，可以看出S9构建了一个良好的原电池模型，才能成功解决问题情境。整体策略是指对问题局部难以入手的现状，可将之视为一个整体，从整体出发综合分析，整体处理后，思路清晰明了，计算简捷。S9在知道Li_2O_x存在多种状态的情况下，用一个未知数来表示方程式，整体分析Li_2O_x的化合价。原理统率策略是指学生理解了问题的本质，对于问题的解题思路十分清晰，能运用化学原理和思想整体分析解答问题。S9理解了该原电池工作原理：发生氧化还原反应，锂单质失去电子，电子负极由外电路导线到达正极，氧气得到电子生成Li_2O_x。电解质中锂离子向正极移动，电解质有阴离子，阴离子会向负极移动。因为看清了问题的本质，题意的理解深刻，所以在问题的解决过程中思路清晰敏捷。S9没有受到Li_2O_x中未知数的干扰，具体体现为对Li_2O_x题干中信息的理解清晰，思路清晰敏捷。程序策略是指问题解决操作步骤和顺序，当学习者了解这种操作程序之后，便可按照步骤解决，以减少因操作程序混乱而造成的时间浪费和消极情绪。被试者S9对正极反应方程式的书写，根据配平方程式的原则，元素守恒、电荷守恒配平方程式。在正负极判断和方程式书写中，根据规则按照一般解原电池思路步骤，书写出反应方程式。顺向推理策略是指分析给定状态和目标状态的差距，知道差距之后，通过设置子目标，正向解决问题。通过判断正负极，书写出正极反应方程式，在书写出总反应方程式通过顺向推理，比较当前状态和终态的差距顺向推理。

在问题解决策略有效性方面，S9充分理解了问题情境呈现的信息，在读题时S9根据题干中的信息理解了：该电池由氧气与锂单质组成；电解质中阳离子为锂离子；氧气与锂离子结合后生成了Li_2O_x，由氧元素从氧气变成氧离子，氧离子化合价位负极，氧元素从0价变成了-2价，化合价降低，化合价降低的极为正极。氧气是在多孔碳材料出发生反应，所以多孔碳为正极，锂电解为负极。S9判断出正负极之后，由题干中的"O_2

与 Li$^+$ 在多孔碳材料电极处生成 Li$_2$O$_x$"这句话书写出了正极反应方程式，并根据元素守恒和电荷守恒配平正极反应方程式。由此可以看出，S9 对题中信息的理解深刻，理解了题意。对于总反应方程式，从 S9 对该原电池的工作原理回答来看，因为 S9 知道了该原电池工作的内部原理，所以能正确书写出总反应方程式。从 S9 的答题过程可以看出，S9 在问题解决过程中，问题解决策略是处于方向明确思路清晰敏捷的水平，答题过程逻辑性强，思路也十分清晰。

在问题解决策略灵活性方面，S9 在读题的时便根据题中的正负极信息判断出：该电池由氧气与锂单质组成；电解质中阳离子为锂离子；氧气与锂离子结合后生成了 Li$_2$O$_x$，通过发现、反馈这些对问题解决有用的信息，在问题解决过程中出现偏差时，能根据之前发现、反馈的这些信息去调节策略，如 S9 在书写正极反应方程式时，发现书写的方程式电荷不守恒，及时调整策略去解决问题，在这里运用了程序策略去检验正极反应方程式是否正确，保证问题解决有效进行，表现出策略灵活运用的特点，达到较高的问题解决策略灵活性水平。

以下再以中等生组 S31 的口语报告材料对问题解决策略做详细分析。

> S31：这是一个二次电池，第二个就是判断正负极，并写出反应方程式，最后就是根据方程式进行计算，这道题有点困难的就是氧好像不是常考的 −2 价。
> T：之前有做过类似的题吗？
> S31：没有做过锂电池的题。
> T：这道题是属于原电池问题、离子反应问题或氧化还原反应问题？
> S31：算是氧化还原反应吧。因为锂离子向多孔碳材料区迁移，所以说多孔碳材料电极是正极。氧气它化合价降低，但是如果按平常的氧为 −2 价来看，锂离子化合价没有升高，所以说氧肯定不是 −2 价。总反应方程式，锂离子加氧气生成 Li$_2$O$_x$，我想配平这个方程式，但是这个电荷不守恒，左边是 +2 价，右边就是 0 价，肯定不对。
> T：那你觉得这个氧化物中，锂元素和氧元素的化合价分别是多少？
> S31：这里 Li$_2$O$_x$ 我不确定，锂只见过正价，就当锂离子为 +1 价，氧的价态就应该是 −2/x，锂离子为 +1 价。负极反应方程式我写不出，负极就是锂离子。负极会发生氧化反应，碳可以发生氧化反应？碳应该不能，难道是锂？（写出负极锂失去电子变为锂离子）
> S31：总反应方程式，因为反应物就只有氧气和锂，然后锂的价态升高了，变成了正一价，氧气的价态就应该降低，这个氧化锂整体的价态没有改变，这个氧离子氧的总价是 −2 价，除以氧的个数，就是 x 个，那氧的价态就应该是 −2/x（根据元素守恒写出总反应方程式）。正极反应方程式就应该得到两个电子，生成……（认为正极产物为氧离子）。（做下一道）消耗了 0.448 L 氧气，转换成物质的量就是 0.02 mol 的氧气，转移的电子数至少为……将 x=1 或 x=2 分别代入，1/2 份氧气加上 2 份锂生成的是氧化锂，氧气消耗了 0.02 mol，就应该是转移的 2 个电子乘以 0.02 mol，就是 0.04 mol（将 x=1 代入的方程式乘以公倍数 2，没有给转移的电荷数乘以 2）……它问至少是什么意思？无论是 x=1 还是 x=2，算出来的都是 0.04 mol，它为什么要问至少呢？但是应该是这样做的（答题完毕）。

T：你认为生成的这个氧化物是同一种物质吗？

S31：很明显不是。

T：能解释一下这个原电池是怎么工作的吗？

S31：就是锂变成锂离子，和氧气结合生成氧化锂。如果这是二次电池的话，就可以充电。电子是从负极到正极，从锂电极到多孔碳材料电极，电流是从多孔碳材料电极到锂电极。

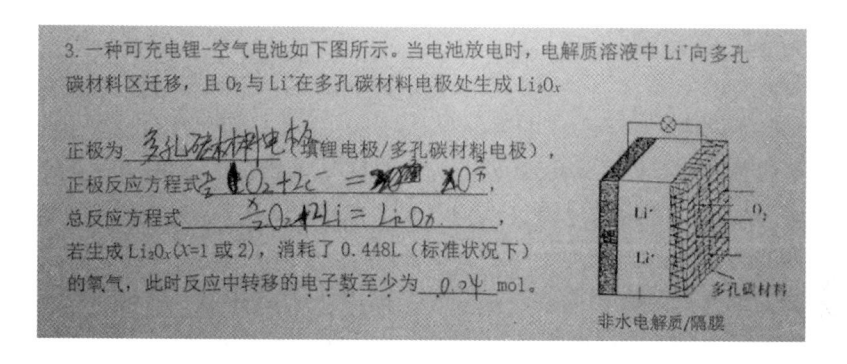

> 3.一种可充电锂-空气电池如下图所示。当电池放电时，电解质溶液中 Li^+ 向多孔碳材料区迁移，且 O_2 与 Li^+ 在多孔碳材料电极处生成 Li_2O_x。
>
> 正极为 <u>多孔碳材料电极</u>（填锂电极/多孔碳材料电极），
> 正极反应方程式 <u>$O_2+2e^-=2O^-$</u>，
> 总反应方程式 <u>$\frac{x}{2}O_2+2Li=Li_2O_x$</u>，
> 若生成 Li_2O_x（X=1 或 2），消耗了 0.448L（标准状况下）的氧气，此时反应中转移的电子数至少为 <u>0.04</u> mol。

从中等生 S31 的口语报告和作答情况来看，S31 可以根据题干信息中"锂离子向多孔碳材料电极处迁移"以及"氧气化合价降低"推理得到该电池正负极，正极为多孔碳材料，负极为锂电极。在书写正极反应方程式时，S31 认为正极反应方程式为氧气得到电子变成氧离子，没有注意到书写的正极反应方程式电荷是不守恒的，没有正确运用配平反应方程式的规则，如电荷守恒、元素守恒去检验书写的正极反应方程式是否正确，导致正极反应方程式书写错误。同时也可以看出，S31 对发生在正极反应情况没有充分理解，在书写正极反应方程式之前，S31 已经判断出正极为多孔碳材料电极，题中也给出了氧气会与锂离子在多孔碳材料反应的信息，但是 S31 却没有充分理解到这一重要信息，因此错误地书写了正极反应方程式。

在问题解决过程中，S31 主要运用了三种策略去解决问题，有假设—检验法、逆向推理策略、双向推理策略。假设—检验法也称为试误法，是指问题解决者在面临问题时，因为可能存在的问题解决方法，所以无法判断，只有通过逐一假设，检验方法的正确性，实际上是一种无头绪的盲目搜索。计算消耗电子数至少为多少摩尔时，因为不确定 Li_2O_x 中未知数的值，所以只能分别将 $x=1$ 和 $x=2$ 带入总反应方程式计算，这与前面学优生 S9 解答这道计算题时不同，S9 直接分析出未知数越大，转移的电子数越小，S9 运用的策略比 S31 要更好。逆向推理策略是指在问题解过程中，问题解决者根据问题情境分析目标状态和给定状态差距，知道差距之后，通过设置子目标，从后往前推理。S9 在分析氧的化合价时，根据生成的氧离子的化合价为 −2 价，因为有 x 个氧元素，所以一个氧元素的化合价就为 $-2/x$，逆向推理出一个氧元素的化合价。双向推理策略是指问题解决者一方面利用问题中已知条件和发散性思维向前推进，另一方面善于利用未知条件和收敛思维逆推，缩小问题差距。S31 判断出正负极，正极为多孔碳材料电极，负极为锂电极。

又利用题干中正极反应信息，氧气与锂离子在多孔碳材料处反应，因为正极反应为氧气得到电子变成氧离子，负极反应为锂失去电子变成锂离子，所以总反应为正极反应加负极反应，从正极和负极两个方向进行推理去解决问题缩小问题差距。

在问题解决策略有效性方面，S31根据题干中的信息"锂离子向多孔碳材料电极处迁移"，锂离子是阳离子，阳离子向正极迁移，得出正极为多孔碳材料电极，负极为锂电极。S31认为正极反应方程式为氧气得到电子变成阳离子，从S31的口语报告"总反应方程式，锂离子加氧气生成Li_2O_x，我想配平这个方程式，但是这个电荷不守恒"这句话中可以看出，最初，由于S31认为氧气与锂离子的反应是总反应方程式，因此才会认为总反应方程式的电荷不守恒。从这里可以看出，S31对正极反应情况其实并不清晰，只是知道正负极为哪一极，但是对其中的反应原理却不是很清楚，问题解决的状态处于有方向但是思路不清晰。

在问题解决策略灵活性方面，开始，因为S31认为锂离子与氧气的反应是总反应方程式，所以书写的反应方程式为氧气得到电子变成氧离子，后来发现了解决总反应方程式的策略，如S31使用双向推理策略去解决总反应方程式，但是对正极反应方程式中存在的错误策略并没有及时进行调节。如果S31利用元素守恒和电荷守恒去检验书写的正极反应方程式是否正确，即使用程序策略，就可以有效解决正极反应方程式的书写问题，由此可以看出，S31在问题解决过程中，虽然能及时发现、反馈与正极相关的反应信息，但是调节使用的策略对书写正极反应方程式本身并不适合，导致书写正极反应方程式无效，表现出策略使用灵活性不高的特点。

下面以学困生组S174的口语报告为例，对学生问题解决策略情况进行分析。

S174：看不懂题。我觉得很难，不知道怎么做。正极为多孔碳材料电极。

T：你怎么判断是多孔碳材料电极呢？

S174：不知道，看见有多孔碳材料，我就选了。判断正负极，锂离子向多孔碳材料迁移，说明锂离子、多孔碳材料是……（学生沉默不语）

T：你可以说一下你现在在想什么吗？

S174：锂离子带正电，就往负极移动，负极为多孔碳材料电极，锂电极为正极。

T：你怎么理解非水电解质、隔膜和多孔碳材料？

S174：多孔碳材料有很多孔，和活性炭一样，它是空气电池，多孔碳材料会增加与氧气接触面积，反应更快。在水的电解质中电子是不能下水的，但是非水电解质不知道能不能下水，就是可以从中间流过去，隔膜可以将正极和负极隔开。

T：你认为正极前三个问题之间有什么联系？

S174：写出总反应，再写正极反应。总反应减去正极得到负极，正极是锂电极。

T：之前有没有做过类似的题？

S174：有。

> 3.一种可充电锂-空气电池如下图所示。当电池放电时,电解质溶液中 Li^+ 向多孔碳材料区迁移,且 O_2 与 Li^+ 在多孔碳材料电极处生成 Li_2O_x
>
> 正极为 ~~锂电极~~ （填锂电极/多孔碳材料电极),
> 正极反应方程式_____,
> 总反应方程式_____,
> 若生成 Li_2O_x（x=1 或 2),消耗了 0.448L（标准状况下)的氧气,此时反应中转移的电子数至少为_____mol。

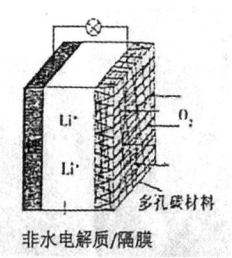

　　从 S174 口语报告和作答情况来看，S174 无法理解题目中有关原电池的相关概念，如非水电解质、隔膜、多孔碳材料等。该学生错误地理解了非水电解质，无法理解非水电解质就是没有水的电解质。对于多孔碳材料的作用只是理解到了很少的一部分，认为多孔碳材料的作用可以增大接触面积，加快反应速率，以及认为隔膜是将正负极隔开的作用。该学生在判断正负极时，明显出现了错误，认为锂离子带正电，就往负极移动，因为不确定正负极，所以错误判断出正极为锂电极。虽然知道判断正负极的方法，却错误地运用了问题解决的策略。从该学生作答情况中也可以判断出，他不仅对正负极的判断不明确，处于无方向且思路混乱的情况，而且对于问题解决路径混乱，不知道如何去解决这道题，也就不能发现有效的问题解决策略。

　　在问题解决策略多样性方面，S174 在解答第三题的过程中，使用了一种策略去解决问题，即盲目搜索策略。盲目搜索策略具体表现为：S174 不了解题意，在开始作答时就表示不知道如何去解答第三题，因为错误地理解了正负极的判断规则，认为锂离子往负极移动，所以得出多孔碳材料电极为负极，锂电极为正极，无法正确分析问题。

　　在问题解决策略有效性方面，从 S174 的口语报告"不知道，看见有多孔碳材料，我就选了。判断正负极，锂离子向多孔碳材料迁移，说明锂离子、多孔碳材料是……"，以及 S174 的作答情况来看，S174 并没有理解原电池的原理，对于正负极为哪一极不能准确判断出，只有通过毫无根据的猜测。这说明 S174 在问题解决过程中思路混乱，无法正确分析问题，问题解决策略有效性较低。

　　在问题解决策略灵活性方面，S174 运用策略的灵活度处于偏低水平。该学生在问题解决过程中，不能及时发现、反馈判断正极的错误信息。从他的口语报告"锂离子带正电，就往负极移动，负极为多孔碳材料电极，锂电极为正极"中可以发现，他错误认为阳离子往原电池的负极移动，无法正确分析问题。S174 不能发现有关书写正极反应方程式以及总反应方程式的信息，因为他对该原电池的工作原理并不清晰，所以不能书写正极反应方程式和总反应方程式，也不能计算最后的转移电子数。

　　通过以上对不同学习水平的学生在问题解决过程中使用的问题解决策略的案例分析，结合不同学习水平的学生问题解决策略的显著性差异分析，可以得出以下结论：

（1）在问题解决策略有效性方面，学优生与中等生、学困生之间存在显著性差异。学优生在问题解决策略有效性上明显强于中等生和学困生。从学优生的答题过程中也可以看出，学优生不仅对问题情境中呈现的信息理解十分透彻，还理解了问题求解的本质，问题解决表现出方向明确、思路清晰的特点。中等生对问题情境中给定的信息理解不全面，遗漏或并未全部理解到题目中的所有信息条件，能识别问题求解的障碍，问题解决过程有方向性，但是问题解决的思路并不清晰。学困生对问题情境中的所有信息理解较弱，甚至部分学困生完全不理解题干中呈现的信息，解决问题时毫无方向，不知道如何去解决问题，只能选择盲目搜索策略解决问题。在书写正极反应方程式和总反应方程式过程中，学优生 S9 将氧 x 看成一个整体，理解了题意且明白该原电池工作原理，能够正确书写出总反应方程式、正极反应方程式和负极反应方程式。S9 认为锂单质失去电子，电子从负极经外电路导线到达正极，氧气得到电子生成 Li_2O_x。因为电解质中锂离子向正极移动，电解质有阴离子，阴离子会向负极移动，所以问题解决才会方向明确、思路清楚。中等生 S31 不仅对氧气与锂离子在多孔碳材料的题意理解不充分，而且对正极发生的反应并未完全理解，认为正极反应为氧气得到电子变成氧离子，书写正极反应方程式出现错误。这说明中等生对原电池反应的中间过程不理解，只是知道发生反应初始状态和最终状态，不理解在反应过程中发生了什么，即不理解反应的中间状态。因此，在书写正极反应方程式时，该学生才会认为是氧气（初始状态）得到电子变成氧离子（最终状态）。如果中等生认真分析了正极反应的中间过程，氧气变成氧离子后会与锂离子结合生成 Li_2O_x，就不会出现这种错误。学困生则是完全不理解题目中呈现的信息，问题解决表现为没有方向也没有思路的状态，认为锂离子往负极移动，得出多孔碳材料为负极。学困生将阳离子往正极移动解题信息，错误运用为阳离子移动的方向是负极。这说明学困生并未理解原电池工作原理。

（2）在问题解决策略灵活性方面，学优生与中等生、学困生之间存在显著性差异。学优生运用策略的灵活度强于中等生和学困生。学优生对 Li_2O_x 分析是将其看作一个整体，而没有纠结 Li_2O_x 中的 x 的变化，从而顺利解决了问题，使用最适宜的策略。学优生理解了该电池工作原理：锂单质失去电子，电子从负极经外电路导线到达正极，氧气得到电子生成 Li_2O_x。因为电解质中锂离子向正极移动，电解质有阴离子，阴离子会向负极移动，所以才能根据题目信息及题目空间的转换过程中及时发现、反馈、调节策略解决问题。中等生在问题解决过程中，虽然能及时发现、反馈正极反应相关信息，但是调节后问题解决策略对问题解决本身并不合适，导致问题解决无效，表现出策略使用灵活度不高的特点。从分析中等生口语报告和作答情况来看，中等生虽然知道该原电池的初始状态和最终状态，但是对该电池工作的中间状态并不理解。因此，在书写正极反应方程式时，无法发现有用的问题解决策略，导致正极反应方程式书写错误。学困生由于缺乏对化学概念的理解，没有掌握化学原理及相关的规则，因此在问题解决过程中，不能及时发现判断正负极所用存在的错误，并反馈、调节所使用策略，在问题解决的过程中出现偏差或错误，呈现低水平的问题解决策略灵活性。因为学困生错误地运用了判断正负极的解题信息，对该电池是如何工作的也不理解，所以不能发现、反馈、调节策略去解决问题。这说明学困生缺乏对问题情境中所呈现信息本质的理解。

（3）在问题解决策略多样性方面，学优生与中等生、学困生之间存在显著性差异。从不同学习水平的学生的口语报告来看，学优生使用的问题解决策略种类要多于中等生和学困生。学优生会使用模型策略、整体策略、原理统率策略、程序策略、顺向推理策略等多种高水平的问题解决策略。中等生常使用假设—检验法、逆向推理策略、双向推理策略解决问题等中等水平的问题解决策略。学困生由于化学知识欠缺，概念理解不深，不能对问题形成正确深入的表征，或不能利用宏观表征、微观表征和符号表征对问题情境进行适当转换，缺乏正确理解问题考查本质的能力，因此常使用盲目搜索策略即试误法的问题解决策略。高中生解决计算类问题表征及其策略关系研究也表明：问题解决能力比较弱的学生通常都是运用盲目搜索策略进行答题，错误率明显高于利用原理统率策略的学生。中等生和学困生由于化学知识欠缺、不完善或不系统，对化学概念、基本原理的理解不深，或者化学基本概念并不是以程序性知识存在，对问题表征不够深入（表征正确度不高、表征灵活度或表征深度不够），导致很少使用原理统率策略解决问题，常使用盲目搜索策略或假设—检验法、逆向推理策略等去解决问题，解题错误率较高。

5.4 不同学习水平的高中生元认知水平的分析

5.4.1 高中生元认知发展水平整体情况分析

为了了解当前高中生化学问题解决中元认知的总体情况，利用 SPSS 22.0 对高中生化学问题解决中元认知量表整体和各维度进行描述统计分析，结果见表 5-20。

表 5-20　高中生化学问题元认知水平的描述性统计分析

结构	因素	维度	平均值		标准差	偏度
元认知	元认知知识	知识性	3.455	3.445	0.792	0.193
	元认知体验	意识性	3.605	3.605	0.833	−0.149
	元认知监控	计划性	3.141	3.170	0.972	−0.122
	—	监控性	—	3.323	0.778	−0.096
		反思与评价性	—	2.930	0.663	0.115

从表 5-20 看出：①从高中生化学问题解决过程中元认知的整体水平上看，平均值为 3.367，说明高中生化学问题解决中元认知处于中等稍偏上水平。②元认知体验、元认知知识和元认知监控的平均值分别为 3.605、3.455、3.141，说明高中生在元认知体验的发展要高于元认知知识和元认知监控的发展。③元认知的知识性、反思与评价性偏度介于 0~1，说明多数学生在这两个维度上的得分，位于平均值的左侧，即众数小于平均值，呈正（右）偏态；意识性、计划性和监控性三个维度则相反，偏度均为负数且绝对值在 0~1 之间，说明多数学生在这三个维度上的得分均大于平均值，呈负（左）偏态；元认知监控中的反思与评价性的平均分为 2.930。由此可见，学生在元认知知识性、反思与评价性的掌握程度较弱。

总的来说，多数高中生拥有较丰富的元认知体验和一定的元认知知识，能够对化学问题的整个解决过程进行监控、调整、反思和评价，具有一定的元认知能力，但元认知五个维度间发展并不平衡，尤其是反思与评价性维度与其他维度的差距较大。这说明高中生在化学问题解决过程中虽然已经储备了一定的元认知知识和拥有较丰富的元认知体验，但对化学问题解决过程的监控、解决策略的调整，以及问题解决后对问题的反思和评价也要同样重视。

5.4.2 高中生元认知水平与成绩的相关分析

为了解元认知模型的五个维度、成绩之间的相关性，对所采集的数据进行相关性分析，分析结果见表5-21。

表5-21 高中生化学问题解决中元认知各维度与成绩的相关分析

变量	知识性	意识性	计划性	监控性	反思与评价性	成绩
知识性	1					
意识性	0.238**	1				
计划性	0.609**	0.099	1			
监控性	0.348**	0.158*	0.182*	1		
反思与评价性	0.613**	0.042	0.569**	0.364*	1	
成绩	0.606**	0.259**	0.351**	0.351**	0.610**	1

注：* 表示显著性水平 $P<0.05$，** 表示 P 显著性水平 <0.01。

由表5-21可以看出：①化学问题解决中元认知各维度与成绩之间存在正相关关系，说明化学问题解决过程中的元认知水平是影响学生成绩的维度之一。②意识性与计划性、反思与评价性之间的相关性不显著。知识性与意识性、计划性、监控性、反思与评价性之间存在正相关关系。若学生能根据化学事实、概念、原则等分析问题的情境，按照某种步骤解决化学问题，则该学生的意识性、计划性、监控性、反思与评价性就越高，即学生的知识性越强，意识性、计划性、监控性、反思与评价性也越强。③计划性跟反思与评价性存在显著性相关，说明计划性、反思与评价性之间存在正相关。若在解决化学问题前，学生通过理解问题、明确目标、选择策略、确定思路，并能对整个过程进行规划和预测，则该学生的反思与评价性就越强，即计划性越强，反思与评价性也越强；④监控性与意识性、计划性、反思与评价性之间正相关。若学生在解决化学问题的过程中能对前面的内容或策略进行监测，发现错误后及时进行调整和修正，则该学生的意识性、计划性、反思与评价性，即学生的监控性越强，意识性、计划性、反思与评价性也越强。

5.4.3 高中生元认知水平的差异分析

为进一步探究不同学习水平的高中生元认知的差异，在进行差异分析前，还需检验数据是否符合正态分布检验。

5.4.3.1 正态分布与差异性检验

以知识性、意识性、计划性、监控性、反思与评价性五个维度为自变量，使用分析软件 SPSS 22.0 对所收集到的数据进行正态分布检验，如图5-5所示。

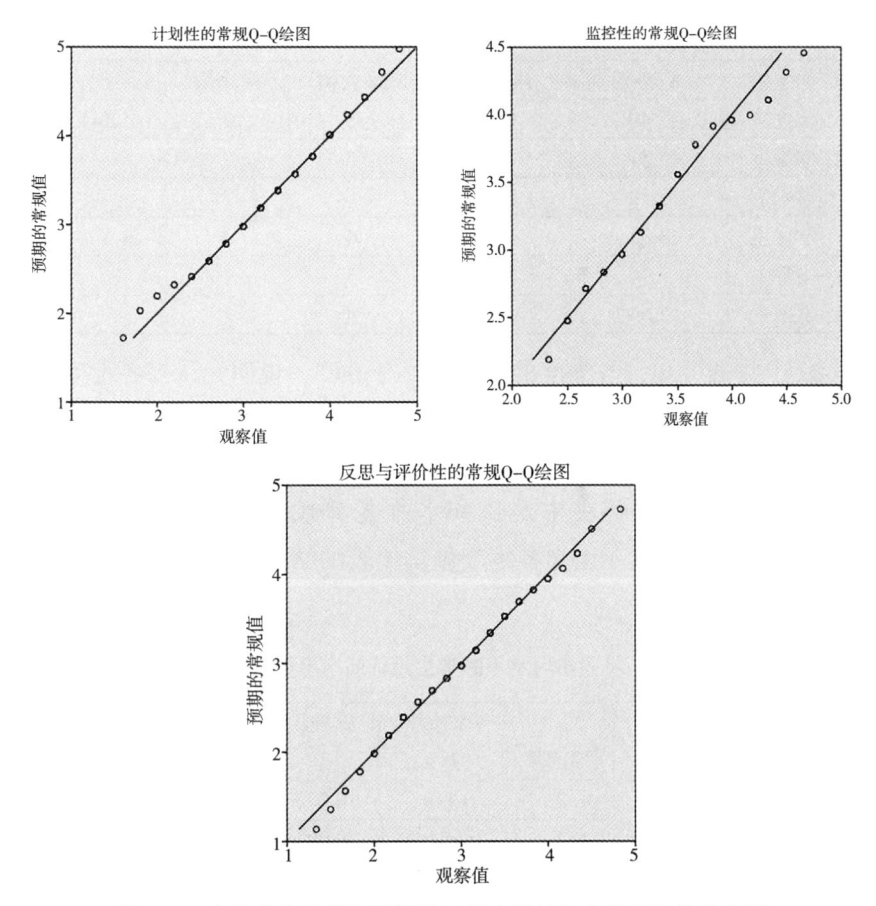

图 5-5　高中生在化学问题解决过程中元认知各维度正态分布图

结果显示，高中生在化学问题解决过程中元认知的五个维度均符合正态分布。以知识性、意识性、计划性、监控性、反思与评价性五个维度为自变量进行差异性检验，见表 5-22。

表 5-22　不同学习水平的学生元认知各维度差异性检验

维度	学生组	平均值	标准差	最大值	最小值	F	P
知识性	学优生	3.53	0.444	5	3	1.330	0.027
	中等生	3.44	0.410	4	2		
	学困生	3.37	0.422	4	2		
意识性	学优生	3.75	0.378	5	3	4.357	0.014
	中等生	3.64	0.391	5	3		
	学困生	3.40	0.423	5	3		
计划性	学优生	3.46	0.465	4	3	0.524	0.06
	中等生	3.16	0.607	5	2		
	学困生	2.90	0.708	5	2		

续表

维度	学生组	平均值	标准差	最大值	最小值	F	P
监控性	学优生	3.49	0.369	5	3	1.444	0.024
	中等生	3.31	0.422	5	2		
	学困生	3.18	0.561	5	2		
反思与评价性	学优生	3.37	0.560	4	2	1.471	0.023
	中等生	2.90	0.728	5	1		
	学困生	2.54	0.628	4	2		

由表 5-22 中数据可知，各维度的 P 值均小于 0.05，说明元认知各维度具有统计显著性不同组别学生在元认知各维度均具有显著性差异，可利用多重比较的方法做进一步比较。

5.4.3.2 高中生化学问题解决中元认知水平差异比较

不同学习水平的学生在元认知各维度多重比较的结果见表 5-23（1 代表学优生，2 代表中等生，3 代表学困生）。

表 5-23 不同学习水平的学生元认知水平多重比较结果

变量		（I）组别	（J）组别	平均值差（I-J）	标准误差	显著性水平	95% 置信区间 下限	95% 置信区间 上限
知识性	LSD	1	2	0.118*	0.075	0.116	−0.03	0.27
		1	3	0.203**	0.083	0.016	0.04	0.37
		2	3	0.085*	0.074	0.257	−0.06	0.23
意识性	LSD	1	2	−0.204*	0.070	0.004	−0.34	−0.07
		1	3	−0.259*	0.078	0.001	−0.41	−0.10
		2	3	−0.054*	0.070	0.436	−0.19	0.08
计划性	LSD	1	2	0.126*	0.105	0.230	−0.08	0.33
		1	3	0.379*	0.117	0.001	0.15	0.61
		2	3	0.252*	0.104	0.016	0.05	0.46
监控性	Tamhane	1	2	0.008*	0.072	0.999	−0.17	0.18
		1	3	0.181*	0.076	0.059	0.00	0.37
		2	3	0.173*	0.083	0.115	−0.03	0.37
反思与评价性	Tamhane	1	2	0.226**	0.103	0.086	−0.02	0.48
		1	3	0.474*	0.123	0.001	0.17	0.77
		2	3	0.248*	0.123	0.135	−0.05	0.55

注：* 表示显著性水平 $P<0.05$，** 表示显著性水平 $P<0.01$。

由表 5-23 可知，不同学习水平的学生在元认知的知识性、意识性、计划性和监控性五个维度之间均存在显著差异。

5.4.4 小结

本节采用自编"高中生化学问题解决过程中的元认知量表"对宜宾市某中学的 200

名高二学生进行元认知水平实证研究，基于测试所收集到的数据进行分析，获得结论如下：

（1）高中生元认知知识、元认知体验和元认知监控平均值依次为 3.455、3.605、3.141，高中生化学问题解决中的元认知处于中等偏上的水平，整体发展趋势良好，但元认知监控中的反思与评价性发展较弱（仅为 2.93）。

（2）高中生元认知各维度与学生成绩呈现正相关关系，元认知水平发展越高的学生，其成绩相应的也会越好，反之亦然。

（3）从元认知各维度看，三组学生均处于中等偏上水平，而且在元认知知识性和监控性上，学优生优于中等生和学困生，但在元认知体验水不存在这样的关系，学困生甚至比学优生高了一些。

通过分析不同学习水平的学生的口语报告和解决化学问题的具体情况来看，与中等生和学困生相比，学优生的知识性、计划性、监控性更强；在意识性上，学优生与中等生之间没有差异，但与学困生相比，差异非常显著，而且中等生与学困生之间差异也有较强的差异；在反思与评价性上，三组学生的水平均较其他维度弱，各组之间的差异也不大，仅学优生与学困生间存在差异。这说明高中生在解决化学问题后很少对化学问题和自己的解题过程、策略进行回忆、分析、反思与评价，大多数学生可能仅仅是为了刷题。

根据不同学习水平的学生在化学问题解决过程中的元认知量表数据和口语报告进行分析，可以得出以下结论：

（1）在元认知知识水平（知识性维度）上，学优生在知识性的三个方面（陈述性知识、程序性知识和条件性知识）上明显优于中等生和学困生，学优生能根据"电子和电流的流向""电极的活动性顺序""质量增多或产生气体"等化学原则判断出原电池的正负极，还能根据"锂失去两个电子"等化学事实辨别复杂氧化物中的化合价为 -2 价，其间还对题干中的关键信息进行勾画、记录并结合问题情境分析。这说明学优生不仅能灵活运用所学的概念、原理和原则解决化学问题，还能根据问题情境按照一定的步骤对问题进行分析，而中等生和学困生知识掌握程度不强，在程序性和条件性知识两方面也比较弱。

（2）在元认知监控水平的三个维度（计划性、监控性、反思与评价性）上，学优生明显优于学困生，与中等生间差异不大。在解决化学问题前，学优生和中等生对问题需要求解的变量非常明确，知道要求的方程式和摩尔数，确定关键因素是复杂氧化物中各元素的化合价；动笔前，对题干信息进行分析；发现难度较大的问题时，会转换思路先对难度较小的进行求解，在过程中，发现解题方法不能得出预想的结果时，会立即换用其他策略。这说明学优生和中等生在解题前会先确定求解目标、确定思路，能联系熟悉题型的解题方法进行分析，解题后会返回检验结果，而学困生解题的思路不明确，对曾经见过的问题再次遇到还是没思路。

（3）在元认知体验（意识性维度）上，学优生与学困生在元认知的认知体验和情感体验存在明显的差距，而与中等生之间的差异不大。学优生和中等生在动笔解决化学问题前，能说出本题与之前的化学问题有相似之处，并能结合之前的策略解题；分析过程中，遇到困难时，学优生和中等生开始会感到无处下手，但通过把问题分解为多个细节进行分析，最后发现问题没有想象中的困难。这说明学优生和中等生对曾经见过的化学问题记忆比较深刻，同样难度的化学问题，遇到障碍时，学优生和中等生有克服障碍的一个心理转变过程，而学困生几乎是直接放弃。

5.5 本章总结

5.5.1 高中生化学问题解决过程的认知差异

结合典型的口语报告材料，进一步分析了学优生、中等生和学困生在化学问题解决过程中的问题图式、问题表征、问题解决策略，以及元认知四种认知成分的主要差异及其本质原因，主要结果为：

（1）高中生的认知结构越完善，问题图式水平越高，提取知识的时间越短，操作灵活度越强，化学问题解决表现越好。大多数学优生在操作灵活度处于关联或拓展抽象水平，中等生问题图式知识有一定的广度，但问题图式丰富度还不够，知识间联系的精确度不够准确，操作灵活度处于多元结构水平。学困生由于缺乏对化学概念的意义理解，问题图式的丰富度欠缺，因此在问题解决的操作过程中还处于前结构或单点结构水平。

（2）高中生化学问题表征的整体表现不够理想，除问题表征正确度外，问题表征广度、深度和灵活度平均值较低。在问题表征广度方面，学优生能用宏观表征、微观表征和符号表征对问题信息进行表征，且能在"宏观⇌微观⇌符号"三重表征之间相互转换。中等生基本能使用宏观表征、微观表征和符号表征三重表征理解问题信息，但缺乏"宏观⇌微观⇌符号"三重表征之间相互转换的能力。学困生往往只能在宏观层面理解问题，用符号表征和微观表征形式理解问题比较困难。在问题表征深度方面，总体来说还处于偏低表征水平。绝大多数学优生达到了较高表征水平，能对问题信息进行转换后理解问题的本质和结构。中等生问题表征还处于较低水平，能理解问题陈述、问题求解的目标，能根据熟悉的信息对问题进行归类。学困生在对问题表征深度上处于低水平，在知识体系准确性和系统性上不及中等生。在问题表征的灵活性上，学生整体上介于模板识别和原型识别水平之间，大多数学优生能达到原型水平，中等生能达到模板水平以上。这大多数学困生在模板水平以下，一定程度上说明学生在日常学习过程中不善于对所遇到的问题进行归类整理。

（3）高中生在选择化学问题解决策略整体上处于中等水平，解决问题有一定的方向和思路。学优生具有多种问题解决策略，对问题表征形成后，构建问题模型，准确把握问题的解决方向和思路，用模型策略、原理统率策略等高水平的策略解决问题，并能根据问题空间的转换灵活调节问题解决策略。中等生在问题解决过程中常利用情境推理策略、类比策略、递归策略等中等水平的问题解决策略，当问题空间转换后调节问题解决策略的灵活度不及学优生。学困生具有的问题解决策略较少，常利用盲目搜索测控、假设—检验的策略对问题试着求解，问题解决灵活度较低。

（4）高中生在问题解决过程中学生表现出的元认知水平整体趋势良好，但元认知监控性维度中的反思与评价性表现较弱。元认知水平越高的学生面对陌生的化学问题情境表现得更好。

5.5.2 讨论

5.5.2.1 学优生化学问题解决过程的认知过程

学优生的化学学科图式广度、丰富度和整合度水平从整体上看都较高，即化学概念性知识、化学原理性知识和程序性知识掌握较好。如学优生 S4 能回忆起 26 个有关原电池主题内容的知识点，并且这些知识点之间联系紧密，知识点之间的关系非常精确，没有出现任何的错误连接。该学生不仅能说出与电解质溶液相关的钝化反应，还能说出各类原电池的工作原理，能结合原电池的工作原理中电极反应方程式与总反应方程式的关系推导出原电池工作过程中内、外电路离子、电子的移动方向。根据电极材料活泼性的顺序确定电极放电的顺序，原电池概念中各种概念之间的关系，如电极材料和电解质中阴阳离子的放电顺序，也能根据原电池工作原理判断酸性、碱性和中性环境对原电池工作的影响，以及电解质溶液的 pH 变化原因。在对化学问题所呈现的信息进行表征和问题的理解过程中，学优生具备多种表征形式的能力，利用多种表征形式及其之间的转换对问题信息进行分析，将问题情境中的文字、化学式等转换成符号表征的形式，利用原电池工作原理对问题信息利用"宏观⇌微观⇌符号"表征进行相互转换。如学优生 S3 将符号表征转换成了微观表征之后，确认了这种可充电锂－空气电池的正极，再根据电池反应原理，电解质溶液中离子移动方向判断出原电池的负极，进而认识了这种新型可充电锂－空气电池工作原理。在对问题进行理解过程中，学生的原电池主题内容的相关的化学概念性和原理性知识，如氧化还原反应、原电池工作原理、程序性知识，以及金属材料、非金属材料、电解质中的阴阳离子的放电顺序等对学生判断陌生的原电池工作原理起到了关键性作用。此外，从学优生 S3 问题解决口语报告还可以发现，学生能正确认识新型的原电池工作原理，是因为学生能准确地抓住问题情境中的关键信息，即"当电池放电时，电解质溶液中的 Li^+ 向多孔碳材料区迁移"，结合情境中所呈现的图片表征，迅速就能判断这种电池的工作原理，在深层表征的基础上认识了问题的结构。由此可以看出，学优生对陌生化学问题能达到深层表征的基础是扎实的化学图式知识，根据所学的化学概念性知识、程序性知识，在多重表征的基础上建立一种问题模型，并识别这种问题的类型或原型。如学优生 S3 通过判断得出这种新型电池考查的是原电池工作原理的结论，然后通过回忆原电池原型的工作原理来判断这种新型可充电锂－空气电池的工作原理。又如学优生 S9 通过之前学习的类似的问题，通过"宏观⇌微观⇌符号"表征之间的转换就可以判断这种新型可充电锂－空气电池的工作原理。需要特别指出的是，学优生能准确识别问题中的关键信息、干扰信息和多余信息。如学优生 S9 能识别问题呈现的关键信息（文字和图片信息）"氧气从多孔碳材料电极进入"，结合题干中的信息"当电池放电时，电解质溶液中 Li^+ 向多孔碳材料电极区迁移"。此外，学优生 S9 还能排除问题情境中的多余信息或干扰信息，如"多孔碳材料电极"。由于学生可能平时学习中接触过多孔碳材料的作用，以及非水电解质的作用，因此不受这些信息干扰。在问题解决策略的选择过程中，学优生 S9、S3 均选择了高水平的问题解决策略。如学优生 S3 在化学问题解决过程中至少使用了五种有效的问题解决策略：模型策略、整体策略、原理统率策略、程序策略和顺向推理策略，同时也表现出了学优生问题解决策略多样性的特征。由于学生理解了化学问题的类型、结构，构建了化学问题解决的模型，因此选择解决问题策略的方向明确、思路清晰。如正极反应方程式可以用总反应方程式减去负极反应方程式的关系来判断。在书写电极反应方程式时，学优生发现电荷不守恒，及时调整了电极反应方程式的配平方法，体现了学优生能根据问题解决中问题空间的转换灵活使用各种化学问题解决策略的特征。

此外，在对学优生的口语报告进行分析过程中还发现，有部分学生读完题后很快就找到了问题解决策略。这部分学生问题解决用时很少，基本上读完题后就知道了问题该如何解。通过对学生图式水平、口语报告的详细分析发现，这部分学生问题表征水平基本上是问题解决后完成的，即对问题表征之前就完成了问题解决策略的选择。以学优生 S49 为例，该学生关于原电池主题的图式广度、丰富度、整合度、正确度、信息检索率和操作灵活度水平分别是 20、15、0.43、1、0.083 和 4。这反映了该学生在原电池主题知识的系统性和精确性，并且检索这些知识的时间非常短，综合利用这些知识的操作水平达到了 SOLO 分类标准的拓展抽象水平。在问题表征过程中，能鉴别到该学生的问题表征广度、深度和灵活度分别是 3、2、2。这反映出该学优生对原电池的表征水平并不高。但是，该学生使用的问题解决策略多样性、有效性、灵活性分别达是 3、3、4。这反映了该学生解题策略处于高水平层次，使用的问题解决策略分别是原理统率策略、整体策略和模型策略。通过口语报告分析发现，该学优生在读完题后就利用了金属锂离子和氧气的性质直接做出了电池正负极的判断，进一步追问得知，该学生具有这方面的特定判断标准知识（学优生 S49 归功于化学教师曾经总结过）。S49 做完题后再回过去对题重新分析了一遍后，确认了之前解决问题使用的方法是正确的，然后完成了解题的整个过程。类似 S49 的化学问题解决认知发生机制的学优生还比较多。因此，学优生已有的与问题相关的化学图式知识会直接影响学生问题解决策略选择和应用，这说明了之前建构和验证的问题解决认知模型的合理性。

最后，学优生在化学问题解决过程中表现出高水平的元认知监控性、条件性及反思与评价性能力。正如分析学优生 S49 的口语报告中所得结论一样，学生在化学问题解决过程中的元认知对问题的定向、组织、监控和反思都在起作用。学优生在化学问题信息阅读和理解过程中会将问题呈现的信息与已有的跟当前问题相关的化学知识联系起来判断这些知识是否对解决问题有用。如学优生 S1 和 S183 通过对问题中文字和图片信息迅速想到了判断原电池电极的方法，还想到了氧化物中氧元素和锂元素常呈现的化合价，氧化还原反应的相关原理，以及金属、非金属电极放电的顺序，并利用信息进行推理过程中的条件的使用是否满足等。在整个化学问题解决过程中，学生信心十足，没有出现焦虑不安的情况，遇到障碍时能冷静处理。在写电极反应方程式前，学生知道先要判断电极的活泼性，再根据原电池工作原理来书写电极反应方程式。这说明学生目标明确，对整个解题具有明显的计划性。在书写总反应方程式时，学生发现与预想的不同，立即停下来检查过程中哪里出了问题并纠错，完成问题解答后对全部内容进行了检查，表现出较强的元认知监控性、反思与评价性。

5.5.2.2 中等生化学问题解决的认知过程

中等生的化学图式广度、丰富度和整合度不及学优生水平高，从中等生的 Flow-Map 绘制出的流程图可以看到，部分中等生化学概念之间、化学知识点之间联系不太紧密，有的不精确，甚至还出现错误。如中等生 S34 的流程图显示，学生只能回忆出 9 个原电池主题的图式广度的知识点。在详细描述各知识点时，只能说出部分的内容，如只能举例说出原电池有哪些，但无法回忆原电池的分类标准，以及每类原电池具体的工作原理，原电池主题的图式知识网络结构较简单，也显得松散。在问题解决和问题理解过程中，能理解题目中各种概念的意义，知道这种新型的可充电锂－空气电池考查的是原电池的工作原理，也知道 Li^+ 移动来判断电池的正负极，但在关键信息 Li_2O_x 处遇到了障碍，因为氧元素和锂元素同时出现在了生成产物中，而产物 Li_2O_x 又无法判断各元素的化合价，也就没有办法判断哪种元素在整个原电池反应中得失电子，从而没有办法判断电池的正负极。一个原因是学生缺少或遗忘了部分知识点（如何根据总反应方程式判断化合价的升降，从而写出正负极反应方程式），因此，难以判断正极的产物是什么，没有办法写出正极反应方程式。虽然中等生 S66 在理解问题过程中与 S34 相差不大，但在判断出原电池的正负极后，书写正极反应方程式时与 S34 不同。S66 先根据原电池总反应的产物 Li_2O_x 先写出总反应方程式，然后根据原电池反应原理用总反应方程式减去负极反应方程式，得到正极反应方程式，因为学生 S66 知道负极反应方程式是容易写的。因此，中等生 S66 在解决化学问题策略的选择和运用上要好于 S34。另外一个原因是，较少的中等生能准确记得原电池中不同电极，如金属、非金属，阴阳离子的放电顺序，酸性、碱性和中性电解质对原电池工作原理的影响。加上中等生平时学习和问题解决学习中较少总结各种问题的类型，没有积累相关问题的原型，遇到类似新型的陌生电池就感到困难。在化学问题解决策略的选择和运用上，从学生口语报告中发现，中等生常使用的三种中等水平的问题解决策略是假设－检验策略、逆向推理策略和双向推理策略。如中等生 S31 在最初没有办法判断产物 Li_2O_x 中各元素的化合价时，只能试着分别把 $x=1$ 和 $x=2$ 分别带入总反应方程式计算，这与学优生的判断是完全不同的。如学优生 S9 是直接分析出未知数越大转移的电子数就会越小，这种整体的问题解决策略显然要比假设－检验的策略要优越，效率也高。除此之外，学优生 S9 还利用逆向推理，根据产物 Li_2O_x 计算了氧元素的化合价 $-2/x$，这种策略学生还常用于总反应方程式来判断正负电极的反应方程式。在问题解决策略运用的灵活性上，由于中等生掌握的策略较少，在解题过程中只有 1~2 种策略可选择，使用的策略一旦失败，很少想到利用其他的办法来解决。如中等生 S31 使用双向推理策略去解决总反应方程式，但是对正极反应方程式中存在的错误策略并没有及时进行调节，如果 S31 利用元素守恒和电荷守恒去检验书写的正极反应方程式是否正确，即使用程序策略，就可以有效解决正极反应方程式的书写问题。由此可以看出，S31 在问题解决过程中，虽然能及时发现、反馈与正极相关的反应信息，但是调节后使用的策略对书写正极反应方程式本身并不适合，导致书写正极反应方程式无效，表现出策略使用灵活性不高的特征，问题解决策略的运用有时得不到好的效果。

对中等生的口语报告分析过程中也发现了与学优生同样的现象：学生的图式水平比较高，对问题表征的水平仅仅属于中等水平，但学生问题解决策略的选择和应用水平非常高。以中等生 S148 为例，S148 关于原电池主题的图式广度、丰富度、整合度、正确度、信息检索率和操作灵活度水平分别是：14、10、0.42、0.93、0.044 和 3。这反映出学生在原电池主题知识的系统性和精确性，并且检索这些知识的时间非常短，综合利用这些知识的操作水平达到了 SOLO 分类标准的关联水平。在问题表征过程中，能鉴别到学生的正确度、表征广度、深度和灵活度分别是 3、2、2、1。这反映出学生对原电池的问题表征水平尤其是对问题表征深度并不高。但是，该学生使用的问题解决策略多样性、有效性、灵活性分别达是 2、2、3。这说明了学生解题策略处于中等水平，使用的问题解决策略分别是类比推理策略、程序策略。不过，类似 S148 的学生在中等生群里里面占的比例就远不及有同样现象的学优生在学优生群里占的比例那么高。

最后，中等生在化学问题解决过程中的计划性、监控性、条件性和反思与评价性上，从口语报告中明显可知比学优生差。如中等生 S21 虽然能回忆起曾经见过类似的原电池，但在问题解决和问题进行理解过程中，学生多次质疑自己的方法是否正确，常自言自语"不对""是这样写吗"。这也说明了中等生问题解决的计划性不及学优生。但学生解题后，仍对整个过程进行了检查，反映出中等生有反思与评价性意识。

5.5.2.3 学困生的化学问题解决认知过程

有研究指出，中学生化学学习困难主要原因是学生难以将化学知识建立起内在联系，缺乏对化学知识的深刻理解，在解决实际问题时，对化学概念和原理缺乏迁移性。学生对知识"提取困难"的本质是：知识内容不熟悉、知识意义不明确、知识连接不清晰、知识网络不完善等。这些现象从学困生访谈及化学问题解决过程的口语报告中反映很明显。如学困生 S127 尤其明显，该学生只能回忆起原电池 4 个相关知识点，化学概念性知识严重不足，在主题内容图式知识基本上形不成知识网络结构图，只能举例说出一些电池名称；在化学问题解决的口语报告中也只能回忆起原电池总反应方程式是正极反应方程式和负极反应方程式相加对；对"非水电解质"和"多孔碳材料电极"的作用也记得模糊不清，只是能回忆起这种材料是见过讲过，但具体作用回答也是错误的。又如学困生 S113 能回忆起原电池主题相关知识点 12 个，但这些知识点基本上是围绕原电池的构成条件、氧化还原反应和原电池举例来说的。对原电池工作原理、原电池电极的判断、酸碱性电解质，以及金属、非金属、阴阳离子放电顺序这些重要的概念、原理和程序性知识没有提到。从学困生 S113 口语报告可以发现缺乏这些核心概念。由于学生没有办法深刻理解问题中原电池工作原理、非水电解质和多孔碳材料的概念和作用，也没有办法判断反应产物中 Li_2O_x 各元素的化合价，因此没有办法判断原电池的正负电极，只能判断出问题考查的是原电池方面的知识。此外，在缺乏原电池工作原理基础上，没有办法将问题中这些符号表征转换成微观表征。在问题解决策略选择上，学困生常采用盲目搜索策略，如学困生 S174 在读完题后，直接说很难，由于学生觉得这种新型的原电池从前没有遇到过，在理解隔膜、非水电解质和多孔碳材料时也是根据字面意思来理解，如"非水电解质就是没有水""隔膜就是让离子通过"等似是而非的表层意义。因此，没有任何一种有效的办法判断原电池的正负极,更没有解决问题的策略。化学问题解决过程中遇到困难,大多数学困生都感到焦虑,甚至选择放弃,元认知水平整体较低。

综合以上的讨论,进一步验证了本次研究所建构的化学问题解决认知模型的合理性和有效性。首先,学生的化学问题图式知识可以直接作用于问题解决策略,也可以间接通过对问题表征这个中介变量来作用于问题解决策略,元认知在整个问题解决过程认知变量中都有表现。化学问题解决中学生的化学知识在整个问题解决过程中是最重要的作用。通过对高中生原电池主题图式知识,以及在化学问题解决的口语报告中的问题表征和问题解决策略选择的分析,笔者认为,高中生已有的化学图式知识(包括概念性知识和程序性知识)对学生的问题表征具有最重要的作用,通过问题表征深度进而影响化学问题解决策略的选择和应用。这一结论与辛自强关于小学生数学问题表征和问题解决策略选择的研究、李广州关于化学问题表征和问题解决策略的研究一致。他们认为,学生解决问题是通过问题表征起中介作用的。其次,学生已有的化学图式知识直接决定化学问题解决策略的使用,也就是说学生的化学图式知识会直接影响学生对化学问题解决方法的选择,这个过程可能是自动化的、无意识的、快速的,不会经过问题表征的过程。这个现象在学优生、中等生和学困生的问题解决口语报告中有真实的体现,不过这个比例在这三组学生中逐渐减少,主要原因是学困生和中等生的化学知识图式水平要比学优生要差。这一结论在辛自强的问题表征和策略的研究结果中并没有提到。最后,元认知在整个化学问题解决过程中起着定向、组织、监控、反思与评价作用,这一点在学优生和中等生的口语报告中反映最为明显,学困生由于缺乏化学图式知识,没有办法对陌生的化学问题进行表征,因此元认知在化学问题解决中的作用表现不明显。从高中生化学问题解决认知模型的理论构建到实证研究,结合不同学习水平的高中生问题解决过程中认知差异的比较分析,综合验证了所构建模型的有效性。因此,高中生化学问题解决认知模型具有了理解、解释和预测学生化学问题解决结果的可能性,也可以提出培养学生化学问题解决认知发展的教学方法。

第6章　促进高中生化学问题解决认知发展的教学建议

高中生化学问题解决认知模型可以对学生的问题解决具有一定的诊断、预测作用，同时也对中学化学教学提出有操作意义的建议。高中生化学问题解决认知模型揭示了高中生化学知识图式，即化学知识图式广度、丰富度、整合度等在化学问题表征和问题解决策略过程中所起到的重要作用。学生的问题表征能力是化学问题解决过程中关键的环节，问题表征正确度、广度、深度和灵活度会影响学生化学问题解决策略的选择。元认知在整个问题解决过程中主要是起到定性、组织、选择、监控与调节以及评价与反思的作用。结合不同学习水平的学生化学问题解决过程中的认知差异的分析，笔者提出以下教学建议。

6.1 促进学生化学问题图式发展的教学建议

学生的化学知识图式水平对化学问题解决是至关重要的。如果学生拥有中的化学知识点数量越多，知识结构越完善，层次性越好，联系越紧密，即图式水平越高，则知识提取时间越短，化学问题解决过程中综合运用相关知识越灵活，问题解决能力越强。若学生仅有一大堆零散的化学知识是不够的，这些知识还须不断精制化、结构化，形成互相关联的组块，才能在解决问题时顺利提取。在Flow-Map学生访谈过程中发现，多数学困生只能回忆起零星几个知识点，而且说不出它们之间的联系，如有一名学困生提到"电子不下水，离子不上岸"，当被进一步询问这句话的内涵时，发现学生只是死记硬背，根本不理解实际意义，更无法运用来解决问题。而且，有研究指出，学生在化学问题解决过程中知识"提取困难"原因主要是：知识点内容不熟悉，知识意义不明确，知识连接不清晰，知识网络不完善，知识情境不真实，知识负迁移效应。因此，高中生的化学问题解决的困难之一是化学知识间难以建立起内在联系，缺乏对化学知识深刻的理解，在解决实际问题时对化学概念和原理缺乏迁移性。化学教师如何能提高学生化学知识图式水平呢？本节以下内容将给出回答。

6.1.1 重构化学教材内容

《普通高中课程方案（2017年版）》明确指出："进一步精选了学科内容，重视以学科大概念为核心，使课程内容结构化，以主题为引领，使课程内容情境化，促进学科核心素养培养的落实。"教材重构是教师根据教材、学生有关知识基础、经验、智力和非智力因素的实际情况，对教材内容进行的科学处理。教材重构是教师对教材内容进行有效组织并纳入课堂教学之前的一个重要环节，其核心依据是课程标准中有关内容的教学目标和教学要求，它们也是教材重构的核心依据。因此，一线教师必须以课程标准、现行教材和考试大纲为主要依据，结合学校条件、学生情况，以及当前社会、科学、技术和环境的发展状况进行教材重构，注重化学知识的结构化、主题化和表征化。化学知识结构化、主题化和表征化是教材重构的基本方式，是促进学生已有图式发展和新图式构建的基础。化学教材重构模式如图6-1所示。

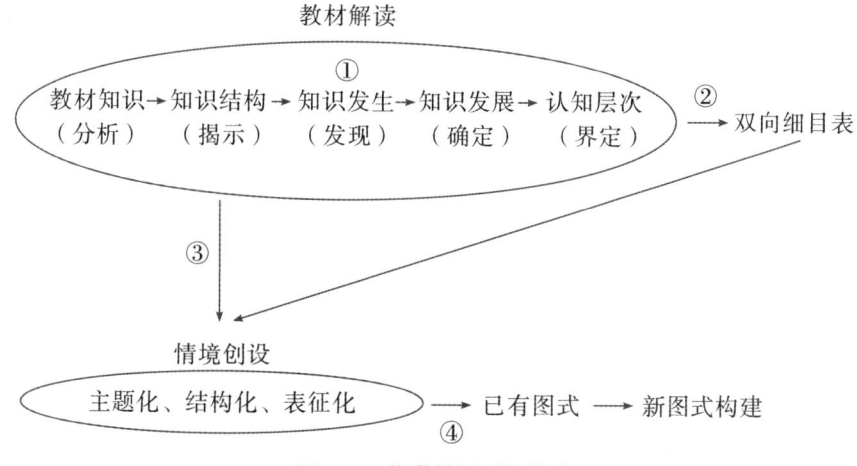

图6-1 化学教材重构模式

6.1.1.1 结构化——建立化学学科大概念

根据学生认知的发展性和阶段性，教材中属于同一个大概念的化学知识常常被分解成多个部分，并将其按由浅入深的认知层次分散编排，或跨节，或跨章，甚至跨教材模块。如大概念"氧化还原反应"的有关知识，被分散到人教版高中化学必修1、必修2和选修4。

化学知识的结构化，就是将教材中分散的知识整合到相应的大概念中，形成学科大概念内容图式（即认知结构体系）。化学知识结构化旨在指导教师设计教学递进目标，实施单元教学或分层教学，定向设计、组织实施和反馈评价学习活动，促进学生认知图式的有效发展。

【例6-1】化学学科大概念"氧化还原反应"内容图式的构建过程：课程标准要求→高考考试大纲要求→教材内容→学生认知层次→增删和优化［增加、删减、优化（物化、实验化、数字化、置换、重组、简化、抽象、模型、案例、形象化）］→单元结构化→大概念。

明确课程标准和考试大纲要求，见表6-1。

表 6-1 大概念"氧化还原反应"课程标准和考试大纲要求

《普通高中化学课程标准（实验）》		《2019年普通高等学校招生全国统一考试大纲（化学）》	说明
人教版高中化学必修1	根据实验事实了解氧化还原反应的本质是电子的转移，举例说明生产、生活中常见的氧化还原反应	（1）了解氧化还原反应的本质。了解常见的氧化还原反应。掌握常见氧化还原反应的配平和相关计算。 （2）理解原电池和电解池的构成、工作原理及应用，能书写电极反应方程式和总反应方程式。理解常见化学电源的种类及其工作原理。 （3）了解金属发生电化学腐蚀的原因、金属腐蚀的危害以及防止金属腐蚀的措施	考试大纲融合了人教版高中化学必修2和选修4的内容
人教版高中化学必修2	（1）举例说明化学能与电能的转化关系及其应用。 （2）认识提高燃料的燃烧效率、开发高能清洁燃料和研制新型电池的重要性		
人教版高中化学选修4	（1）体验化学能与电能相互转化的探究过程，了解原电池和电解池的工作原理，能写出电极反应方程式和电解池反应方程式。 （2）通过查阅资料了解常见化学电源的种类及其工作原理，认识化学能与电能相互转化的实际意义及其重要应用。 （3）能解释金属发生电化学腐蚀的原因，认识金属腐蚀的危害，通过实验探究防止金属腐蚀的措施		

教材内容评价及单元图式化，见表 6-2 和图 6-2～ 图 6-4 所示。

表 6-2 大概念"氧化还原反应"教材内容

教材内容	认知层次	增删和优化	单元图式化
教材内容见人教版高中化学必修1第二章第三节"氧化还原反应"，第35~43页	了解：氧化还原反应事实、本质及其实例，氧化剂和还原剂概念，氧化性和还原性概念，常见氧化剂和还原剂，氧化还原反应规律。 掌握：氧化还原反应的配平和相关计算	初中化学中已学氧化还原反应实例，氧化还原反应概念，氧化剂的氧化性和还原剂的还原性，氧化剂氧化性强弱和还原剂还原性强弱，氧化产物和还原产物，氧化还原反应规律，氧化还原反应类型	图 6-2
教材内容见人教版高中化学必修2第二章第二节"化学能与电能"，第39~46页	了解：举例说明化学能与电能的转化关系及其应用，原电池概念。 理解：原电池的构成、工作原理及应用，能书写电极反应方程式和总反应方程式。 了解：认识提高燃料的燃烧效率、开发高能清洁燃料和研制新型电池的重要性	生活、生产中常用原电池——锌碳硫酸电池，原电池工作时电解质溶液中的阴阳离子移动可视化实验，电极材料的发展，原电池模型	图 6-3

130

续表

教材内容	认知层次	增删和优化	单元图式化
教材内容见人教版高中化学第四章"电化学基础",第71~89页	了解:体验化学能与电能相互转化的探究过程。 理解:原电池和电解池的工作原理,能写出电极反应方程式和电池反应方程式;常见化学电源的种类及其工作原理。 了解:认识化学能与电能相互转化的实际意义及其重要应用。 了解:能解释金属发生电化学腐蚀的原因,认识金属腐蚀的危害,通过实验探究防止金属腐蚀的措施	单液电池与双液电池异同,闭合连接(盐桥、阳离子交换膜和阴离子交换膜);电解池中电极的种类及其变化;电解的类型;原电池和电解池原理的有关应用	图6-4

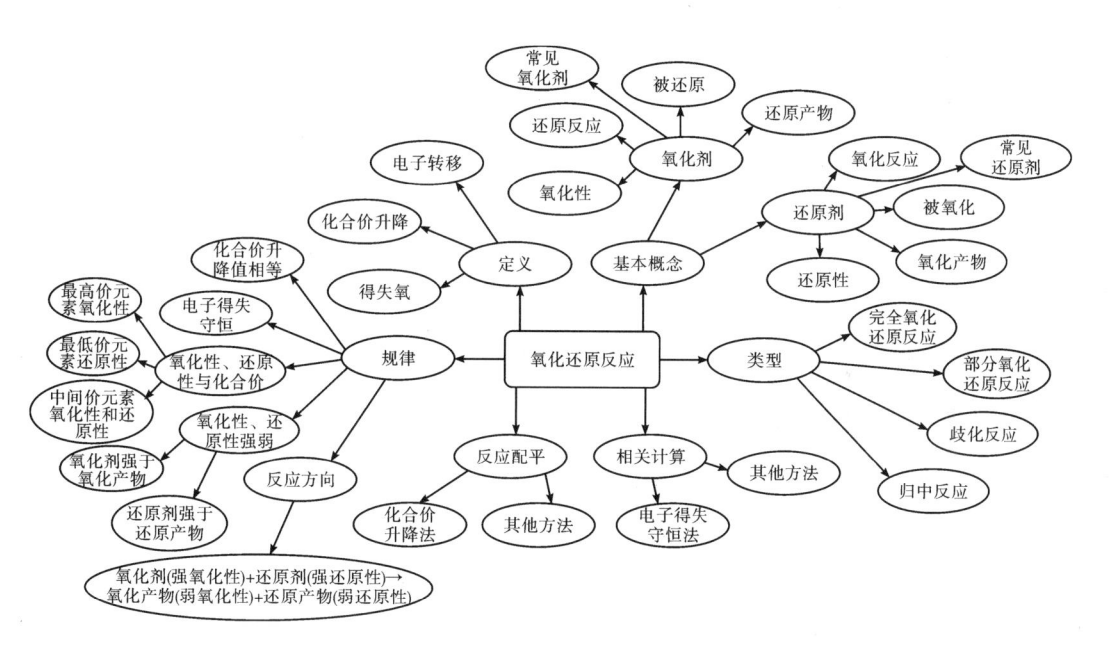

图6-2 氧化还原反应单元图式化

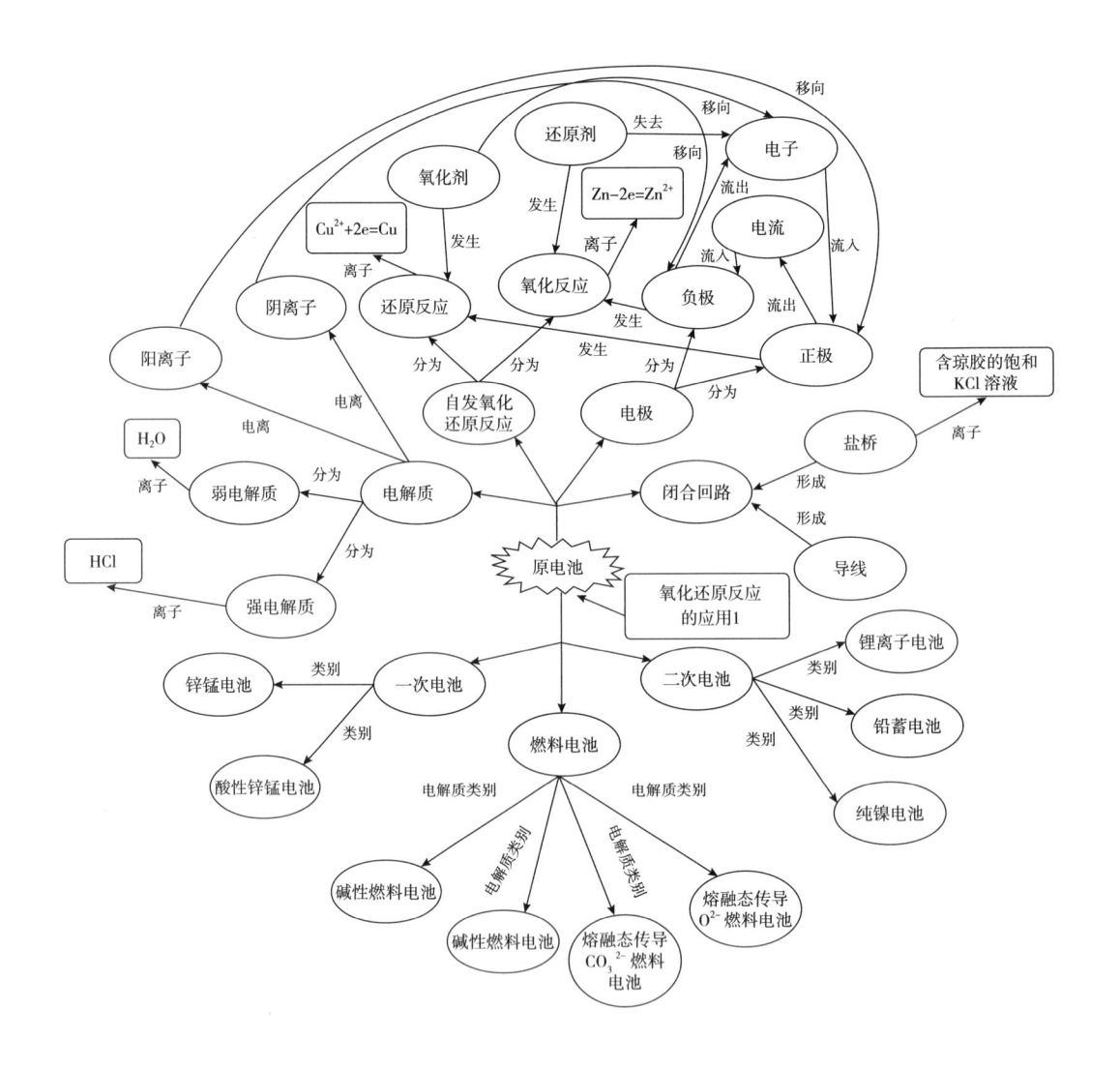

图 6-3 化学能与电能单元图式化

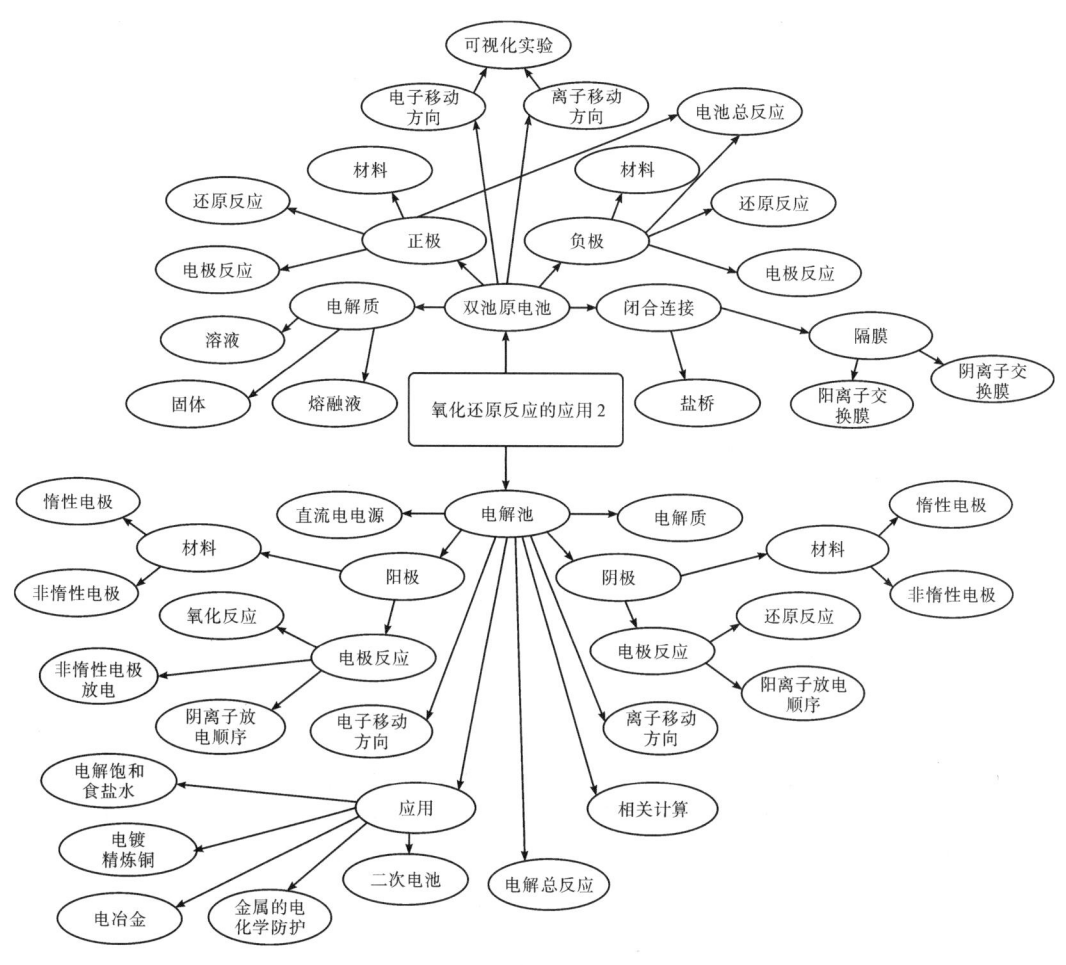

图 6-4 原电池单元图式化

因此，化学课程标准中的大概念"氧化还原反应"结构就由图 6-2、图 6-3 和图 6-4 整合而成（图 6-5）。

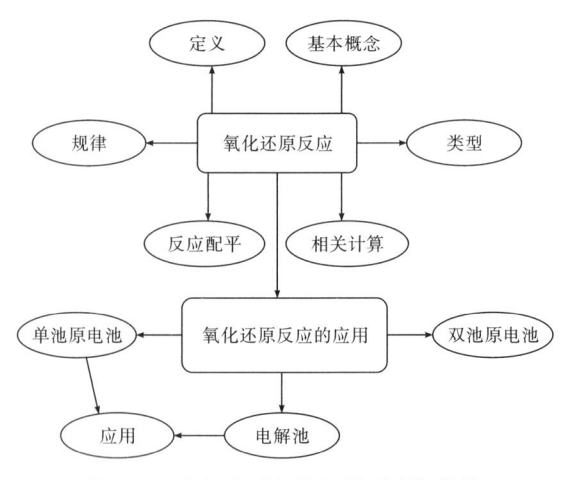

图 6-5 大概念"氧化还原反应"结构

6.1.1.2 主题化——构建学科核心模块

主题是指教材的核心概念、理论或主要内容的概括表述，如教材章或节的名称。主题化就是根据课程标准、考试大纲，以及学生已有知识和经验，对教材内容和教材外的相关内容进行分析归纳或重组确定，进而归纳抽象出教学的核心内容或重点内容，并用简单的字词句加以表示的过程。主题化是对教材内容及相关内容进行加工筛选或重构的过程，是教师确定教学内容、设计教学活动和学生学习活动的基础，是构建学科核心模块的基本途径。

主题化的结果是获得主题词或主题句，厘清相关主题词或主题句的认知层次以及它们之间相互关系。同一主题的教学内容可以涉及教材不同章节或模块的内容、跨学科的内容，或教材外的内容。主题化打破了教材章节或教材模块的限制。

【例6-2】人教版高中化学必修2第二章第二节"化学能与电能"和选修4第四章第一节"原电池"中原电池的有关内容的主题化过程：课程标准要求→高考考试大纲要求→教材内容→学生已有知识和经验→教材外的相关内容→主题化→核心模块构建。
"原电池"主题内容主题化过程见表6-3。

表 6-3 "原电池"主题内容主题化过程

学生已有知识和经验	教材外的相关内容	主题化	核心模块
电流产生和测量的物理知识，氧化还原反应知识，常用干电池常识，金属生锈的常识，离子反应方程式的书写技能	原电池历史，新型电池，隔膜（阳离子交换膜或阴离子交换膜）的应用，电解质的状态（熔融液或固体）	原电池历史（伏打电堆）→学生已有知识和经验→原电池概念→单池原电池的构成→单池原电池的工作原理→电池正负极的判断→电极反应方程式的书写→电池总反应方程式的书写→双池盐桥电池→隔膜电池→电解质状态不同的电池→原电池设计→金属腐蚀的防护。其认知关系如图6-6所示	单池原电池和双池原电池模型（图6-7），电极反应方程式的书写（图6-8），原电池的设计（图6-9）

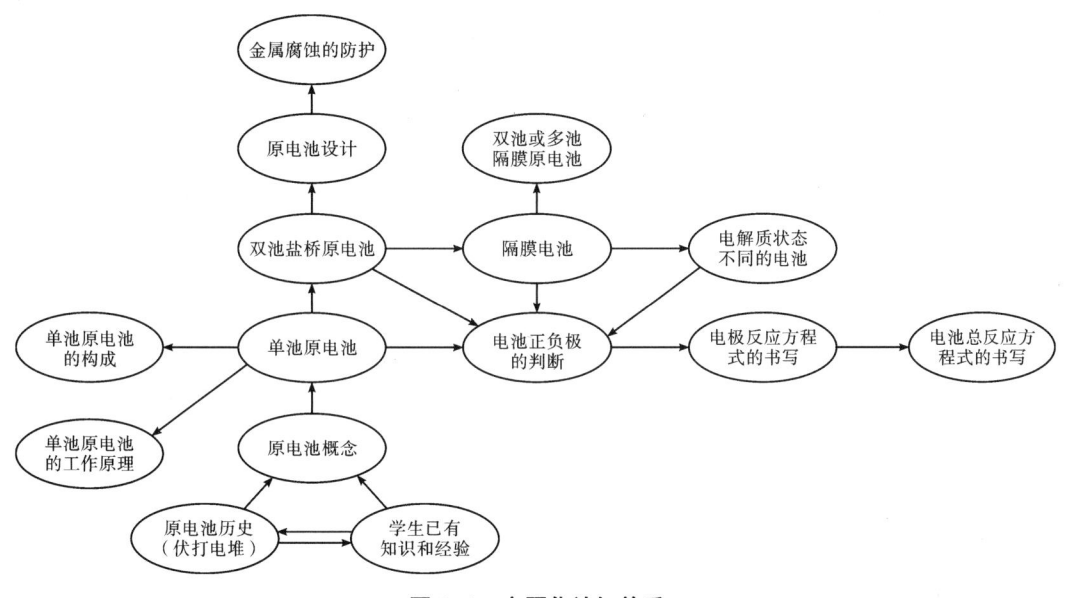

图 6-6 主题化认知关系

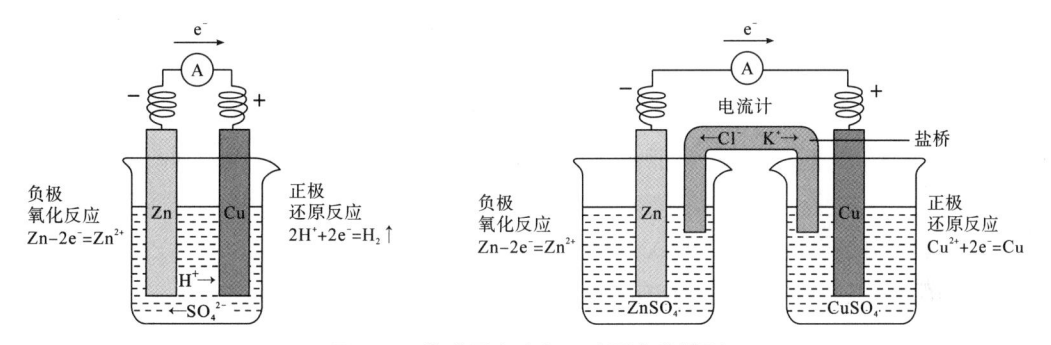

图 6-7 单池原电池与双池原电池模型

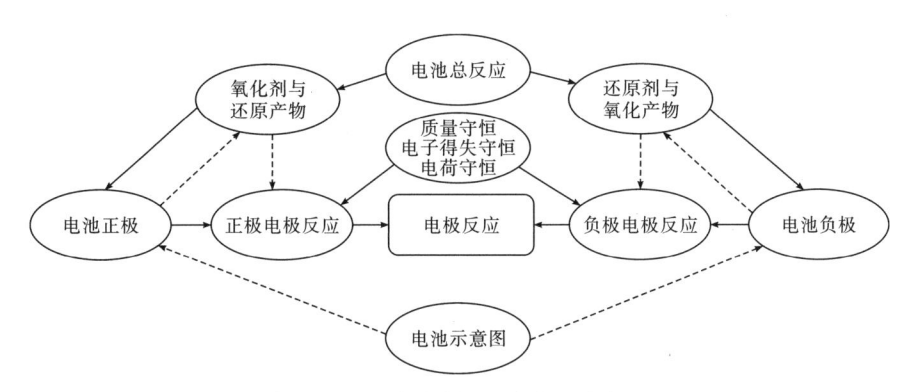

图 6-8 原电池电极反应方程式书写

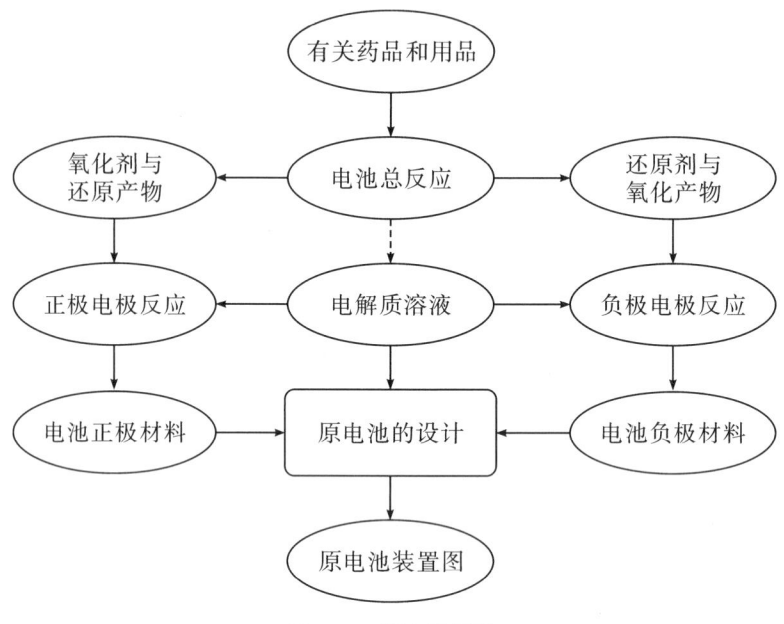

图 6-9　原电池设计

6.1.1.3　表征化——创设科学真实情境

运用文字语言、化学语言、特定符号、公式、命题、图例、图像、实物、实验、模型或原型等媒介描述客观的化学事实或化学事件的过程称为表征化。表征化包括化学事实或化学事件的直接表征，以及将原有表征媒介转化为另一种媒介的过程，例如，"化学反应速率"可以用文字表征为"单位时间内反应物或生成物浓度（常用物质的量浓度）的变化"，也可以用公式表征为 $v = \Delta c/\Delta t$。而总反应方程式为 $Zn + H_2SO_4 = ZnSO_4 + H_2\uparrow$ 的原电池可以用模型表征为图 6-10。

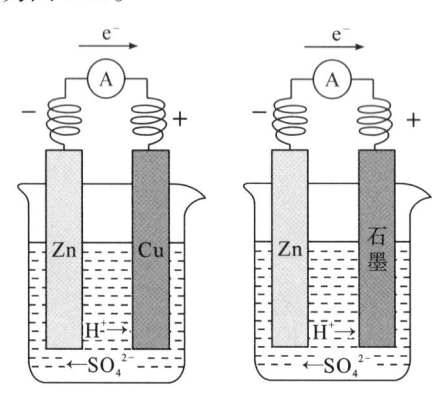

图 6-10　原电池基本模型

化学表征的形式是描述化学概念、化学原理、化学规律和创设真实化学情境的有力工具。使用不同的表征形式可以创设物质组成情境、物质结构情境、物质性质情境、化学反应情境、实验情境、生产情境、生活情境、环境情境、化学试题情境或问题情境等。

化学教师对教材的重构是组织课堂教学内容的前提。化学教学内容的结构化、主题化和表征化以及学生已有图式形成有效的认知连接，是学生已有图式发展和新图式构建的关键。结合化学教材重构和学生已有图式（前图式）的再认，设计恰当的情境和问题，并通过有关学习活动的组织和实施，灵活运用变式、同化、顺应、调节和平衡等方法实现图式的构建。在此基础上，通过图式的表征和应用，全面培养、提高学生的化学学科核心素养（图6-11）。化学知识图式的构建发展是有效培养学生学科核心素养的重要桥梁。

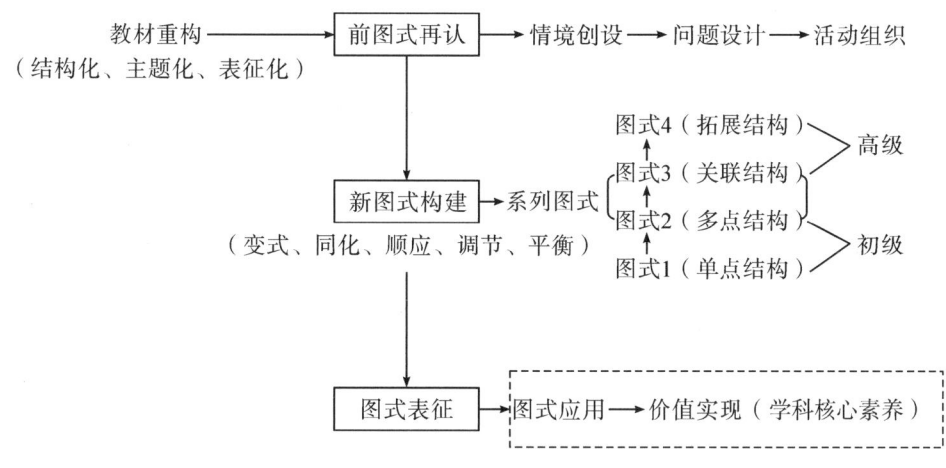

图 6-11　图式的构建发展操作模式

6.1.2　重视理解化学概念性知识的意义

从学生访谈和问题解决的口语报告过程中发现，学生不能顺利解决问题的主要原因是对概念死记硬背，缺乏有意义的理解。死记硬背式学习结果往往是只能在高度相似的问题之间才能产生迁移，而理解式学习却能在低度相似或完全陌生的问题之间产生迁移。为促进对化学知识的理解，并在头脑中形成一定的图式，教师可采用范例教学。范例是隐含某一原理、法则和概念的典型性事例，具有代表性和典型性的特定，范例教学的关键在于范例的选择。例如，化学教师在教学时可提供一个正例和一个反例用于比较，正例有助于化学概念知识泛化，反例有助于区分。这不仅可以促进对化学概念本质的理解，还能促进图式的归纳。通过对正例的归类加深对化学概念的理解，反例可使学生在过程中不断排除化学概念的无关特征，提高学生识别、应变、转化和应用化学概念的能力。没有合适的正、反例的分析和比较，概括化和分析化的过程就无法完成，难以达到对同类和不同类刺激模式的准确判别和区分。正、反范例教学的本质作用在于使化学概念和连接概念之间的规则的本质特征得到显现和强化，学生运用化学概念的条件逐渐完善和科学，还会促进化学概念性知识转化为以产生式（条件 – 行动）规则或产生式系统表征的程序性知识。在正、反例教学设计中还应不断变更化学概念的本质和非本质情境化条件，转化问题的形式或内容，深刻理解化学概念的内涵和外延，教会学生区分化学概念的定义性特征和特异性特征，从而获得对化学概念本质的认识，形成化学概念的原型。

此外，原电池图式水平研究结果，以及通过学生访谈和问题解决的口语报告还发现，高中生化学问题解决遇到困难还有一个重要原因：学生获得的化学概念性知识是零碎孤立的，在化学概念之间没有形成意义连接，缺乏对化学概念的深刻理解，且在较大观念系统内也没有形成化学知识图式。因此，化学概念性知识的教学可以采用精细加工策略。精细加工策略是指将新知识与原有的知识通过一定"线索"建立意义联系，如概念间的因果、属类、包含、交叉、语义相关等关系。通过同化、顺应促进化学概念性知识的组块和图式化，有助于理解化学概念之间的结构关系，提供问题解决过程中知识搜索和提取的"线索"。根据金茨和格里诺（1985）的观点，一个集合图式可以用四个特征加以表示，代表了集合图式的四种槽。以"原电池"主题的图式知识为例，构成原电池的条件包括四种集合图式：自发的氧化还原反应、电解质、闭合电路、电极材料。对于组成电极材料的集合图式见表6-4，将电极材料所有信息以编码的形式储存到集合图式中，经过编码进入图式后的知识不容易被遗忘，且易于以"线索"的方式被提取。

表 6–4 电极材料集合图式

槽	内容
事物	正极材料、负极材料
数量	两种
说明	（1）正极、负极材料由活泼性不同的金属或由金属与其他导电的材料（非金属或某些氧化物等）组成。 （2）正极材料得到电子被还原，发生还原反应；负极材料失去电子被氧化，发生氧化反应
角色	构成原电池的必要条件

原电池主题的图式知识由类似于表6-4中四种集合图式经过编码相互联系和作用，进一步图式化，构成一种更系统的关系结构图式（集合与集合之间的关系）——原电池知识图式（图6-12）。由此构成的图式知识，有助于学生在问题解决过程中对信息搜索和提取。

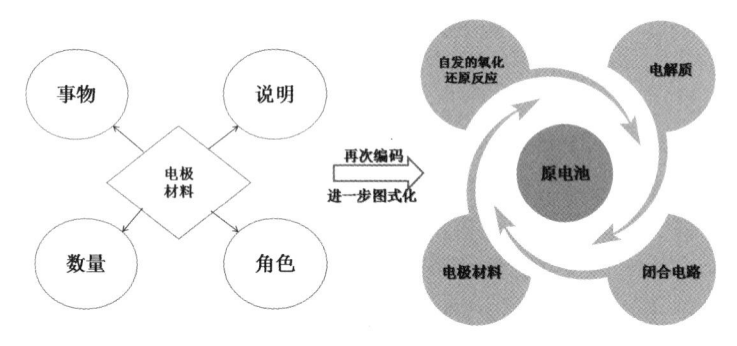

图 6–12 原电池知识图式化过程

6.1.3 联系定位加工、练习—反馈策略

利用SOLO分类法对学生问题解决的口语报告分析发现，学困生利用化学知识在问题解决过程中多数集中在单点结构水平，中等生多数为多元结构和关联结构水平，学优生绝大多数为关联结构水平和拓展抽象结构水平，且拓展抽象结构水平全部为学优生。通常认为，化学程序性知识的获得有两个途径：一是经化学陈述性知识程序化获得，二是通过程序操作练习的技能掌握。

6.1.3.1 通过联系定位加工，促进化学程序性知识的产生式连接

陈述性知识程序化过程就是加强陈述性知识的联系定位的过程。联系定位加工是将学习过程中获得的各个小程序连接为整体，形成固定程序的刺激与反应联系的过程。在此过程中，最初形成的小的产生式组合形成大的产生式或产生式系统。通过对产生式的"条件-行动"规则的掌握，学生在对问题经过快速表征后，如果发现其满足"条件-行动"规则，就会知道一个条件的行动方向和步骤。下面以2017年江苏省化学试卷第16题（4）为例进行分析。

【例6-3】"电解Ⅱ"是电解 Na_2CO_3 溶液，原理如下图所示。阳极的电极反应方程式为_____，阴极产生的物质A的化学式为_____。

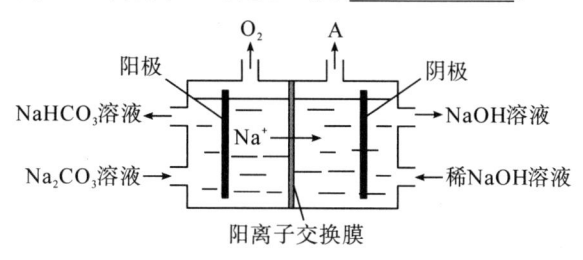

问题解决过程：

（1）问题信息识别：Na_2CO_3 溶液，阳离子交换膜，电解池的阳极加入 Na_2CO_3 溶液，阳极得到的液体为 $NaHCO_3$ 溶液，阳极有 O_2 生成，电解池的阴极加入稀 $NaOH$ 溶液，水电离产生 H^+ 和 OH^-（隐藏信息），阴极得到有浓度变化的 $NaOH$ 溶液。

关键信息识别：电解池的阳极加入 Na_2CO_3 溶液，阳极得到的液体为 $NaHCO_3$ 溶液，阳极有 O_2 生成。

（2）电解池产生式规则分析，构建产生式系统。

产生式规则 r1：阳极物质失去电子能力越强——优先失去电子。

产生式规则 r2：阳离子交换膜——阳离子能穿过，阴离子不能穿过。

产生式规则 r3：水电离出相同摩尔数的 H^+ 和 OH^-。

产生式规则 r4：阳极物质失去电子后的产物与溶液中物质作用——阳极电极反应方程式。

（3）联系定位，将产生式规则形成产生式系统，尝试解答。

①阳极得到氧气（关键信息激发，规则驱动）。

使用产生式规则 r1：阳极物质失去电子能力越强——越优先失去电子，阳极得到氧气→水电离出的 OH^- 失去电子。

使用产生式规则 r3：水电离出相同摩尔数的 H^+ 和 OH^-。

② OH^- 失去电子→溶液中 H^+ 浓度增大（打破水的电离平衡）→溶液中 H^+ 浓度增大→ CO_3^{2-} 与 H^+ 反应生成 HCO_3^-。

产生式规则 r2：阳离子交换膜——阳离子能穿过，阴离子不能穿过。

③部分 Na^+ 穿过阳离子交换膜进入阴极→部分 Na^+ 和阳极的 HCO_3^- 形成 $NaHCO_3$ 溶液从阳极导出。

产生式规则 r4：阳极物质失去电子与溶液中物质作用——阳极电极反应式。

④阳极 H_2O 失去电子后的产生 O_2 和 H^+，H^+ 与 CO_3^{2-} 反应生成 HCO_3^-→阳极电极反应方程式。

（4）利用电极反应书写规则（程序性知识中的技能知识）书写反应方程式。

阳极电极反应方程式：$4CO_3^{2-} + 2H_2O - 4e^- = 4HCO_3^- + O_2\uparrow$

6.1.3.2 通过练习—反馈策略，提高化学程序性知识产生式的自动化水平

练习—反馈策略是不同情境下新知识的例子教学方式，达到知道何时、什么条件以及如何使用知识的目的，即生成程序性知识。练习内容、频率和形式应考虑智慧技能与操作技能、分散与集中、部分与整体的关系。一般先练习单一的产生式规则和局部技能，然后将进行系列产生式规则或产生式系统；整体技能的练习，通过练习—反馈策略提高学生程序性知识自动化水平。程序性知识到自动化加工阶段，但实现自动化水平是不能自动生成，需要反复强化。练习和反馈之所以是两个非常重要的教学阶段，是因为每一次练习和反馈给两个有关联的产生式在工作记忆中同时激活的机会。程序性知识的精确性是通过练习和反馈而获得的，其特点是无意识、执行快、习得速度慢、遗忘慢。正如海沃斯（1999）指出的，化学程序性知识要达到自动化阶段需要较长的时间，并且应该提供大量的练习，在长时记忆中对其编码和存取，经过变式练习达到迁移应用，最后达到程序的自动化的产生系统。教师在程序性知识的教学过程中往往在学生没有经过足够练习就转入下一个学习主题，学习能力缓慢的学生的程序性知识还没有形成最简单的产生式，更不用说形成产生式系统了。这些产生式或产生式系统是更冗长、更复杂的问题解决的程序的基本组件。如何帮助学生在头脑中形成并储存一系列规则和产生式，经过练习—反馈将一系列简单产生式组合成复杂的产生式系统，并能在实际情境中顺利解决问题是程序性知识教学的难点。海沃斯建议化学教师增强程序性教学的意识，掌握程序性知识教学的基本程序，以及掌握化学事实性和概念性知识向化学程序性知识转化的策略，把握典型例题的分析、讨论，帮助学生深刻认识解答问题所涉及的化学事实性和概念性知识（事实、定义、程序、规则等），为学生提供学会用化学概念性知识的形式对问题解决过程进行说明和解释的机会。

6.2 提高学生化学问题表征的教学建议

由前文可知，学生整体上对问题表征正确度较高，且不同学习水平的学生之间差异性较小，基于问题情境形成的多重表征及其转换能力较弱，且三组学生间差异性较大，学优生在"宏观⇌微观⇌符号"多重表征之间转换能力较好，中等生和学困生主要以单维转化为主，且宏观表征较好，符号表征和微观表征较弱。因此，提高学生问题表征的转化是提高学生化学问题解决能力的重要环节。在问题表征深度上，多数学优生可以达到深层表征水平或对问题能进行结构表征，而中等生和学困生只能达到表面表征水平。在利用已有问题解决经验解决陌生的问题情境时，学优生可以用建立的问题原型进行解题，而中等生只能利用熟悉的模板对陌生的问题进行识别，学困生的模板识别能力就更弱。

6.2.1 "宏观⇌微观⇌符号"多重表征

6.2.1.1 利用"宏观⇌微观⇌符号"多重表征，建立问题的情境模型

在文本基础上，学生必须对文字描述的情境建立起表征，内森、金茨和扬（1992）称之为情境模型。这种情境表征形式主要有命题、图例（问题简图、流程图、化学反应网络图、化学反应方程式转化为图形等）、表格、样例（表征了部分问题的基本特征或本质特征，具有直观、简洁、易于储存和提取的特点）、原型（表征了一类问题的本质特征）、表象（具有概括性强，直观、易于理解和记忆的特点）、符号、化学语言等多种外在表征形式。通常，建立化学问题的情境模型的主要方法有：一是在化学问题解决的实际过程中，树立化归思想是有效实现"宏观⇌微观⇌符号"多重表征转换的前提。化归思想的本质是将较难解决的问题转化为容易解决的问题，如陌生问题转化为熟悉问题、复杂问题转化为简单问题、一般问题转化为特殊问题、抽象问题转化为具体问题、概念问题转化具体事例等。二是主题化掌握相关基础表征是实现"宏观⇌微观⇌符号"多重表征的基础。如在燃料电池主题中，涉及的基本转化有燃料电池概念转化为具体的氢氧燃料电池、甲烷燃料电池、甲醇燃料电池等（一般到特殊，"宏观⇌宏观"）；电流方向转化为电子流向，或电流计指针偏转方向（抽象到具体，"宏观⇌微观"）；电池正极转化为电流流出的电极，或电子流入的电极，或氧化剂获得电子的电极，或氧化剂发生还原反应的电极（抽象到具体，"宏观⇌微观"）；电池负极转化为电流流入的电极，或电子流出的电极，或还原剂失去电子的电极，或还原剂发生氧化反应的电极（抽象到具体，"宏观⇌微观"）；电解质溶液中离子移动方向转化为电极产生的现象（复杂到简单，"微观⇌宏观"）等。三是强化化学问题解决中的符号表征是解决化学问题的关键。如将"燃料电池"转化为具体燃料电池的图式或原型（符号表征），将"合成氨"转化为 $N_2 + H_2 \rightarrow NH_3$（符号表征），将电池中的"电极反应"转化为离子反应方程式（符号表征），将"电池工作原理"转化装置图或示意图（符号表征），等等。

6.2.1.2 利用"宏观⇌微观⇌符号"多重表征，促进问题空间的转换

有研究表明，从多重转换的方向上来看，宏观表征→微观表征、符号表征→宏观表征的转换也要略难于微观表征→宏观表征、微观表征→符号表征、宏观表征→符号表征的转换。这可能是因为符号表征本身就包含了很多信息，其是宏观现象和微观机理的高度浓缩，因此根据给出的符号信息来推知宏观性质与微观本质就会比较容易进行。从影响学生在多重转换问题解决上的差异分析来看，主要还是学生缺乏某一主题知识表征本身的熟悉或掌握程度，导致对问题表征的深度的不同。笔者通过学生的口语报告认为，表征形式直接影响表面信息的提取，而表征形式或其转化形式能否激活有关图式，则影响深度信息的有效提取。有效的表征形式才能激活有关图式或启动新图式的构建，保证深度信息的有效提取，从而找到问题解决的关键信息或隐含信息。通过"宏观⇌微观⇌符号"不同表征形式之间的关系，进行表征形式的深度转化，促进对问题空间的转换从而深度理解问题的结构，是成功解决问题的基本保障。学生化学问题解决多重表征及转换如图6-13所示。

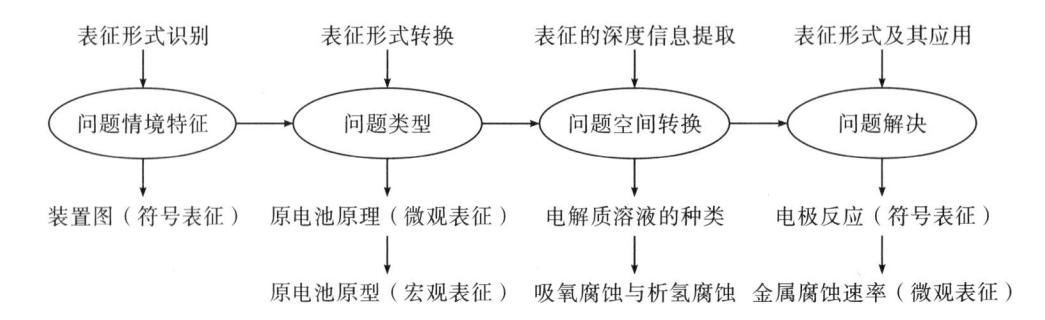

```
表征形式识别        表征形式转换        表征的深度信息提取        表征形式及其应用
     ↓                 ↓                    ↓                    ↓
 ┌────────┐        ┌────────┐           ┌──────────┐         ┌────────┐
 │问题情境│───────▶│问题类型│──────────▶│问题空间转换│────────▶│问题解决│
 │  特征  │        │        │           │          │         │        │
 └────────┘        └────────┘           └──────────┘         └────────┘
     ↓                 ↓                     ↓                    ↓
装置图（符号表征） 原电池原理（微观表征） 电解质溶液的种类    电极反应（符号表征）
                       ↓                     ↓                    ↓
                  原电池原型（宏观表征） 吸氧腐蚀与析氢腐蚀  金属腐蚀速率（微观表征）
```

图 6-13　学生化学问题解决多重表征及转换

6.2.2　问题重构或转换

化学问题解决过程中，我们很少遇到所有信息都提供的问题，通常我们需要从长时记忆中补充关于需要解决的问题的信息，这是能成功建立表征的第一个难点。此外，我们可能会形成一个非常正确的初步表征，但这个表征并不一定就能解决问题，因为我们并不知道什么推论与问题的解决是相关的。这时，问题解决就陷入了"死胡同"，优秀的学生会对问题呈现的信息进行重构，形成新的不同的激活扩散，将问题的信息与长时记忆中没有被激活的信息形成连接，重新认识问题和理解问题的结构，从而形成对问题新的表征。

6.2.2.1　充分理解问题的隐含信息

外显条件是问题表征的基本信息。根据外显条件可以获取问题的基本特征，初步确定问题类型或有关原型，明确问题的目标。而潜在的隐含信息是实现问题空间转换，确定问题解决最佳路径的关键。隐含信息一般隐藏在外显条件的符号表征中，也可能没有任何表征。通过外显条件表征形式转换，通过条件到目标的最佳路径预设，或解读提取有关表征的深度信息，可以有效发掘潜在的隐含信息。

6.2.2.2　重新编码，重构问题信息

重新编码是学生识别到另外一种问题的信息，这种信息可能是学生在初步问题表征的时候没有注意到的或是化学问题中的隐含信息，或者是已有信息中通过简单推理得到的信息，这种信息重新激活了长时记忆中的已有信息，将新的信息和已有信息建立了关联，产生了问题解决的新关联。重新编码是对问题有关信息的再加工和表征，是形成有效解题规则（单一规则或系列规则）的重要手段。当化学问题所提供的信息不能实现问题的有效解决时，就要启动重新编码，再认问题信息，并将再认获得的有关新信息、相似问题信息、隐含信息、解题经验进行筛选、重组，最后和长时记忆中的信息连接并确认，形成解题规则。

6.2.2.3　释放问题的限制

有时问题解决者可能假定问题事实上并不存在的限制，具体例子如下。

【例 6-4】（2016 四川卷理综）某电动汽车配载一种可充放电的锂离子电池，放电时电池总反应方程式为：$Li_{1-x}CoO_2 + Li_xC_6 = LiCoO_2 + C_6$（$x<1$）。下列关于该电池的

说法不正确的是（　　）。

A. 放电时，Li^+ 在电解质中由负极向正极迁移。
B. 放电时，负极的电极反应方程式为 $Li_xC_6 - xe^- = xLi^+ + C_6$。
C. 充电时，若转移 1 mol e^-，石墨（C_6）电极将增重 $7x$ g。
D. 充电时，阳极的电极反应方程式为 $LiCoO_2 - xe^- = Li_{1-x}CoO_2 + xLi^+$。

解析：试题中的限制条件可能会给学生带来思维的制约。本题中的限制条件 $x<1$，使部分学生无法判断选项 C 的对错。根据充电时的电极反应方程式：

阳极：$LiCoO_2 - xe^- = Li_{1-x}CoO_2 + xLi^+$
阴极：$xLi^+ + C_6 + xe^- = Li_xC_6$

充电时，若转移 1 mol e^-，石墨（C_6）电极的增重不能计算，原因是阴极反应中的 x 不能等于 1。

其实转移 1mol e^-，石墨（C_6）电极增重的计算不受 x 取值的限制，计算方法为：

$$xLi^+ + C_6 + xe^- = Li_xC_6$$
$$x \text{ mol} \qquad 7x \text{ g}$$
$$1 \text{ mol} \qquad y$$

列式求解 $y = 7$ g。

故选 C。

学生将问题限制条件的限制范围扩大，主观设定了事实上并不存在的限制，影响了思维的深刻发展，阻断了解题思路的深度搜索，导致问题无法求解。

6.2.3　深入理解问题结构

学生对问题表征的正确性是建立问题情境表征的基础，但并不意味着能正确地表征问题情境就一定能解决问题。成功的解决问题者还有赖于问题深层结构的表征，内森等称之为问题模型。由前文可知，中等生和学优生在问题的表面表征上并无显著性差异，他们之间的差异在问题潜在结构的认识，即学优生能较好地在问题深度理解基础上构建问题模型。从 Flow-Map 学生访谈和问题解决口语报告转录文本分析中可以发现，中等生和学困生在问题的情境模型基础上建立问题模型的困难点在于：原电池相关概念的理解、新型化合物化合价的判断和原电池正负极的判断方法的多样性。中等生比学困生的优势在于原电池相关知识体系更准确和完善，掌握了解题的一些基本方法。因此，学生在问题解决中存在的问题主要有：①没有完全理解问题情境中呈现的信息意义；②对陌生的情境不能很好地归类，发现不了问题的本质；③化学概念体系的建立不完善，不能理解到问题所考查的化学原理；④没有理解问题中的数量关系。针对这些问题，提出以下有助于提高学生问题表征能力的教学建议。

6.2.3.1　培养学生认真读题、审题的习惯，提高学生问题表征的完整性

问题信息识别的深度影响到问题表征的层次，问题信息识别的深度对问题解决起到重要的先决作用。导致问题表征错误或不完整的因素包括信息遗漏（未能将问题的有关信息全部提取出来）、信息误解（对某些问题信息作了错误的分析和理解）、隐喻干扰（问题信息中潜在的歧义性使被试困惑或误导被试的解题思路）等。信息识别完整、

准确，并实现信息间的有效连接，将促进问题的完整表征和问题的深层次表征，如符号表征，更有利于激活相关图式，将问题解决导入常用模式，从而提高解题效率。

6.2.3.2 理解问题的约束条件或规则

有效揭示问题中相关的基本原理，可以迅速确定解答问题的路径和有关规则。而约束条件则是特定问题情境下的规律或规则，决定问题解决所需要的最基本的知识基础。约束条件一般没有相应的图式，必须进行新图式的构建。约束条件的图式可以根据问题中的有关信息和相关事实、概念、知识等进行适当组织和表征来完成。

6.2.3.3 深入理解问题中的化学原理，将问题进行归类

学生若要识别问题考查的类型必须能理解问题中包括的化学原理，从一定程度上说这是问题信息识别深度的一种具体表现。学生一旦将问题归入某一类别，一个解决问题的特定图式就被激活了，这个图式将引导对有关信息的注意，并能正确预测化学问题的解决策略。高中生在化学问题识别深度上存在差异。知识结构越趋于完整，越容易把握问题的本质，越倾向于识别问题的深层结构。从前文可知，面对陌生问题情境，学困生在信息识别的深度上明显落后于中等生和学优生。学优生信息识别的深度主要表现在以下三个方面：①更注意识别外显条件细节，能深入挖掘问题的内隐条件，理解问题的约束条件；②更准确识别出解决问题的关键信息；③发现信息间的关联性，从而能正确选用化学概念、原理、公式做推理和计算。

6.2.3.4 理解问题中包含的数量关系

数量或数量关系表征常用于计量物质的组成、结构、性质和变化等，如相对分子质量、浓度、物质构成粒子数目、元素质量比、体积、密度、熔点、沸点、硬度、酸性、碱性、氧化性、还原性、反应中物质间的质量关系、粒子数目变化等。化学中的数量关系常蕴含于化学概念、化学原理、规律、化学用语、化学模型之中，如化学反应速率概念、氧化还原反应理论、原电池原理、化学式、化学方程式、比例模型等。揭示化学问题中的数量关系，可以定量研究化学物质的组成、结构、性质、变化和生产，有效解决化学的相关问题。数量关系是一种综合性的结构表征，决定问题解决的基本策略。

6.2.4 重视案例的教学价值

专家与新手对问题的理解与解决还有一个重要的不同在于解决问题的经验。专家解决陌生的问题的灵活性，一方面有赖于全面、整合、系统化、结构化的领域知识，尤其是概念性知识和程序性知识的理解与掌握；另一方面得益于平时问题解决的经验。实验结果表明，学生化学问题表征灵活度在联系已有知识经验的能力处于模板理论水平。学优生做题时逻辑性好，存在多种原型；中等生基本掌握原电池相关概念，积累了一些解题模板；学困生基本概念掌握不牢，做题时思维比较混乱，没有积累一定的模板。例如，中等生 S3 在解题时表现出有做过锂电池题目的经验以及相应的解题模板，且学生认为这是一道创新题，而学生无法解决该问题的原因是：以前所解决的原电池问题大都是千篇一律的模式化问题，学生经过长期实践已形成一定的思维定式，认为氧为 −2 价，忽略了在化合物中正负化合价代数和为 0，因而无法从已有的燃料电池模板或原型

中抽取适当的特征或知识组块组合成一个与当前问题相对应的新模式解决问题。解决问题经验的积累是一个变式练习的过程，对教材中案例的理解结合适当的变式练习有利于提高问题解决的能力。这是一个从教材案例模板到同类题型的原型掌握的过程，也是一个从原型的掌握到陌生问题进行特征比较分析的识别能力提高的过程。罗斯（1987）的原理—提示观认为，学习者通过当前问题的特征及特征之间的关系，可能会回想起先前的一个实例。罗斯（1989）的例题—类比观认为，原理只能根据先前的例题被学习者理解，即使给出了原理或公式，学习者也会用先前问题的细节来推导怎样将原理用于当前的问题。罗斯进一步将例题的重要性总结以下三个方面：①例题让学习者记住解决问题过程的操作细节；②例题教会学生怎样使用某一问题的原理或规则，即例题展示了问题描述和它们所体现的概念或原理之间的关系；③利用例题可以使学习者回想并提取出当前问题本身更多的信息（结构关系和隐含信息）。莱曼和舒尔特（1996）将此概括为例题具有对当前问题的解释问题、控制问题和概括问题三种功能。

6.3 提高学生化学问题解决策略的教学建议

从学生化学问题解决策略的研究结果，以及 Flow-Map 访谈，学生解决化学问题的口语报告转录文本分析来看，学优生使用问题解决策略的种类和数量上比中等生和学困生更多，并且策略的水平也更高。学优生常使用高级策略去解决问题，如模型策略、原理策略、模型策略、双向推理策略等，中等生偏向于使用中等水平的假设—检验策略、情境推理策略、逆向推理策略，学困生则会使用低水平的盲目搜索策略去解决所遇到的陌生的化学问题。灵活选择和问题解决策略的运用是提高化学问题解决能力的关键。有意识地对高中生进行这些策略的训练，可显著提高高中生的化学问题解决能力，尤其是对暂时学习落后的学生。但由于策略性知识具有内隐性、主体性、差异性等特点，因此策略性知识的学习要经历多个阶段才能达到理解、掌握和灵活运用。张庆林认为，策略性知识是可教的，通过直接的专门教学，不仅可以极大地增强学生对策略的意识性与敏感性，而且可大大缩短学生获得策略性知识的进程。张庆林提出了策略性知识教学的六阶段模式：策略感悟、策略尝试、策略反思、策略应用、策略迁移、策略巩固。根据张庆林策略性知识的发展模式，笔者认为化学策略性知识的获得至少应有两个阶段：第一阶段，化学策略性知识的专门教学（包括张庆林策略性知识获得1~3阶段），目的是教给学生各种化学策略性知识，学生对每一种策略性知识要有所感悟有所收获，在此基础上学会每一种策略性知识使用方法和技巧；第二阶段，教师指导参与应用策略性知识（包括张庆林策略性知识获得4~6阶段），化学教师指导学生参与具体的化学问题解决过程，示范如何正确应用问题解决过程中的策略性知识。师生共同参与化学问题解决，使学生达到对不同类型的策略性知识的领会、理解、掌握、迁移应用。

6.3.1 化学策略性知识的专门教学

针对学优生常用的问题解决策略进行分类阐述，如模型策略、原理策略、整体策略、双向推理策略、类比策略等。

6.3.1.1 模型策略

以某种程度的类似再现另一个系统（原物）的系统，并且在认识过程中以它代替原物，以至对模型的研究能够得到关于原物的信息，这种方法被称为模型策略。模型是将原型的本质特征抽象出来并构建成的一种结构系统。模型策略是应用基本模型来解决具体问题的方法。有效建立并掌握基本模型是应用模型策略的前提和基础。在高中化学中，热化学方程式的加合模型，可以解决反应热的计算问题；铜锌原电池模型、氢氧燃料电池模型、铅蓄电池模型、电解氯化铜溶液模型等，可以用于解决电化学的基本问题、金属腐蚀问题；球棍模型、晶体模型可以解决有机分子结构和晶体结构的基本问题；等效模型、三段式计算模型可以解决化学平衡及其计算的基本问题。此外，根据化学事实、概念、原理和理论等，我们还可以建立解决相关问题的多种模型，如物质的量模型、氧化还原反应模型、离子反应模型、电解质电离模型、多种化学实验模型、有机物分子空间结构基本模型等。模型策略是一种模块化的问题解决方法，只要能准确识别化学问题，并与已有的模型匹配，问题解决就可以进入自动化程序，实现问题的快速解答。

6.3.1.2 类比策略

哲学家康德说："每当理智缺乏可靠论证的思路时，类比这个方法指引我们前进。"类比策略是指设法将新问题转化为已有知识经验中相似的问题（原型），通过比较在二者之间建立联系，从而利用已有问题的解决方法来解决新问题的一种策略。类比是一种逻辑推理，类比策略是一种常用的问题解决策略。使用类比策略的方法首先要确定未知事物（新问题，即研究对象）的特征或特性，其次找出具有相似特征或特性的已知事物（原型，即类比对象），最后根据已知事物的性质推断未知事物也具有该性质。使用类比策略的关键是找到新问题与原型之间的可类比点，也就是说二者要有一定的相似性，即相似的特征或特性，类比才能进行。类比策略在化学基本概念和理论、元素化合物结构和性质、化学计算等内容的学习，以及化学实验探究中均有广泛应用。

6.3.1.3 原理策略

高中化学原理主要涉及化学反应（四种基本反应类型、氧化还原反应、离子反应，热力学和动力学、化学平衡、电化学）原理和物质（原子、分子和晶体）结构。化学原理是解决有关化学问题的最基本的集成性工具。原理策略，就是在解决化学问题时，全面分析问题的条件、障碍和目标，揭示问题的本质，然后确定运用的化学原理，进而设计解题思路和步骤，最后实施问题解答的操作方法。运用原理策略可以有效解决化学反应速率、限度和方向问题，化学反应历程问题，化学反应类型问题，能量转化形式、途径和效率问题，以及物质微观结构和宏观性质等问题。

6.3.1.4 整体策略

整体策略对一个化学问题不是急于从局部入手探求解题途径，而是从整体出发作综合分析，整体处理，可使思路明晰，解答简捷。当问题情境中的问题表征要素被分散成几个部分，或在选择题中被分散到题干和各个选项中时，就需要考虑运用整体策略进行解答。整体策略可以保证问题表征的准确性和完整性，有助于问题解答过程中隐含条件的挖掘，有关规则和原则的优化，解题途径的选择，从而简化解答过程，甚至达到快速解答或巧解的效果。一般地，多图表征、多表格或多套装置表征问题，复杂的综合性化学问题，复杂的计算型选择题，综合性实验探究问题，以及含有新信息表征的化学问题等适合运用整体策略进行解答。

6.3.2 教师指导学生参与问题解决策略的解题应用

在化学问题解决过程中，认知策略既有共性特征也有个性化特征。在策略性知识学习过程中，应尊重学生个体认知差异，形成并以学生为主体的内隐式学习方式。同时，由于高中生化学策略性知识并不成体系，因此学生掌握的策略性知识也未必科学，在策略训练时也必须贯彻过程性原则，让学生有机会体验自己的认知加工过程，这样才能有意识地改进化学问题解决过程所采用的策略。如果学生不能体验或意识不到自己所用策略的不足，那么策略的训练将是盲目的，效果也不会好。因此，学生策略性知识的形成离不开教师的指导、帮助和规范。教师指导参与策略是以学生为策略学习的主体，教师为学生策略学习的组织者、促进者，在充分发挥学生自我主动性、积极性的基础上，通过呈现策略的有关知识激发学生兴趣动机，设置运用策略的问题情境，指导学生通过练习鉴别不同策略的特点、适用条件和范围，及时提供反馈，强化学生的学习效果等教学手段，最终实现学生对策略学习意义的自我建构，使之内化为自身学习能力的目的。以类比策略教学为例，具体的类比策略为：结构类比策略、原理类比策略、反应类比策略和性质类比策略。通过教师指导学生参与化学问题解决使学生达到策略性知识的迁移。

【例 6-5】2016 年全国Ⅱ卷理综 26 题，试题及答案（略）

解析：下面给出 4 种类比策略。

1. 结构类比

第（1）问。可通过 CH_4 和 C_2H_6 的分子结构，类比推理确定 NH_3 和 N_2H_4 的分子结构，从而书写出联氨（N_2H_4）分子的电子式，结构类比如下：

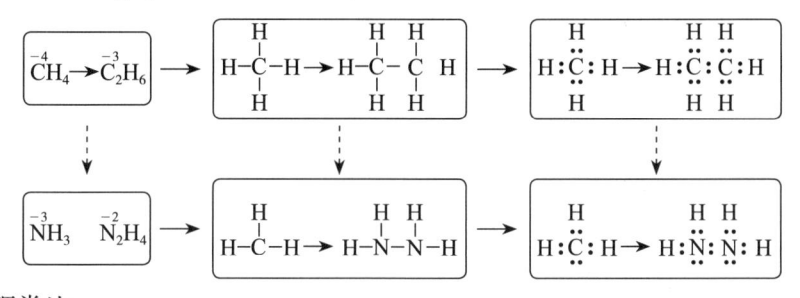

2. 原理类比

第（2）问。根据 NH_3 制备联氨（N_2H_4），可知氮元素化合价由 −3 价升高为 −2 价，NH_3 被氧化，即还原剂，次氯酸钠为氧化剂，它们之间发生氧化还原反应。根据氧化还原反应的原理即可书写反应化学方程式。

3. 反应类比

第（4）问。根据"联氨为二元弱碱，在水中的电离方程式与氨相似"可类比写出联氨的电离反应方程式，继而计算联氨第一步电离反应的平衡常数值。

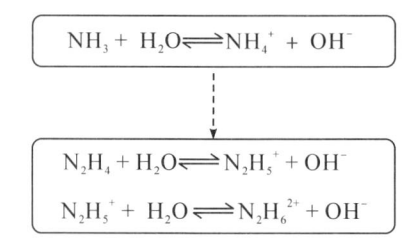

$$NH_3 + H_2O \rightleftharpoons NH_4^+ + OH^-$$

$$N_2H_4 + H_2O \rightleftharpoons N_2H_5^+ + OH^-$$
$$N_2H_5^+ + H_2O \rightleftharpoons N_2H_6^{2+} + OH^-$$

4. 性质类比

第（5）问。根据"联氨是一种常用的还原剂"和第（3）问反应④联氨的氧化产物为 N_2，运用氧化还原反应原理即可写出联氨分别与氧化剂 AgBr、O_2 反应的化学方程式，进而解答有关问题。

此外，化学教师指导学生参与问题解决过程中还可以有针对性地插入提问：你曾经解决过类似的问题吗？这个问题属于什么类型？你是否找出了主要问题？你可以使用什么策略来解决这些问题？你采取哪些步骤来解决这些问题？你确信你的问题是正确的吗？是否存在更便捷的解决问题的方法？解决问题最好的方法是什么？

6.4 提高学生元认知水平的教学建议

研究问题解决中知识、策略和元认知三者之间的关系时，李淑文提出，高元认知水平的学生比低元认知学生解决问题的成功率和效率更高，若对后者进行元认知训练能提高其问题解决的能力。同时需要注意的是，元认知能力训练是一个长期、反复、可持续、逐渐加强的过程，必须在学生现有的基础上进行重复性训练，并为其安排足够的教、学时间，将元认知训练与教学内容紧密结合，学生在训练过程中及时反馈，教师随之修改训练过程，进而形成愈加完善的符合当前学生发展的元认知能力训练内容。常用的元认知训练方法有自我提问法、他人提问法、档案袋教学法等。结合研究结果以及学生的具体情况提出以下建议。

6.4.1 通过专家指导，加强学生对元认知相关知识的领会

在实证研究中，虽然量表测试结果显示高中生的元认知能力处于中等稍偏上的水平，但从学生解决化学问题的过程看，情况并不乐观，并且存在学生对元认知重要性认识不足，无法利用元认知理论规范日常化学学习习惯。因此，笔者认为，应该将"化学元认知"作为教学的重要任务，教师对学生元认知上予以辅导，并要求其能运用元认知相关知识监测、调节、优化自身的学习过程，从而帮助其更具针对性、更有策略性和更有效地学习。

6.4.1.1 借用"直接指导模式"普及元认知的相关知识

元认知能力培养在化学问题解决中占有举足轻重的作用。对学生而言，元认知能力水平与学习的有效性、主动性、自觉性等有很紧密的联系。换言之，学生的有效学习与其元认知能力高低是成正比的。通过召开年级大会，动员全校学生分批次学习元认知基础知识，运用直接指导教学模式，专家直接向学生介绍元认知的概念、特点及作用等，例如，向学生直接讲解"元认知的定义和内容是什么？如何与学习过程建立联系？怎样

使用元认知策略辅助学习"等方面的知识。之后，化学教师借助课余时间对学生进行访谈，查验其元认知的学习情况，并及时为学生建立个人元认知学习档案，以此来帮助学生形成系统的、正确的元认知观念，为更深层次地学习元认知打好基础。

6.4.1.2 通过元认知教学准备策略，帮助学生了解自身的认知发展水平

现代教学的重点应适当倾向于创造性地解决问题和实践能力的训练等方面，教学准备要求教师不仅要深究教材、教法，更要深入班级内部对学生进行研究，吴彦文提出的元认知教学准备策略正是从认知发展水平、认知结构和认知风格三个方面详谈了对学生知识结构和认知特点的认识。在教学过程中，正是通过以下三个步骤对学生进行上述三个方面的测评：第一，是否能对思维过程进行监测、调整，即认知发展水平；第二，解决问题前知道如何制订目标、确定方案、监测和调整思维，即认知结构；第三，清楚自己认识和评价事物是以何种类型的参照作为评判标准，如以外（内）部参照进行评判的场独立型与场依存型，即认知风格。有层次性、选择性、针对性地为学生提供合适的学习策略，帮助学生在应对不同学习情境时，能自觉、主动地运用熟知的学习方法，以此来培养学生的元认知能力。

6.4.2 建立导学案和利用自我提问清单，帮助学生增强元认知知识

通过对学生元认知水平测试及其口语报告等进行分析发现，学优生不仅能根据不同化学问题情境熟练运用所学的概念、原理和原则成功解决问题，还能对解决化学问题过程中的具体步骤进行分析，而其他学习水平的学生表现则较差。这说明学优生在元认知知识水平上明显优于中等生和学困生。进一步对比不同学习水平的学生学习行为发现，学优生（如S1）知道使用电子和电流的流向、阴阳离子迁移的方向、电极的活动性顺序、产生气体、质量增多或减少等多种方法判断正、负极，并通过对比多种方法找到最简单的方法进行解答，而中等生和学困生没有经过对比直接作答。这说明在"条件性知识"维度上，学优生的测试表现明显比中等生和学困生好。增强学生的条件性知识能力是连接元认知训练与课堂的关键因素，应尽可能地为学生创设灵活运用知识的机会。因此，在教学中，教师对陈述性、程序性及条件性知识的教学时间要尽量做到平衡，在学生基本掌握陈述性及程序性知识的基础上，给予学生更多应用和掌握这些策略的机会，即帮助学生从陈述性和程序性知识顺利过渡、转化到条件性知识，使学生的元认知知识得到均衡发展，从而有效提高其元认知知识水平。

6.4.2.1 根据学生已有的知识结构，编写化学导学案

课堂教学前，教师通过分析学生现有的知识基础，结合所教授学生的具体情况，依据主体性、问题性和层次性三个原则编写化学导学案。在编写过程中，既要考虑到不同学习水平的学生存在认知差异，又要考虑到学生的实际情况和求知欲望。因此，在导学案中不仅要涉及基础知识问题（化学概念、化学符号及意义等），还要涉及拓展发散性的问题（化学与生活结合的实例，如手机、iPad等锂电池的工作原理）。通过督促学生完成化学导学案，帮助学生建立化学知识网络，同时穿插化学元认知的相关知识，以选择题、填空题的形式，帮助学生将化学事实、概念、原则或符号意义等相关问题归为"陈

述性知识"类,如利用所学的"离子的迁移方向"等原则判断原电池正负极;将书写化学反应方程式等需要一系列步骤的化学问题归为"程序性知识"类,如对"放电""可充电"等关键信息进行勾画和分析。学生经过长期反复的专项训练,既可完善其化学知识框架,又能将所学的元认知知识应用到实践中,从而提升其元认知知识水平。

6.4.2.2 根据学生元认知知识水平,分层并合理布置任务

课后作业布置上对元认知能力高的学生多些思考空间,对元认知能力低的学生尽量选择目标和步骤比较明确的化学问题,这样更有助于学习者提高自我学习的能力。多给出一些创造性任务,在问题目标的开放性上尽量不那么常规或是没有唯一的答案,因为学生在解决化学问题过程中有时会根据经验直接猜想出答案,前期学习不根据规范的方法步骤去解决问题,相当于没打好地基就开始建房梁,所以当变换问题类型时,学生就极有可能因不知晓方法的适用范围而不会举一反三。若安排一部分创造性问题后,学生按照应有的步骤层层推进,比如,哪些是化学事实、概念等,属于陈述性知识;哪些需要标准的步骤、哪些是关键信息需要圈示等,属于程序性知识。学生何时何地以及为何使用此方法策略(条件性知识)也做到胸有成竹,就不会只为了完成任务而学习,久之,学生就可养成规范的学习习惯,并在实践中培养其元认知能力。例如,在化学习题后附加化学援助的自我提问清单,见表6-5。通过学生解决化学习题中的一系列问题帮助其梳理思路,并让学生对自己选用的方法自述理由,启发学生并发展学生的元认知能力,进而成功解决化学问题。

表6-5 学生化学问题解决自我提问清单

序号	自我提问清单(与条件性知识相关)
1	题干中有哪些熟悉的信息
2	这种题型曾经是否见过
3	题干中的关键信息有哪些
4	该题需要求解哪些
5	该题应该先求什么?怎么求
6	解决原电池问题的思路有哪些
7	在该题中选用的方法是什么?理由是

6.4.3 利用"元认知干预技术"和真实问题情境,提高学生元认知体验水平

元认知能力偏低,体验的焦虑情绪更多。高的元认知体验水平可以缓解学生在学习时出现的不安情绪,有利于学生思维正常和超长发挥。与学优生和中等生相比,学困生的元认知水平较低,在本次研究过程中发现,不同学习水平的学生外部表现有明显不同:不管是熟悉问题还是陌生问题,学优生表现镇定,遇到障碍也比较从容,能配合测验人员尽力完成问题解决过程,如S1分析问题时发现本题与之前做过的题相差较大时,依然耐心、镇定地进行解答;中等生遇到障碍时则显得有些无措,表现出力不从心,如S22在解决化学问题过程中,已经理出了整个思路,包括哪一步求出什么,然后再对下一步有什么作用等,但却因不确定氧化物便无法解答出正确答案;学困生总是质疑自己

的解题能力,遇到障碍时就想要退缩,甚至直言放弃。对于曾经做过的典型的化学问题记忆也比较模糊,如 S95 一读完问题看到题干中的"多孔碳材料""非水电解质""Li_2O_x"等不常见信息,便直接回答"不会做""能否不做"等放弃性言语,在测试人员的劝说下才进行分析解答。由此可见,元认知体验在问题解决过程中的作用是毋容置疑的。

6.4.3.1 运用"元认知干预技术",帮助学生形成积极的心理情绪

在课题研究过程中,一些学生因知识学习上的失败经验长期累积致使其情绪低落、自信不足,从而一遇到障碍便产生消极情绪。由此可见,学生在学科方面的情绪调节对学习效果有重要作用。有研究表明,专门针对英语学习困难的学生在情绪调节方面进行多次元认知心理干预后,学生可通过主动获取知识体验到知识学习上成功的乐趣,因学习产生的消极情绪也可大大降低。通过高效干预手段帮助来访者进行心理治疗、解决学习困难等是一种心理干预技术体系。其主要从认知调节和暗示学习两个方面进行:

第一,认知调节,消除学生对自身智力的怀疑,使其认识到能够采取适当的措施弥补对学习产生的影响,以增强其问题解决的信心。

第二,暗示学习,通过肌肉放松练习和情感先行组织者帮助学生建立积极向上的条件性情绪反射(SER),继而形成良好的学习情绪,达到提升元认知体验水平的目的。在认知调节的基础上,以轻柔舒缓的音乐为背景与学生进行谈话,使其以一种轻松、舒适、宁静的积极心态面对教师,即渐进式肌肉放松。通过谈话了解学生的兴趣,以便建立合适的情感先行组织者。例如,学生喜欢大海,便以大海作为情感组织者;学生喜欢研究生活中出现的各类电池,对电池的原理和构造非常感兴趣,可将电池作为促进其学习的情感组织者。通过肌肉放松和情感组织者两种暗示训练法帮助学生建立积极向上的条件性情绪反射,从而帮助学生形成良好的学习情绪。例如,在解决化学问题的过程中,遇到障碍时(刺激情境,S),你会想起教师的话,只要静心、不甘于放弃、勇于挑战(积极情绪,E),形成分小块、按策略仔细思考(在此积极情绪下出现的学习习惯或行为等多种反应,R),大部分问题是可以成功解决的。由此可见,元认知干预技术通过解决学习困难问题、降低学习期间产生的消极情绪,能帮助学生形成积极的情绪体验(如不放弃、不畏难等),从而有效地提高学生的元认知体验水平。

6.4.3.2 利用真实的问题情境,提高学生元认知体验水平

在学习原电池之前,学生已学过氧化还原反应、电解质等内容,这些都是学习原电池的基础,原电池则是在此基础上对化学知识更深层次地运用;在教学中,教师可从氧化还原反应的角度帮助学生理解原电池的原理,如铁船生锈,可通过吊锌块的方式来防护,是因为 Zn 的还原性比 Fe 强,在海水中,生锈的铁船与锌块自发地发生氧化还原反应:$Zn+Fe^{2+}=Zn^{2+}+Fe$,也就形成了原电池。用解释生活实例的方式来调动学生学习的积极性,提高学生的元认知体验水平。

6.4.3.3 通过组建"帮扶小组",形成良性的班级竞争机制

鼓励学生形成"帮扶小组"。通过相互提问法可以帮助学生之间监督学习,并形成良性学习竞争机制,改善学生遇到问题时想退缩逃避的心理,建立积极的心境,从而提高学生的元认知体验水平。根据"组间同质,组内异质"组建学习合作小组的原则,建

立"学困帮扶"小组，6名学生（学优生、中等生、学困生各2名）自成一组，设立自己的组长、组规和学期目标，师生根据学习成绩和进步程度共同确定小组奖惩机制。每个帮扶小组成员都是利益共同体，需做到组内优势互补、互助、组间公平竞争。每位同学手持一份化学问题清单，在解决化学问题的过程中，根据表6-6的内容相互提问并做出回答（先组内同一学习水平的学生相互提问，再组内不同学习水平的学生互问，最后是组间互问）、及时反馈、反思，一对一帮扶，组员（组）之间相互监督。当遇到难度大的化学问题时，学生会产生悲观、焦躁或困惑等情感，通过相互提问后，学生知晓自己和他人思维过程的不同之处，促使学生之间汲取好的经验，帮助学生养成遇到困难不退缩不轻言放弃，冷静迎难而上的心境。

表6-6　高中生化学问题相互提问清单

序号	化学问题相互提问清单
1	曾经见过相似的化学问题吗
2	我能将该题与之前见过的问题建立联系吗
3	知道每一个步骤的难度吗
4	我能分析到哪一个程度
5	从该题中我知道了哪些化学事实、概念或原则

6.4.4　通过"反思会"和"工具丰富教程"等策略，提高元认知监控水平

实证结果表明，在"计划性"和"监控性"两个维度上，学优生和中等生的表现明显优于学困生，但整体来看，学生在"反思与评价性"上表现较其他维度差，即在解决化学问题后，很少有学生会对该问题进行评价或总结。这说明学生在解决问题时学习活动是比较混乱、盲目的，需要教师有方向、有意识地引导学生形成合乎规范的学习行为或习惯，以达到增强其元认知监控能力的目的。

6.4.4.1　通过开展"反思会"，提高元认知监控水平

在教学中，教师通过指导学生开展周周见的"反思会"，用表格的形式（表6-7）为学生提供对本节学习内容或某典型问题理解程度的判别标准，集中学生交流解决化学问题的经验以及对自己、他人解题策略的评价，将其注意力转移到认知过程中。

表6-7　学生化学问题解决自我反思判别标准

反思内容	判别标准				
	1	2	3	4	5
解题前，我认真分析了题干信息					
解题前，我会多想几种解题方法，然后选择一种最好的方法去解题					
解题前，我会对重要步骤所需要的时间有大概的预测和安排					
解题过程中，对于同类化学问题，我会用同种方法去解决					
解题过程中，我会停下来检查前面做的是否正确					
解题过程中，遇到曾经做错的化学问题，我会提醒自己减少犯错的概率					
解题后，我会总结知识的内在联系					

续表

反思内容	判别标准				
	1	2	3	4	5
解题后，我知道每一步骤所得出的结果对接下来解题有什么作用					
解题后，我会与老师、同学等其他人的方法进行比较					
解题后，我会思考从该题中我学到了什么					

注：1表示非常不认同，2表示比较不认同，3表示认同，4表示比较认同，5表示非常认同。若出现数值≤2的情况，则需要学生记下具体解题过程，并做出相应记录。

学生通过对易错题（经典例题）进行详细分析，用颜色区分该题的求解目标、关键信息等，详细记录解题主要步骤和策略，并在末尾对自己使用的方法用在此处是否适合、是否还有更简便的方法等进行记录。类似这种学生主动对内容进行加工（赋予意义、对比、类比等）从而改变自己对原有材料印象的便是用了精制策略，还包括谐音、表象、比较、概括（缩句）、实例、图示、符号转换等多种方法。例如，原电池中正极发生氧化还原，化合价降低，可用"杨家将（氧价降）"即通过谐音和概括的方法进行记忆；在探究原电池产生电流的原因时，需要学生对电子在导线中移动，以及阴阳离子在电解质溶液中移动的情形进行想象，即运用表象法；比较、实例和符号转换法较为常见，学生通过联系熟悉与陌生问题便是比较法，将题干信息中所描述的化学反应改写成化学反应方程式就是符号转换法。经过反思会与同学分享、交流，然后由教师进行全班点评、个别交流，学生对自己的整个过程进行总结、改进。通过这种有意识的指导和训练，学生跳脱思维定式和明确解决化学问题的思维过程，不盲目进行题海战术，形成习惯，从而提高其元认知监控水平。

6.4.4.2 通过开展"三记忆"教学策略，提高元认知监控水平

促使学生掌握有效的做笔记方法能帮助其提升元认知水平。在化学教学中，教师要使学生认识到记录笔记的重要性，多训练学生"以思为主、记录为辅、熟练运用化学用语和特殊标记"的记笔记方法，有意识、有策略地引导学生形成以"三记忆"的学习习惯：①记忆解题框架，有效信息、求解目标、解题策略、时间预估等；②记忆解题要点，关键信息、重要的化学原则、符号意义、补充内容等；③记忆问题，将自己在记录过程中难以解决或思考出其他解决方法的问题做简单标记。经常对自己的思维和学习过程进行检测、修整，并及时总结、反思、交流，通过疏通化学问题解决的思绪、监控思维过程，以达到加强元认知监控能力的目的。例如，学生理解教学过程的重难点内容和问题后，通过内化，运用简单图形、符号、箭头等将主要内容进行连接，课后及时加工、修改、与教师、同学交流后完善笔记内容，最终形成一套适合学生自己的关于化学知识的笔记模式，有助于学生系统学习、对知识深加工和学习过程进行实时检测，并以此来提高元认知监控水平。

6.4.4.3 通过"三多"教学策略，提高元认知监控水平

化学教师在日常教学和问题解决过程中引导和鼓励学生尽可能多地进行自我质疑、自我评价和自我反思，形成规范的学习习惯，进而提高其元认知监控能力。例如，在课

堂上的某些教学内容中有意识地穿插思考性较强、解答思路多的化学问题，给出题项后，要求学生按照表6-7进行讨论，分享自己的思维过程，教师对讨论过程进行主持，并对学生解决问题的过程提供有效的建议。

6.4.4.4　引导学生注意资源的分配，监控和修正思维过程

化学教师在日常教学和问题解决过程中，引导和鼓励学生对其解决化学问题的思维进行整理，帮助其合理分配注意资源，对学习过程进行习惯性的监测和修整，并以此来提高学生的元认知监控能力。实验研究口语报告中，学优生在解决化学问题时，首先会把题干中或与问题相关的关键信息写在草稿纸上，并反复思考，从而找到突破点；而学困生和中等生在分析问题过程中，常常反复重复题干中的概念、数据项，不注重将这些信息在草稿纸通过表征转换，找出问题解决的关键信息，找出数据项、概念之间的关系。在化学日常教学中，教师应该有目的地将学生的注意力引向关键信息，反复提及要对题干的关键信息进行勾画、记录，加强其对关键信息的记忆和理解，从而解决化学问题。

6.4.4.5　借助"工具丰富教程"展开"难题勘破"，提高学生元认知监控水平

Feuerstein的"工具丰富教程"是训练元认知的工具，其核心是利用中介学习经验（MLE）帮助元认知低下的青少年提高独立思考和解决问题的能力。在教学中，"工具丰富教程"要求教师有目的地引导学生，将问题解决过程中的思维过程完全暴露出来，让其清楚：在解决化学问题时，首选策略是什么？若是此思维受阻时，又该选用何种补救策略？为学生其提供中介学习经验。这种教学策略包含两种方式：一是比较浅显、容易的，例如，提供大量、种类不同的材料组成原电池时，教师带领学生得出一组电极，让学生经过比较、鉴别、分离等认知活动后，给出完整的思维过程，教师通过分析指出其不足，学生及时改正，找到正确的思路。二是比较深层次、对师生而言均具有巨大挑战性的，例如，在"反思会"的基础上展开"难题勘破"，以"师为退、生为进"为原则，学生当堂分享遇见的化学难题，教师将整个思考过程完全体现在学生面前，以便学生自行比较、了解教师思维中的首选策略，以及必要时采取一些的补救策略等。若学生自认为有更简便的思路可立即分享给同学和教师。化学课堂教学模式既能帮助学生看清自己与教师在问题解决过程中的思维差异，吸取较好经验，并修整自身的思维过程以提高元认知监控能力，还能在无形之中建立良好的师生关系。

第 7 章　化学工业发展与高考化学问题解决

7.1　化工流程题

7.1.1　化工流程题内涵

无机框图推断题能综合考查学生对元素化合物知识的掌握情况及学生分析推理能力，并对学生知识建构有一定作用，但由于这类题往往是虚构的，缺乏真实情境支撑，不利于测评学生核心素养发展水平，因此以真实情境为依托的化工流程题应运而生，是目前高考化学试题中的经典题型，分值约占 15 分。自 2017 年取消"化学与技术"选考模块以来，化工流程题在必考部分的重要性不言而喻，该题可以综合考查学生运用所学知识解决实际问题的能力，在解决问题的过程中可以有效测评学生学科核心素养发展水平。

那么，究竟什么是化工流程题呢？李剑淳认为，化工流程题是根据化学课程与教学的评价要求，将化学工业实际流程、方法、技术和设备等要素根据所要评价的学生的知识储备及其认识发展阶段水平进行简化处理后，用清晰、简洁、明确、能够符合学生阅读理解基本能力的流程图将其表示出来，并根据所涉及的知识进行设问后编制而成的满足科学评价方法和要求的试题。孙佳月认为，高考化工流程题是指用化学用语、文字表达、流程框图等形式将化学工业生产过程中的一些关键生产步骤表示出来，运用高中化学必备知识进行分解设问，以此为基础所形成的一类高考化学试题。

综上所述，化工流程题是基于课程与教学的评价要求，围绕化学工业生产的实际过程或者实验室对工业生产的模拟，有选择性地进行简化处理并使之符合高中生的认知水平。试题以工艺流程形式将生产情境或实验过程进行再现，考查内容则包括元素化合物知识、基本化学原理、实际操作及工艺条件等，通过科学的问题设计，考查学生化学学科基础知识掌握情况、实验基本操作技能，以及将知识应用于解决社会生产实际问题的能力，测评学生多维度核心素养发展水平。如果以生产过程中主要工序来分，化工流程题可分为除杂提纯工艺流程题（如海水纯化工艺流程题）、原材料转化流程题、电解流程题、有机合成流程和资源能源综合利用生产流程题等；如果按资源的不同来分，可分为利用空气资源（如合成氨工艺流程）、利用水资源（如海水制盐、氯碱工业、海水提溴碘、海水提镁等）、利用矿产资源（如工业制硫酸）的工艺流程题等。

7.1.2 化工流程题的试题结构

7.1.2.1 化工流程题的试题结构

化工流程题的结构一般分题头、题干和题尾。题头一般简单介绍该工艺生产的原材料（含杂质）和工艺生产的目的（包括副产品），题干部分主要用框图形式表示从原料到产品的主要生产工艺流程（含流程图后的补充信息），题尾则是根据生产过程中涉及的化学知识设计成系列问题，构成一道完整的化学试题。

【例7-1】2019年全国Ⅲ卷26题。试题结构如下：

【题头】高纯硫酸锰作为合成镍钴锰三元正极材料的原料，工业上可由天然二氧化锰粉与硫化锰矿（还含Fe、Al、Mg、Zn、Ni、Si等元素）制备，工艺如下图所示。

分析：原料为天然二氧化锰粉与硫化锰矿；杂质有Fe、Al、Mg、Zn、Ni、Si等元素。

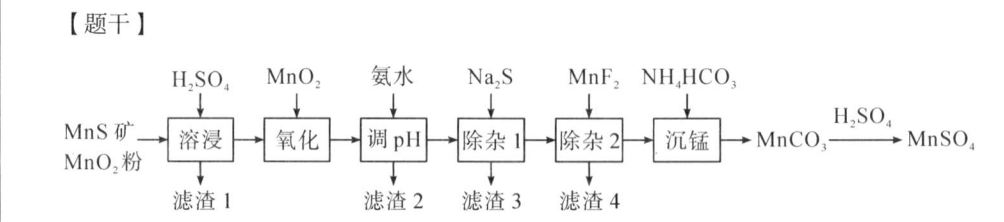

【题干】

相关金属离子 $[c_0(M^{n+})=0.1\text{mol}\cdot\text{L}^{-1}]$ 形成氢氧化物沉淀的pH范围如下：

金属离子	Mn^{2+}	Fe^{2+}	Fe^{3+}	Al^{3+}	Mg^{2+}	Zn^{2+}	Ni^{2+}
开始沉淀的pH	8.1	6.3	1.5	3.4	8.9	6.2	6.9
沉淀完全的pH	10.1	8.3	2.8	4.7	10.9	8.2	8.9

分析：题干由流程图和相关的补充信息，即"相关金属离子形成氢氧化物沉淀的pH范围（表格数据）"。

针对流程图及补充信息共设计7个问题要求学生作答。

【题尾】
（1）"滤渣1"含有S和_____，写出"溶浸"中二氧化锰与硫化锰反应的化学方程式_____。
（2）"氧化"中添加适量的MnO_2的作用是将_____。
（3）"调pH"除铁和铝，溶液的pH范围应调节为_____~6。
（4）"除杂1"的目的是除去Zn^{2+}和Ni^{2+}，"滤渣3"的主要成分是_____。
（5）"除杂2"的目的是生成MgF_2沉淀除去Mg^{2+}。若溶液酸度过高，Mg^{2+}沉淀不完全，原因是_____。
（6）写出"沉锰"的离子方程式_____。
（7）层状镍钴锰三元材料可作为锂离子电池正极材料，其化学式为$LiNi_xCo_yMn_zO_2$，其中Ni、Co、Mn的化合价分别为+2、+3、+4价。当$x=y=\frac{1}{3}$时，z=_____。

7.1.2.2 命题特点分析——化工流程题中的专用术语

由于化工流程题为真实生产情境的简化，因此涉及化工生产过程的许多专用术语是无法回避的，如果不提前对这些专用术语所表示的含义进行了解，学生会产生畏惧心理，对解题造成心理障碍。究竟有哪些专用术语需要了解呢？查阅近几年的高考试题和相关文献，将专用术语归纳为五类：粉碎、提取、分离、净化、加热。

7.1.2.3 命题趋势分析——化工流程题问题解决信息

化工流程题究竟考查了哪些知识？下面分析了 2017—2022 年教育部考试中心命制的 16 套试题。

1. 主要考查内容

2017—2020 年全国卷分为Ⅰ、Ⅱ、Ⅲ卷（四川省用全国Ⅲ卷），4 年共 12 套试题；2021—2022 年全国卷分为甲、乙卷（四川省用全国甲卷），2 年共 4 套题。近 6 年共 16 套试题，其中涉及化工流程题有 15 套，占比 94%，只有 2020 全国Ⅱ卷没有考。由此看出，化工流程题几乎是全国卷必考题型。

15 套题中，涉及物质制备共 12 题，占比 80%。没有考查物质制备的是 2017、2021 和 2022 年。近两年，全国乙卷更加关注金属回收，变废为宝，实现资源再利用，彰显化学独特价值，突出化学对人类社会的巨大贡献。

考查典型元素及其化合物：金属元素，如 Li、Na、Mg、Al、K、Ca、Ba、Ti、V、Cr、Mn、Fe、Ni、Zn、Ag、Cd、Pb、Cu 等（未考 Be、Sc、Co、Ga、Ge、Sn、Sb、Bi 等）；非金属元素，如 H、B、C、N、O、F、Si、P、S、Cl、I（未考 As、Se、Br、Te 等）。

2. 高频考点分析

（1）书写化学方程式或离子方程式。

有 13 套试题涉及化学方程式书写或配平，基本出现在（1）（2）小题；有 13 套试题涉及离子方程式书写，基本出现在（1）~（4）小题，（5）（6）题较少出现；有 11 套试题既涉及化学方程式书写，又涉及离子方程式书写。这表明在宏观表征、微观表征结合的基础上全国卷特别注重符号表征。

（2）文字描述。

有 13 套试题出现文字描述，设问方式多为原因分析、目的陈述。例如，2022 年全国甲卷 26 题："（2）为了提高锌的浸取效果，可采取的措施有_____、_____。（5）滤液②中加入锌粉的目的是_____。" 2022 年全国乙卷 26 题："（1）……用沉淀溶解平衡原理解释选择 Na_2CO_3 溶液的原因_____。（2）在'脱硫'中，加入 Na_2CO_3 不能使铅膏中 $BaSO_4$ 完全转化，原因是_____。"

（3）计算。

有 11 套试题涉及数据处理。涉及有关溶度积常数的计算有 5 套试题，即 2017 年全国Ⅰ卷、2020 全国Ⅲ卷、2021 年全国乙卷、2022 年全国甲卷和乙卷；涉及其他计算共 6 套题，如过氧键数目、产率、元素质量分数、残留物浓度、离子含量、物质的量等。但是两种类型的计算一般不在同一套试题中同时出现。

(4) 滤液或滤渣（沉淀）成分分析。

有9套试题涉及沉淀或滤渣成分分析，有5套试题涉及滤液成分分析。例如，2022年甲卷26题："（3）……滤渣①的主要成分是＿＿＿、＿＿＿、＿＿＿。"2022年全国乙卷26题："（5）'沉铅'的滤液中，金属离子有＿＿＿。"

(5) 条件选择或控制。

有9套试题涉及条件控制。其中7套试题为调pH；3套试题为温度控制，如高温焙烧或将溶液温度调整到某一范围。

(6) 副产品循环利用。

有4套试题涉及物质循环利用，分别是2018年全国Ⅱ卷、2020年全国Ⅲ卷、2021年全国乙卷和2022年全国甲卷。试题多为电解液或母液循环使用，但2022年试题考查滤渣后续反应产物的循环利用，较为特殊。

(7) 电化学。

化工流程题中，涉及电化学的试题有3套，均在2018年，其余年份没有。

(8) 图表分析。

有2套试题涉及图表分析，均出现在2017年。其中，2017年全国Ⅰ卷27题为不同温度下，铁的浸出率随温度变化曲线（5条曲线）；2017年全国Ⅲ卷为几种物质的溶解度曲线。

(9) 原料预处理。

很少有试题对原料预处理进行设问。除滴定、过滤等操作外，几乎很少考查其他实验操作。这其实很好理解，因为必做题有一道实验大题，所以再考就重复了。

(10) 题尾与题干非紧密关联。

设问与流程图关联度不大的试题有5套，共6个小问题，均出现在2017—2019年，其中个别问题可以不看化工流程图也能作答。

综上所述，化学方程式和离子方程式书写、文字描述、计算、滤液或滤渣（沉淀）成分分析以及条件选择与控制为近几年化工流程题的高频考点，复习时应引起高度重视。

3.流程图分析

近6年全国卷中化工流程题涉及的专用术语及其出现的频次分别为："焙烧"出现3次，"酸浸"出现3次，"母液"出现2次，"高温煅烧""酸溶""浸取""碱浸""溶浸""水浸""沉镁""沉钒""沉铅""脱硫""富集"等均出现1次。对于出现过的专用术语，要理解其含义。

流程图中涉及流程步骤最少3步（2021年全国甲卷、2022年全国乙卷），最多8步（2017年全国Ⅰ卷）。流程步骤有5步的共6套试题。流程步骤的多少决定了试题情境的复杂程度，一般说来，步骤越少，信息量越少，越有利于学生答题。

7.1.2.4　化工流程题需要的问题解决能力

由于化工流程题试题情境真实，试题结构相对固定，考查内容均以元素化合物为主，自然涉及基本概念、基本理论和必要的物质分离与提纯等知识，因此与之对应的是所考查的关键能力和核心素养也趋同。

主要考查学生的问题解决能力：获取与整合信息能力、分析问题能力、应用知识解决问题的能力和知识迁移能力。主要测试学生的核心素养是：科学精神与社会责任、证据推理与模型认知、变化观念与平衡思想、宏观辨识等。

7.1.2.5 化工流程题的问题解题策略

1. 建构化工流程题的问题解决思维模型

从试题结构来看，化工流程题一般由题头、题干、题尾三个部分构成。题头是介绍该工艺生产的原料、目的、原理，题干用流程图将原料的预处理、核心化学反应和产品分离、提纯等主要生产工艺流程表示出来，题尾根据工艺流程中涉及的化学知识和所要考查的能力和素养水平进行设问。

从设问角度来看，围绕原料的预处理、产品的分离提纯、产品的无害化处理的角度进行设问，如研磨、浸取、过滤、蒸发浓缩、冷却结晶、物质循环等角度；围绕核心化学反应展开设问考查，在陌生情境中写出氧化还原反应的化学方程式或离子方程式，考查运用化学原理解决实际问题，考查物质分离提纯的操作及相关的化学计算；围绕绿色化学的角度进行设问，如物质循环、副产物回收、三废处理等。化工流程题的一般思维模型，如图7-1所示。

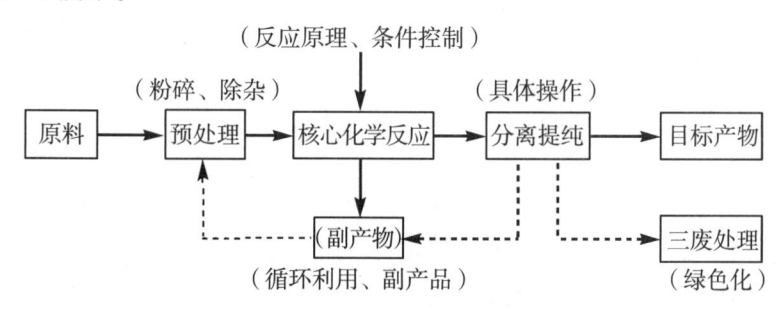

图7-1 化工流程题的一般思维模型

2. 化工流程题问题解决主要方法

（1）读"三遍"题，抓核心主干。

第一遍快速读题。将题目从头到尾粗读一遍，了解题目大意。

第二遍仔细读题。明白题头信息，使用的原料是什么，其主要成分和杂质是什么，生产的目标产物是什么，结合流程看每一个步骤涉及了哪些问题。例如，原料预处理、核心化学反应的条件控制、分离提纯的操作、产品产率计算等涉及了哪些问题。读懂题干，一般方框内为设备或操作，上、下箭头是进、出物质；还要关注补充信息，这对解题有直接帮助，如物质的特殊性质或用途、具体量值（如溶液pH或溶度积常数）等。

第三遍深读精读。带着问题阅读，边读边思考，自然迁移到已学过的知识或是熟悉的场景，规范作答。解答问题是最关键的一步，由易到难依次回答问题，要注意答题时的规范性和准确性，确保不随意丢分。应仔细审题，看清问题，不能答非所问，要求回答名称还是化学式，写化学方程式还是离子方程式，等等。文字描述要做到准确、简洁、全面，避免啰唆、冗长、词不达意。对于较难的问题，不仅要结合流程推理论证，还要学会转变思维角度，从题目中找到解题的关键信息，分段剖析，逐个击破。

7.1.2.6 化工流程题的问题解决关键策略

基于近6年全国卷中化工流程题考查内容的分析,根据考点出现的频次,可设置以下微专题:突破物质分离障碍、突破文字描述障碍、突破化学计算障碍等。通过这样的微专题复习,不仅能加深刻理解并熟悉化工流程题的解题方法,还能较为轻松地突破化工流程题这一难点。在进行微专题教学过程中,最好的素材是高考真题或是高考真题的改编。下面以"突破方程式书写障碍"的微专题为例,以期通过微专题的方式来突破化工流程题的解题障碍。

化工流程题中根据信息书写化学或离子方程式是对学生"化学符号""变化观念""证据推理""信息能力"等素养的考查,体现了"教、学、评"的一致性。参考孙永辉、刘江田的做法,可采用以下四个步骤突破陌生化学或离子方程式的书写与配平。首先,根据题目信息筛选出核心信息并加工整合(信息处理);其次,利用所学知识与反应环境等确定反应物或生成物(物种确定);再次,结合反应过程必然发生的电子守恒、电荷守恒、原子守恒等基本规律对化学或离子方程式进行配平(按序配平);最后,对化学或离子方程式从反应条件、气体沉淀符号等各类细节进行检查(全面检查)。由此建构的陌生化学或离子方程式书写的方法模型,如图7-2所示。

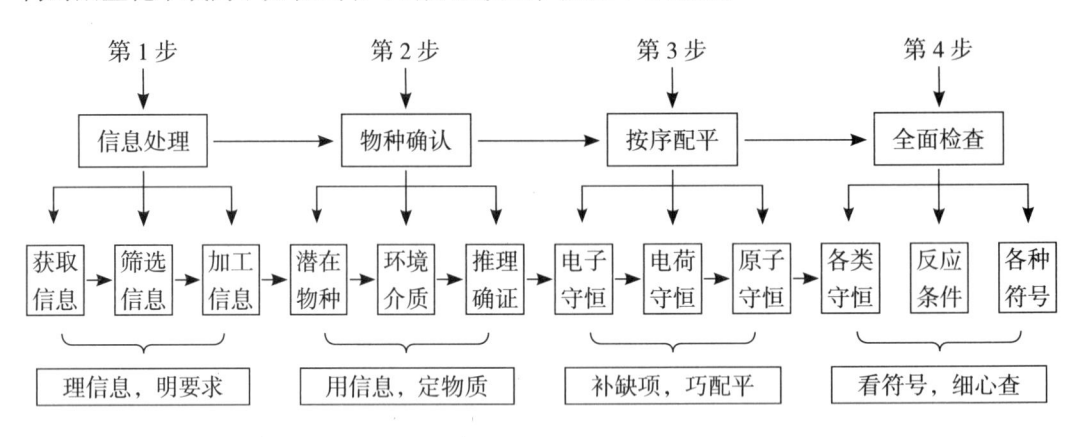

图7-2 陌生化学或离子方程式书写的方法模型

7.2 化学与化学工业发展

7.2.1 化学工业生产为化学试题命制提供真实情境素材

随着我国化学工业的飞速发展,新的生产原理、生产方法、生产工艺和生产设备出现,更加绿色环保、低耗高效的化工厂建立,必将为高考命题提供更为广阔的视野和更加鲜活的命题素材。

7.2.2 化学工业发展与化工流程题的演变影响一线教学

化学工业生产的发展,可将化学研究成果转化为现实物质,造福人类,但化学工业生产发展的同时,其带来的负面影响(环境问题)也不容忽视。学生通过化学知识的学习,能够运用正确的化学观点面对问题、分析问题、解决问题。利用真实化学工业生产情境的化工流程题展开教学，有助于学生"科学态度和社会责任"的形成，有助于促进学生高阶思维的养成与深度学习品质的形成。

化学是一门研究物质组成、结构、性质、转化及其应用的基础学科，化学工业生产则运用化学方法改变物质的组成、结构合成新物质。化学工业生产中产品的合成、检验、测定、回收处理等生产环节和化学教学中物质的转化、检验、分离与提纯、尾气处理等思想一致、操作原理相同。化学工业生产中反应原理、设备选择、流程设计等环节需要考虑环境科学、能源科学、矿物学、材料科学等学科，而这些学科大多是以化学学科为基础发展起来的。化学工业生产具有承载化学学科知识、实验操作技术应用、多学科融合的作用，体现化学的学科价值。

高考真题中的化工流程题，从评价角度看，作为检测工具，起到测评学生知识、能力和素养水平的作用，起到区分和选拔不同层次学生的作用；从教育价值看，生动鲜活的化学工业生产情境，呈现我国化学工业发展的成果，必将激励和鼓舞一批优秀青年学子选择化学专业，将会极大地促进我国化学事业的蓬勃发展。

参考文献

Anderson O R, Demetrius O J. A Flow-Map method of representing cognitive structure based on respondents' narrative using science content[J]. Journal of Research in Science Teaching, 1993, 30（8）: 953-969.

Anderson R C, Pichert J W. Recall of previously unrecallable information following a shift in perspective[J]. Journal of Verbal Learning and Verbal Behavior, 1978（17）: 1-12.

Anderson R C. Role of the Reader's Schema in Comprehension, Learning, and Memory[M]// Anderson J, Osborn, Tierney. Theoretical Models and Processes of Reading. 4th ed. Newark: International Reading Association, 1984.

Arkes H R, Freedman M R. A demonstration of the costs and benefits of expertise in recognition memory[J]. Memory & Cognition, 1984, 12（1）: 84-89.

Ashmore A D, Frazer M J, Casey R J. Problem solving and problem solving networks in chemistry[J]. Journal of Chemical Education, 1979, 56（6）: 377.

Asieba F O, Egbugara O U. Evaluation of Secondary Pupils' Chemical Problem-Solving Skills Using a Problem-Solving Model[J]. Journal of Chemical Education, 1993, 70（1）: 38.

Bodner G M. Toward a Unified Theory of Problem Solving: a View from Chemistry[M]// Smith M U. Toward a Unified Theory of Problem Solving: Views from the Content Domains. Hillsdale: Lawrence Erlbaum Associates, Inc, 1991.

Bowen C W, Bodner G M. Problem-solving processes used by students in organic synthesis[J]. International Journal of Science Education, 1991, 13（2）: 143-158.

Bransford J D, Johnson M K. Contextual prerequisites for understanding: Some investigations of comprehension and recall[J]. Journal of Verbal Learning and Verbal Behavior, 1972（11）: 717-726.

Camacho M, Good R. Problem solving and chemical equilibrium: successful versus unsuccessful performance[J]. Journal of Research in Science Teaching, 2010, 26（3）: 251-272.

Carboni M. Motivational and self regulated learning components of academic performance[J]. Journal of Educational Psychology, 1990, 82（1）: 33-40.

Cooper M M, Sandi-Urena S. Design and validation of an instrument to assess metacognitive skillfulness in chemistry problem solving[J]. Journal of Chemical Education, 2009, 86（2）: 240-245.

Cooper R, Shallice T, Farringdon J. Symbolic and Continuous Processes in the Automatic

Selection of Actions [M]// Hallan J. Hybrid Problems, Hybrid Solutions. Amsterdam: IOS Press, 1999.

Dechter R, Korf R, Zhang W. Artificial intelligence journal special issue on heuristic search[J]. Artificial Intelligence, 1999, 111（1-2）: 339-340.

Domin D, Bodner G. Using students' representations constructed during problem solving to infer conceptual understanding[J]. Journal of Chemical Education, 2012, 89（7）: 837-843.

Elbert T, Pantev C, Wienbruch C, et al. Increased cortical representation of the fingers of the left hand in string players[J]. Science, 1995, 270（10）: 305-307.

Gabel D L, Samuel K V. High school students' ability to solve molarity problems and their analog counterparts[J]. Journal of Research in Science Teaching, 1986, 23（2）: 165-176.

Gentner D. Structure-mapping: a theoretical framework for analogy[J]. Cognitive Science, 1983, 7（2）: 155-170.

Head H, Holmes G. Sensory disturbances from cerebral lesions[J]. Brain, 1911, 34（2）: 103-254.

Herron J D, Greenbowe T J. What can we do about Sue: A case study of competence[J]. Journal of Chemical Education, 1986, 63（6）: 528.

Heyworth, Rex M. Procedural and conceptual knowledge of expert and novice students for the solving of a basic problem in chemistry[J]. International Journal of Science Education, 1999, 21（2）: 195-211.

Johnstone A H. The development of chemistry teaching: A changing response to changing demand[J]. Journal of Chemical Education, 1993, 70（9）: 701-705.

Kind P M. Establishing assessment scales using a novel disciplinary rationale for scientific reasoning[J]. Journal of Research in Science Teaching, 2013, 50（5）: 530-560.

Kumaran D, Summerfield J J, Hassabis D, et al. Tracking the emergence of conceptual knowledge during human decision making[J]. Neuron, 2009, 63（6）: 889-901.

Larkin J, McDermott J, Simon D P, et al. Models of competence in solving physics problems[J]. Science, 1980（208）: 1335-1342.

Lee K W L, Goh N K, Chia L S, et al. Cognitive variables in problem solving in chemistry: a revisited study[J]. Science Education, 1996, 80（6）: 691-710.

Lee K W L, Fensham P J. A general strategy for solving high school electrochemistry problems[J]. International Journal of Science Education, 1996, 18（5）: 543-555.

Mansoor, Niaz. Manipulation of M demand of chemistry problems and its effect on student performance: A neo-piagetian study[J]. Journal of Research in Science Teaching, 1988, 25（8）: 643-657.

Marshall S P. Schemas in Problem Solving[M]. New York: Cambridge University Press, 1995.

Mason D S, Shell D F, Crawley F E. Differences in problem solving by nonscience majors in introductory chemistry on paired algorithmic-conceptual problems[J]. Journal of Research in Science Teaching, 1997, 34（9）: 905-924.

Mayer R E, Smith M U. Toward a unified theory of problem solving: views from the content domains[J]. American Journal of Psychology, 1991, 106（1）: 132.

Mevarech Z R. Effects of metacognitive training embedded in cooperative settings on problem solving[J]. The Journal of Educational Research, 1999, 92（4）: 195-205.

Nakhleh M B. Are Our Students Conceptual Thinkers or Algorithmic Problem Solvers?[J]. Journal of Chemical Education, 1993（70）: 52-55.

Niaz M. How students circumvent problem-solving strategies [J]. Journal of College Science Teaching, 1996（3）: 15.

Noh T, Sharmann L C. Instructional influence of a molecular-level pictorial presentation of matter on students' conceptions and problem solving ability[J]. Journal of Research in Science Teaching, 1997（34）: 199-217.

Nurrenbern S C, Pickering M. Concept learning versus problem solving: Is there a difference?[J]. Journal of Chemical Education, 1987, 64（6）: 508-510.

Preston A, Eichenbaum H. Interplay of hippocampus and prefrontal cortex in memory[J]. Current Biology, 2013, 23（17）: 764-773.

Reimann P, Schult T J. Turning examples into cases: acquiring knowledge structures for analogical problem solving[J]. Educational Psychologist, 1996, 31（2）: 123-132.

Ross B H. Distinguishing types of superficial similarities: different effects on the access and use of earlier problems[J]. Journal of Experimental Psychology: Learning, Memory, and Cognition, 1989, 15（3）: 456-468.

Ross B H. This is like that: the use of earlier problems and the separation of similarity effects [J]. Journal of Experimental Psychology: Learning, Memory, and Cognition, 1987, 13（4）: 629-639.

Rugg M D, Yonelinas A P. Human recognition memory: A cognitive neuroscience perspective [J]. Trends in Cognitive Sciences, 2003, 7（7）: 313-319.

Rumelhart D E, Ortony A. The Representation of Knowledge in Memory[M]//Anderson R C, Spiro R J, Montague W E. Schooling and the Acquisition of Knowledge. Hillsdale: Erlbaum, 1976.

Rumelhart D E. Schemata: the building blocks of cognition[M]// Spiro R J, Bruce B C, Brewer W F. Theoretical Issues in Reading Comprehension. Hillsdale: Erlbaum, 1980.

Sawrey B A. Concept Learning versus Problem Solving: Revisited[J]. Journal of Chemical Education, 1990（67）: 253-254.

Scherer R, Koppelt J, Tiemann R. Developing a computer-based assessment of complex problem solving in Chemistry[J]. International Journal of STEM Education, 2014（1）: 2-15.

Scherer R, Tiemann, Rüdiger. Factors of problem-solving competency in a virtual chemistry environment: The role of metacognitive knowledge about strategies[J]. Computers & Education, 2012, 59 (4): 1199-1214.

Schraw G, Brooks D W, Crippen K J. Using an interactive, compensatory model of learning to improve chemistry teaching[J]. Journal of Chemical Education, 2005, 82 (4): 637-640.

Schraw G, Dennison R S. Assessing metacognitive awareness[J]. Contemporary Educational Psychology, 1994, 19 (4): 460-475.

Shea N, Krug K, Tobler P N. Conceptual representations in goal-directed decision making[J]. Cognitive, Affective & Behavioral Neuroscience, 2009, 8 (4): 418-428.

Simon H A. Models of thought[M]. New Haven: Yale University Press, 1979.

Smith K J, Metz P A. Evaluating student understanding of solution chemistry through microscopic representations[J]. Journal of Chemical Education, 1996, 73 (3): 233-235.

Sugrue B. A theory-based framework for assessing domainl-specific problem-solving ability[J]. Educational Measurement Issues and Practice, 1995, 14 (3): 29-35.

Swanson, Lee H. Influence of metacognitive knowledge and aptitude on problem solving[J]. Journal of Educational Psychology, 1990, 82 (2): 306-314.

Sweller J. Cognitive load during problem solving: effects on learning[J]. Cognitive Science, 1988, 12 (2): 257-285.

Taasoobshirazi G, Glynn S M. College students solving chemistry problems: A theoretical model of expertise[J]. Journal of Research in Science Teaching, 2010, 46 (10): 1070-1089.

Taconis R, Ferguson-Hessler M G M, Broekkamp H. Teaching science problem solving: an overview of experimental work[J]. Journal of Research in Science Teaching, 2001 (38): 442-468.

Tsai C C. Probing students' cognitive structures in science: the use of a Flow Map method coupled with a meta-listening technique[J]. Studies in Educational Evaluation, 2001, 27 (3): 257-268.

Tsai C C, Huang C M. Exploring students' cognitive structures in learning science: a review of relevant methods[J]. Journal of Biological Education, 2002, 36 (4): 163-169.

Tsai, Chin-Chung. A review and discussion of epistemological commitments, metacognition, and critical thinking with suggestions on their enhancement in internet-assisted chemistry classrooms[J]. Journal of Chemical Education, 2001, 78 (7): 970.

Tsaparlis G, Kousathana M, Niaz M. Molecular-equilibrium problems: Manipulation of logical structure and of M-demand, and their effect on student performance[J]. Science Education, 1998, 82 (4): 437-454.

Tse D, Langston R F, Kakeyama M, et al. Schemas and memory consolidation[J]. Science,

2007, 316(4): 76-82.

Tse D, Takeuchi T, Kakeyama M, et al. Schema-dependent gene activation and memory encoding in neocortex[J]. Science, 2011, 333(8): 891-895.

Van Kesteren M T R, Beul S F, Takashima A, et al. Differential roles for medial prefrontal and medial temporal cortices in schema-dependent encoding: From congruent to incongruent[J]. Neuropsychologia, 2013(4): 1-8.

Van Kesteren M T R, Fernández G, Norris D G, et al. Persistent schema-dependent hippocampal-neocortical connectivity during memory encoding and postencoding rest in humans[J]. Proceedings of the National Academy of Sciences of the United States of America, 2010, 107(16): 7550-7555.

Vanessa E G, Asaf G. What is a memory schema? A historical perspective on current neuroscience literature[J]. Neuropsychologia, 2014, 53(1): 104-114.

Veenman M V J, Kok R, Blöte A W. The relation between intellectual and metacognitive skills in early adolescence[J]. Instructional Science, 2005, 33(3): 193-211.

Wang S H, Tse D, Morris R G M. Anterior cingulate cortex in schema assimilation and expression[J]. Learning & Memory, 2012, 19(8): 315-318.

White R T. Research in science education: The past ten years and the next five[J]. Research in Science Education, 1983, 13(1): 1-8.

Yarroch W L. Student understanding of chemical equation balancing[J]. Journal of Research in Science Teaching, 2010, 22(5): 449-459.

Zhou Q, Wang T T, Zheng Q. Probing high school students' cognitive structures and key areas of learning difficulties on ethanoic acid using the flow map method[J]. Chemistry Education Research & Practice, 2015, 16(3): 589-602.

Zusho A, Pintrich P R, Coppola B. Skill and will: The role of motivation and cognition in the learning of college chemistry[J]. International Journal of Science Education, 2003, 25(9): 1081-1094.

艾炎, 胡竹菁. 推理判断中双重加工过程的协作与转换机制[J]. 心理科学进展, 2018, 26(10): 88-100.

安德森. 认知心理学[M]. 长春: 吉林教育出版社, 1989.

白金玉. 高中学生解决计算类化学问题表征及其策略关系的研究[J]. 中国校外教育, 2018: 79.

毕华林, 黄婕, 亓英丽. 化学学习中"宏观⇌微观⇌符号"三重表征的研究[J]. 化学教育, 2005(5): 51-54.

波利亚. 怎样解题——数学思维的新方法[M]. 徐泓, 冯承天, 译. 上海: 上海科技教育出版社, 2001.

蔡道法. 数学教育心理学[M]. 上海: 上海科技教育出版社, 1993.

蔡文联, 饶志明, 张金含. 在化学新课程中培养学生元认知能力的教学策略研究[J]. 化学教育, 2010, 31(7): 18-20.

参考文献

陈优. 高中生化学问题表征能力测量量表的初步编制 [D]. 黄石：湖北师范大学，2018.

程萍，李广州，牛拥. 浅谈化学问题表征的形式 [J]. 化学教学，2001（2）：16-18.

丹尼尔·卡尼曼，保罗·斯洛维奇，阿莫斯·特沃斯基. 不确定状况下的判断：启发式和偏差 [M]. 方文，等译. 北京：中国人民大学出版社，2017.

单旭峰. 对"模型认知"学科核心素养的认识与思考 [J]. 化学教学，2019（3）：8-12.

邓铸，姜子云. 问题图式获得理论及其在教学中的应用 [J]. 南京师大学报（社会科学版），2006（4）：111-115.

邓铸，余嘉元. 问题解决中对问题的外部表征和内部表征 [J]. 心理学动态，2001，9（3）：193-200.

邓铸. 问题解决的表征态理论 [J]. 心理学探新，2003（4）：18-21.

邓铸. 问题解决的表征态理论与实证研究——高中生物理问题解决的认知机制 [D]. 南京：南京师范大学，2002.

邓铸. 知识丰富领域问题表征与解决策略 [J]. 宁波大学学报（教育科学版），2002（1）：32-36.

邓铸. 专门知识与学科问题表征 [J]. 上海教育科研，2002（5）：45-48.

董奇. 论元认知 [J]. 北京师范大学学报（哲学社会科学版），1989（1）：68-74.

董琦. 心理与教育研究方法 [M]. 北京：北京师范大学出版社，2004.

窦东徽，金萍，蔡亮. 基于线索的顿悟问题解决：图式和表征操作的影响 [J]. 心理发展与教育，2007（4）：12-17.

杜英平. 初三学生考试焦虑元认知心理干预 [J]. 中小学心理健康教育，2019（3）：54-56.

方红，毕华林. 化学问题解决中元认知训练的研究 [J]. 化学教学，2002（9）：10-12.

方红. 元认知与化学问题解决的研究 [D]. 济南：山东师范大学，2001.

冯忠良. 结构化与定向化教学心理学原理 [M]. 北京：北京师范大学出版社，1998.

奉青，吴鑫德，肖小明. 高中生化学问题解决中元认知能力的实验研究 [J]. 化学教育，2007，28（10）：23-25.

傅小兰，何海东. 问题表征过程的一项研究 [J]. 心理学报，1995，27（2）：204-210.

郭春红，刘宝宏. 帮助孩子搭建进步的阶梯——元认知心理干预技术在帮助学习困难学生中的应用 [J]. 心理技术与应用，2014（2）：45-47.

韩瑜. 元认知能力对化学样例学习的影响研究 [D]. 南京：南京师范大学，2011.

何懿雯，王祖浩. 国外教学中的元认知研究新进展 [J]. 上海教育科研，2006（5）：56-59.

何永红，徐祥风，吴星. 中学生化学问题表征现状及特点的实验研究 [J]. 化学教学，2006（8）：22-28.

何永红. 关于中学化学问题解决中表征和策略的初步研究 [D]. 扬州：扬州大学，2002.

赫伯特·西蒙. 人类活动中的理性 [M]. 胡怀国，冯科，译. 桂林：广西师范大学出版社，2016.

洪文东. 创造性问题解决化学单元教学活动设计与评估 [J]. 科学教育月刊，2003，11（4）：

404-430.

侯帅，王后雄. 中学化学知识"提取困难"成因及教学对策研究 [J]. 化学教育，2017，38（7）：51-54.

胡谊，徐茜. 人类超常记忆的认知神经科学研究综述 [J]. 心理科学，2009，32（3）：643-645.

黄茂在，陈文典. 问题解决的能力 [J]. 科学教育月刊，2004（273）：21-41.

黄梅，黄希庭. 知识的加工阶段与教学条件 [J]. 教育研究，2015（7）：108-115.

黄巍. 优差生解决有机合成的问题表征差异及其影响因素 [J]. 心理科学，1994，4（2）：17-22.

吉仁泽，莱因哈德·泽尔腾. 有限理性：适应性工具箱 [M]. 刘永芳，译. 北京：清华大学出版社，2016.

加涅. 学习的条件和教学论 [M]. 皮连生，等译. 上海：华东师范大学出版社，2002.

姜英杰，程利，李广. 美国学科教学中的元认知能力训练 [J]. 外国教育研究，2003（5）：55-57.

蒋艳旻，吴星. 初中生化学问题解决中元认知能力的现状分析 [J]. 化学教育，2005，26（1）：32-34.

蒋艳旻，郑春花，杨国斌，等. 初中生化学问题解决中元认知水平量表的设计 [J]. 化学教育，2006，27（2）：22-24.

李芳，王祖浩. 高中生化学问题表征中信息识别深度差异的研究 [J]. 化学教学，2008（2）：13-16.

李刚，吕立杰. 大概念课程设计：指向学科核心素养落实的课程架构 [J]. 教育发展研究，2018，38（Z2）：41-48.

李广洲，任红艳，丁金芳. 化学问题表征和解题策略之间关系初探 [J]. 课程·教材·教法，2001（5）：52-55.

李广洲，任红艳，余嘉元. 高中学生化学概念掌握和问题表征程度关系的实证研究 [J]. 化学教育，2001（4）：6-9.

李广洲，任红艳，余嘉元. 高中学生解决计算类化学问题的表征及其与策略关系的研究 [J]. 心理发展与教育，2001（3）：33-39.

李如密，王平. 学习策略教学的有效策略探析 [J]. 中国教育学刊，2001（6）：32-35.

李森. 现代教学论纲要 [M]. 北京：人民教育出版社，2018.

李少勤.《化学教育》问题解决研究论文的统计分析 [J]. 化学教育，2014（3）：93-95.

李淑文，李清. 在数学问题解决中知识、策略、元认知三者关系的实证研究 [J]. 上海教育科研，2005（11）：45-47.

李艺，钟柏昌. 谈"核心素养" [J]. 教育研究，2015（9）：17-23.

李桢. 高中生化学问题解决中的表征与策略研究 [D]. 长春：吉林大学，2005.

李征坤，刘文君. 试论科学问题的结构 [J]. 华中师范大学学报（人文社会科学版），1998，37（1）：51-54.

梁娜娜. 中学生数学图式特征的调查研究 [D]. 济南：山东师范大学，2009.

梁宁建，杨志勇，张增修. 问题解决策略的元认知研究 [J]. 心理科学，2001（3）：25-27，126.

梁宁建，俞海运，邹玉梅，等. 中学生问题解决策略的基本特征研究 [J]. 心理科学，2002（1）：10-13.

林崇德. 21世纪学生发展核心素养研究 [M]. 北京：北京师范大学出版社，2016.

林崇德. 思维发展心理学 [M]. 北京：北京师范大学出版社，1986.

林定夷. 科学中问题的结构与问题逻辑 [J]. 哲学研究，1988（5）：32-38.

林赛，诺曼. 人的信息加工心理学概论 [M]. 孙晔，王甦，译. 北京：科学出版社，1987.

林文潜. 中学化学问题表征水平的界定及影响因素 [J]. 高考，2015（4）：135-136.

刘爱伦. 思维心理学 [M]. 上海：上海教育出版社，2002.

刘电芝，黄希庭. 学习策略研究概述 [J]. 教育研究，2002（2）：78-82.

刘电芝. 问题解决中的模式识别探析 [J]. 华东师范大学学报（教育科学版），1996（2）：79-82.

刘公园. 高一学生化学问题解决元认知水平调查研究 [D]. 福州：福建师范大学，2013.

刘霞，潘晓良. 不确定性问题解决策略研究及存在的问题分析 [J]. 心理科学，1997（1）：36-39.

刘悦. 初中生数学问题图式的研究 [D]. 长春：东北师范大学，2012.

卢姗姗，毕华林. 中学化学学习困难的知识类型及认知分析 [J]. 化学教育，2013（6）：7-9.

罗伯特·索尔所，金伯利·麦克林，奥托·H.麦克林. 认知心理学 [M]. 7版. 邵志芳，等译. 上海：上海人民教育出版社，2018.

罗伯逊. 问题解决心理学 [M]. 张奇，译. 北京：中国轻工业出版社，2004.

马骥. 高中生数学问题图式的研究 [D]. 长春：东北师范大学，2009.

彭玉荣. 高效化学课堂教学模式的研究与实践 [D]. 济南：山东师范大学，2012.

乔纳森. 学会解决问题——支持问题解决的学习环境设计手册 [M]. 刘名卓，金慧，陈维超，译. 上海：华东师范大学出版社，2015.

秦璐，陈晓娜，闫春更，等. 基于FLOW MAP的"化学键"学习结果测查与多维评析 [J]. 化学教学，2019（2）：22-27，37.

邱江，张庆林. 策略性知识教学综述 [J]. 教学研究，2002（12）：309-312.

任红艳，李广洲. 关于"学科问题解决"研究的思考 [J]. 教育理论与实践，2006（16）：52-54.

任红艳，李广洲. 理科问题解决中的多重表征模型及其教学价值 [J]. 教育学报，2009，5（2）：34-40.

任红艳. 化学问题解决及其教学的研究 [M]. 北京：高等教育出版社，2008.

任红艳. 中学生解决计算类化学问题的表征与策略的研究 [D]. 南京：南京师范大学，2000.

邵景雪. 高中化学"电解池"学习困难成因分析及教学建议 [D]. 大连：辽宁师范大学，

2018.

邵瑞珍. 教育心理学—学与教的原理[M]. 上海：上海教育出版社，1983.

邵志芳. 认知心理学——理论、实验和应用[M]. 上海：上海教育出版社，2013.

师保国. 元认知训练方法研究述评[J]. 西南师范大学学报（人文社会科学版），2002（4）：39-43.

施莱克尔. 为21世纪培育教师和学校领导者——来自世界的经验[M]. 郭婧，高光，译. 北京：北京大学出版社，2013：29-31.

石向实. 论皮亚杰的图式理论[J]. 内蒙古社会科学（文史哲版），1994（3）：11-16.

史耀芳. 二十世纪国内外学习策略研究概述[J]. 心理科学，2001，24（5）：586-590.

司继伟，艾继如. 选择/无选择法：探究人类认知策略表现的新范式[J]. 首都师范大学学报（社会科学版），2017（2）：164-169.

斯腾伯格. 思维教学[M]. 北京：中国轻工业出版社，2001.

斯滕伯格. 认知心理学[M]. 3版. 杨炳钧，译. 北京：中国轻工业出版社，2006.

童世斌，张庆林. 问题解决中的元认知研究[J]. 心理学动态，1997，5（1）：36-39，52.

托尔普. 基于问题的学习——让学习变得轻松而有趣[M]. 刘孝群，李小平，译. 北京：中国轻工业出版社，2004：21.

汪玲，郭德俊，方平. 元认知要素的研究[J]. 心理发展与教育，2002，18（1）：44-49.

汪玲，郭德俊. 元认知的本质与要素[J]. 心理学报，2000，32（4）：458-463.

王菲. 中学生化学问题解决中元认知的研究[D]. 济南：山东师范大学，2014.

王后雄. 高中化学新课程问题设计与类型[J]. 教育理论与实践，2009（11）：13-15.

王后雄. 化学问题解决的策略研究[J]. 化学教学，2008（1）：5-10.

王磊. 科学学习与教学心理学基础[M]. 西安：陕西师范大学出版社，2002.

王蕾. PISA2003问题解决能力测评及启示[J]. 外国中小学教育，2008（10）：49-53.

王立君. 概念图在促进认知和评估知识结构方面的理论与实证研究[M]. 成都：四川大学出版社，2008.

王玲玲. 美国《现代化学》教材中策略性知识探析[J]. 中学化学教学参考，2012（7）：63-65.

王甦，王安圣. 认知心理学[M]. 北京：北京大学出版社，2002.

王湘蓉，邢晓风. 林崇德：得天下英才而教育之[J]. 教育家，2019（11）：4.

王兄. 基于图式的数学学习研究[M]. 桂林：广西师范大学出版社，2008.

王祖浩，张天若. 化学问题设计与问题解决[M]. 北京：高等教育出版社，2003.

魏屹东. 语境同一论：科学表征问题的一种解答[J]. 中国社会科学，2017（6）：42-59.

吴光棣. 高中化学解决问题的认知策略及教学构建[J]. 课程·教材·教法，2000（12）：36-39.

吴明隆. 结构方程模型——AMOS的操作与应用[M]. 重庆：重庆大学出版社，2017.

吴鑫德，张庆林，陈向阳. 思维策略训练对高中生化学问题解决能力影响的实验研究[J]. 心理科学，2004，27（5）：1049-1051.

吴鑫德. 高中生化学问题解决思维策略分析 [J]. 化学教育, 2008（2）: 24-28.

吴彦文. 元认知教学策略设计 [J]. 陕西师范大学学报（哲学社会科学版）, 2001（S1）: 289-299.

辛自强, 林崇德. 微观发生法: 聚焦认知变化 [J]. 心理科学进展, 2002, 10（2）: 206-212.

辛自强. 关系-表征复杂性模型的检验 [J]. 心理学报, 2003, 35（4）: 504-513.

辛自强. 问题解决研究的一个世纪: 回顾与前瞻 [J]. 首都师范大学学报（社会科学版）, 2004（4）: 101-107.

辛自强. 问题解决中图式与策略的关系: 来自表征复杂性模型的说明 [J]. 心理科学, 2004, 27（6）: 1344-1348.

徐青. 几何问题解决的图式水平及其特点研究 [J]. 安阳师范学院学报, 2012（1）: 134-137.

杨东. 儿童解决学科问题认知模型的理论建构与实证研究 [D]. 重庆: 西南大学, 2003.

杨文登. 心理学史笔记 [M]. 北京: 商务印书馆, 2012.

杨玉琴. 化学核心素养之"模型认知"能力的测评研究 [J]. 化学教育, 2017（7）: 9-14.

姚晓红. 基于IMMEX-C平台高中学生批判性思维发展模型的实践研究 [D]. 上海: 华东师范大学, 2018.

叶浩生. 具身认知: 认知心理学的新取向 [J]. 心理科学进展, 2010（5）: 3-8.

于文华, 周伟忠. 数学问题解决中的模式识别 [M]. 北京: 知识产权出版社, 2013.

于文华. 基于数学问题解决的模式识别研究述评 [J]. 数学教育学报, 2012, 21（3）: 11-16.

袁维新. 国外关于问题解决的研究及其教学意义 [J]. 心理科学, 2011（3）: 636-641.

约翰·安德森. 认知心理学及其启示 [M]. 7版. 秦裕林, 译. 北京: 人民邮电出版社, 2016.

岳生辉. 中学生化学问题解决中的元认知能力的测量研究 [D]. 兰州: 西北师范大学, 2017.

张大均. 教与学的策略 [M]. 北京: 人民教育出版社, 2003.

张庆林, 曾海田. 解决几何问题的启发式探索策略研究 [J]. 心理科学, 1993, 16（2）: 111-113.

张庆林, 黄蓓. 解决学科问题的有效思维策略雏议 [J]. 课程·教材·教法, 1994（8）: 15-18.

张庆林, 杨东. 论策略性知识向思维能力转化的机制与措施 [J]. 西南师范大学学报（人文社会科学版）, 2003, 29（2）: 10-15.

张夏雨, 喻平. 不同学业水平学生数学问题图式的差异性研究 [J]. 数学教育学报, 2011, 20（1）: 45-48.

张夏雨, 喻平. 基于关系-表征复杂性模型的问题图式等级性研究 [J]. 数学教育学报, 2018（4）: 46-49.

张永军. 问题图式对高中生数学问题解决影响的研究 [D]. 长春: 东北师范大学, 2012.

张裕鼎．问题解决：工作记忆中心理模型的建构[M]．武汉：武汉大学出版社，2018．
张裕鼎．问题解决策略迁移研究——心理模型的视角[D]．上海：华东师范大学，2008．
张掌然．问题结构解析[J]．中州学刊，2006（1）：171-174．
张智，左梦兰．儿童解决问题策略发展的实验研究[J]．心理科学，1990（2）：23-28．
张紫屏．论问题解决的教学论意义[J]．课程·教材·教法，2017，37（9）：52-59．
赵丹丹．在问题解决的过程中提升学生的策略思维水平[J]．江苏教育：小学教学，2009（5）：12-13．
赵华丹．初中生图式水平对几何问题表征的影响[D]．南京：南京师范大学，2016．
郑日昌，吴九君．心理与教育测量[M]．北京：人民教育出版社，2011．
中华人民共和国教育部制定．普通高中化学课程标准(2017版)[S]．北京：人民教育出版社，2018．
中学生认知策略培养的研究课题组．学习策略研究概述[J]．上海教育科研，1998（10）：40-43．
周春应．化学问题的分类与"问题教学法"的灵活实施[J]．化学教学，2001（6）：19-20．
周玉霞，李芳乐．问题解决的研究范式及影响因素模型[J]．电化教育研究，2011（5）：20-27．
周宗奎，林崇德．小学儿童社交问题解决策略的发展研究[J]．心理学报，1998，30（3）：274-280．
朱金华．基于化学问题解决的高中生元认知能力培养[D]．曲阜：曲阜师范大学，2013．
朱秋苑．化学中考实验问题分类解析[J]．中学化学教学参考，2014（4）：68-70．
朱小虎．基于PISA的学生问题解决能力研究[D]．上海：华东师范大学，2016．